LÍMITES EN EL
MATRIMONIO

ENTENDAMOS
LAS DECISIONES
QUE HACEN O DESHACEN
UNA RELACIÓN DE AMOR

LÍMITES EN EL MATRIMONIO

DR. HENRY CLOUD
Y
DR. JOHN TOWNSEND

La misión de Editorial Vida es ser la compañía líder en comunicación cristiana que satisfaga las necesidades de las personas, con recursos cuyo contenido glorifique a Jesucristo y promueva principios bíblicos.

HB 03.30.2024 0357

LÍMITES EN EL MATRIMONIO
Edición en español publicada por
Editorial Vida – 2009
Miami, Florida

©2009 por Henry Cloud y John Townsend

Originally published in the USA under the title:
    Boundaries in Marriage
    © *1999 by Henry Cloud and John Townsend*
Published by permission of Zondervan, Grand Rapids, Michigan 49530

Traducción y edición: *A&W Publishing Electronic Services, Inc.*
Diseño interior y adaptación de cubierta: *Cathy Spee*

ISBN: 978-0-8297-5542-8

CATEGORÍA: Vida cristiana / Amor y matrimonio

IMPRESO EN ESTADOS UNIDOS DE AMÉRICA
PRINTED IN THE UNITED STATES OF AMERICA

24 25 26 27 28 LBC 41 40 39 38 37

CONTENIDO

PARTE TRES: RESOLVER CONFLICTOS EN EL MATRIMONIO

PARTE CUATRO: DESACUERDOS CON LOS LÍMITES EN EL MATRIMONIO

Un relato de dos parejas

Recientemente, yo (Dr. Townsend) tuve dos cenas por separado con dos matrimonios, amigos míos. Ambas parejas son personas mayores, y cada una ha estado casada por más de cuatro décadas. Están en lo que llamamos los «Años Dorados», el periodo del matrimonio en que todo el amor y el trabajo a través de los años culmina. Esperamos en ese momento tener una profunda y satisfactoria conexión. Sin embargo, me sorprendió la inmensa diferencia entre las dos parejas.

Con Harold y Sarah, disfruté de una cena buffet donde obtienes un tiquete para las diferentes partes de la cena y tienes que dejar tu mesa e ir a buscar la comida con tu tiquete. La cena se estaba terminando; estábamos listos para el postre, y Harold metió la mano en la bolsa de su camisa y sacó su tiquete para el postre. Lanzando el tiquete frente a Sarah, dijo con indiferencia: «Sarah. Postre». No dijo: «Sarah, ¿podrías traerme postre, por favor?». Y definitivamente no dijo: «¿Puedo traerte tu postre, cariño?». Harold estaba asumiendo que Sarah obedientemente cumpliría con su orden.

Yo no sabía qué decir, así que me quedé sentado observando. Sarah estaba avergonzada por la demostración pública de control que hacía Harold. Ella se quedó sentada unos cuantos segundos, aparentemente decidiendo qué hacer. Fue entonces que pareció reunir valor y en voz baja pero con firmeza le dijo: «¿Por qué no buscas tú mismo el postre?».

Harold quedó sorprendido. Evidentemente, no estaba acostumbrado a que ella rechazara sus órdenes. Sin embargo, se repuso, hizo una broma tonta acerca de las mujeres engreídas, y se fue a canjear su tiquete. Mientras Harold no estaba, Sarah me dijo: «Perdón, no pude permitirlo esta vez, con mis amigos presentes». Me sentí muy triste por Sarah, al darme cuenta que su reacción hacia su esposo esa noche era la excepción en vez de la norma. También vi que, a un nivel más profundo, aunque Harold y Sarah estaban vinculados de forma legal, estaban emocionalmente desconectados. Sus corazones no estaban unidos.

Frank y Julia eran diferentes. Yo andaba de viaje, y ellos fueron mis anfitriones. Fuimos a su hogar después de cenar, más tarde llegó la hora de regresar a mi hotel, y necesitaba que alguien me llevara. Julia, una consejera como yo, era la principal responsable de mi viaje y me había estado llevando a conferencias y reuniones. Así que claramente ella era la persona que me iba a llevar al hotel.

Frank, sin embargo, miró a su esposa y dijo: «Estás cansada, cariño. Yo llevo a John a su hotel». Yo podía ver el conflicto en el rostro de Julia entre su deber hacia mí y su necesidad de descansar. Finalmente dijo: «Está bien, gracias». Y Frank me llevó al hotel.

Al día siguiente, durante la conferencia, hablé con Julia. Le comenté acerca de la amabilidad de Frank y acerca de su lucha interna por aceptar la oferta. Ella me dijo: «No siempre fue así. Cuando teníamos como veinte años, él nunca se hubiera ofrecido, y yo no hubiera aceptado el ofrecimiento. Pero trabajamos en esta cuestión muchísimo durante esa época. Tuve que ser decisiva con ciertos asuntos, y casi nos divorciamos. Fue un periodo difícil, pero valió la pena. No podemos imaginarnos no ser el alma gemela del otro». Durante el tiempo que pasé con ellos, observé que los corazones de Frank y Julia estaban tejidos el uno con el otro, ellos estaban emocionalmente conectados.

Aunque ambas parejas tenían muchos años de experiencia matrimonial, el amor y la relación de cada pareja habían tomado caminos muy diferentes. Harold y Sarah eran incapaces de amarse profundamente y relacionarse el uno con el otro porque Harold controlaba a Sarah y ella lo permitía. Tenían lo que se llama conflictos serios de límites, en los que una persona cruza la línea de responsabilidad y respeto. Cuando una persona controla a otra, el amor no puede crecer de forma profunda ni completa, ya que no existe la libertad.

Frank y Julia pudieron haber terminado de la misma manera. Por lo que pude observar, comenzaron de forma similar en sus primeros años de casados. Frank dominaba, y Julia cumplía. Ella enfrentó el problema, estableció límites y consecuencias, y su matrimonio creció. Ambas parejas estaban cosechando los resultados de cómo se habían comportado en los primeros años de su matrimonio. La primera pareja cosechó un resultado triste; la otra, uno alegre.

TU VIDA COMIENZA HOY

Si estás leyendo este libro lo más probable es que el matrimonio es importante para ti. Puedes estar contento con tu matrimonio y querer que siga cultivándose. Puedes estar luchando y manejando problemas serios o menores. Puedes estar soltero y querer prepararte para el matrimonio. Puedes estar divorciado y querer prevenir el dolor por el que pasaste si te vuelves a casar.

La mayoría de nosotros no tiene mayor deseo y oración que una vida de amor y compromiso con una persona con la que podamos compartir nuestra vida. El matrimonio es uno de los más grandes regalos que Dios le ha dado a la humanidad. Es el misterio de vivir como un solo cuerpo con otro ser humano (Efesios 5:31-32).

El matrimonio es, ante todo, un asunto de amor. Se vincula por el cuidado, la necesidad, el compañerismo y los valores de dos personas,

> *Cuando dos personas se sienten libres para discutir, se sienten libres para amar. Cuando no son libres, viven en temor y el amor muere.*

lo cual puede superar el dolor, la inmadurez y el egoísmo para formar algo mejor de lo que cada persona puede producir sola. El amor está en medio del matrimonio, como lo está en medio de Dios (1 Juan 4:16).

No obstante, el amor no es suficiente. La relación matrimonial necesita otros ingredientes para crecer y prosperar. Esos ingredientes son la *libertad* y la *responsabilidad*. Cuando dos personas se sienten libres para discutir, se sienten libres para amar. Cuando no son libres, viven en temor y el amor muere: «El amor perfecto echa fuera el temor» (1 Juan 4:18). Y cuando dos personas aceptan juntas la responsabilidad de hacer lo que es mejor para el matrimonio, el amor puede crecer. Pero cuando no lo hacen uno de ellos toma demasiada responsabilidad y lo comienza a resentir; el otro, no toma la suficiente y se vuelve egocéntrico o controlador. Los problemas de libertad y de responsabilidad en un matrimonio provocarán luchas en el amor. Como una planta sin buena tierra, la relación matrimonial luchará en un ambiente antipático.

Límites en el matrimonio es fundamentalmente acerca del amor. Es acerca de su promoción, crecimiento, desarrollo y reparación. Queremos ayudarte a desarrollar el amor proveyendo un mejor ambiente para él: de libertad y de responsabilidad. Aquí es donde intervienen los límites o linderos personales. Estos promueven el amor protegiendo a los individuos.

Hace varios años escribimos *Límites: Cuándo decir sí, cuándo decir no, para tomar control de tu vida* porque vimos que los conflictos personales y espirituales de muchas personas tenían que ver con una falta de estructura y límites. No le podían decir no, a las personas controladoras o irresponsables, por lo que estaban siempre controladas por las demandas que les hacían otros. Muchas personas, sin embargo, nos han preguntado desde entonces: «¿Por qué no escriben un libro acerca de establecer límites en el matrimonio, para resolver problemas antes de que comiencen?». Consideramos que era una buena idea, y este libro es el resultado.

Como verás, el carácter es clave aquí. Cuando la gente crece en carácter, crece en la habilidad de establecer y recibir límites en su matrimonio, y maduran. Cuando se resisten a escuchar la palabra *no*, permanecen inmaduros.

> *Hoy es el día para trabajar en tus propios límites en el matrimonio.*

Muchas personas creen que según los humanos vamos creciendo físicamente, automáticamente crecemos emocionalmente también, pero eso es un simple error. La edad es un requisito necesario pero insuficiente para crecer. Existen personas ancianas inmaduras y existen personas jóvenes muy maduras. Harold y Sarah todavía están manejando con inmadurez problemas de límites muy, muy viejos. Frank y Julia los resolvieron y han pasado a etapas más profundas de amor y madurez. El punto que estamos tratando de resaltar aquí es que hoy es el día para trabajar en tus propios límites en el matrimonio. Como lo enseña la Biblia, aprovecha al máximo el día de hoy, porque los días son malos (Efesios 5:16). La iniciativa que tomes hoy para resolver afectará el resto de tu vida matrimonial. Y lo que ignores o lo que tienes miedo de resolver hoy hará lo mismo. Estás encaminando tu matrimonio como el de Harold y Sarah o como el de Frank y Julia, y lo estás haciendo en este momento.

Puede que ambos estén abiertos al concepto de establecer y recibir la verdad y los límites el uno con el otro. Esta sinceridad hará el proceso mucho más fácil, ya que estarán de acuerdo tanto con respecto a los valores como al crecimiento personal. O puede ser que tengas una pareja que está en contra de los límites. También se puede tratar con esta intolerancia.

UNA VISIÓN GENERAL

Hemos organizado el libro en varias partes. Parte uno: «Comprender los límites», te introduce a la idea (o te da un curso de actualización) de los límites y cómo establecerlos en tu matrimonio y contigo mismo. Parte dos: «Establecer límites en el matrimonio», tiene que ver con la necesidad de unión de dos vidas separadas, con las creencias fundamentales que fortalecen a un matrimonio de límites, y con la forma de establecer límites contra personas e influencias externas. Parte tres: «Resolver conflictos en el matrimonio», describe seis tipos de conflicto y cómo establecer límites con un esposo o esposa resistente. Parte cuarto: «Desacuerdos con los límites en el matrimonio», desarrolla algunas de las formas en que los límites pueden ser mal utilizados.

> *Límites en el matrimonio no se trata de arreglar, cambiar o castigar a tu pareja.*

Estas secciones proveen información práctica, ejemplos, tablas y sugerencias para ayudarte a aplicar los conceptos de límites en tu matrimonio.

ACLARACIÓN DE UNA IDEA EQUIVOCADA

Necesitamos aclarar, sin embargo, que *Límites en el matrimonio* no se trata de arreglar, cambiar o castigar a tu pareja. Si no estás en control de ti mismo, la solución no es aprender a controlar a otra persona. La solución es aprender el autocontrol, uno de los nueve frutos del Espíritu (Gálatas 5:23). Así que no veas este libro como una manera de hacer crecer a otra persona. Se trata más de adueñarte de tu propia vida para que estés protegido y puedas amar y proteger a tu pareja sin permitirle el control o rescatarlo a él o ella.

¡Así que bienvenido a *Límites en el matrimonio*! Esperamos que sea un recurso útil para ti, cualquiera que sea la condición de tu matrimonio. Oramos para que mientras aprendes a convertir la palabra *no* en una palabra buena en tu matrimonio, la responsabilidad y la libertad ayudarán entonces a que el amor permanezca profundamente arraigado en los corazones de ambos. Que Dios te bendiga.

Dr. Henry Cloud
Dr. John Townsend
Newport Beach, California
1999

Parte uno

Comprender los límites

Capítulo 1

¿Qué es un límite, de todos modos?

Stephanie se sentó frente a la chimenea con su taza de té de hierbas y reflexionaba sobre la tarde que había pasado. Su esposo, Steve, se había acostado una hora antes, pero el mal presentimiento le impedía acostarse. De hecho, el sentimiento la estaba alejando de él. Ella se sintió aliviada cuando él dijo que se sentía cansado, ya que no hubiera sabido qué hacer si él hubiera querido hacer el amor.

El sentimiento de alivio la asustó. Sabía que no era una buena señal para su relación.

Mientras pensaba acerca de la noche se encontró conectando sus sentimientos no solo con lo que había ocurrido esa tarde, sino con lo que había ocurrido en su relación durante los últimos años. Ella se estaba alejando de Steve más y más. Sabía que lo amaba y que siempre lo amaría. Pero no sabía cómo superar la falta de atracción que sentía. Tenía un sentimiento negativo acerca de su relación que no podía ignorar.

«Sé específica. ¿Qué es?» podía escuchar a su amiga Jill preguntándole. Jill era mejor que Stephanie para clasificar pensamientos y emociones.

Mientras ella organizaba en su mente las respuestas a la pregunta de Jill, la respuesta surgió sorprendentemente rápido en un montón de recuerdos tipo película. Momentos y conversaciones que ella había tenido con Steve pasaron por su mente como si ella fuera un observador imparcial. Primero, recordó esa noche cuando él ignoró su restaurante preferido para cenar. Y varias veces durante la cena ignoró lo que ella decía. Era como si él no la hubiera escuchado.

También recordó unas vacaciones que ella quería ir a un lugar tranquilo y montañoso donde pudieran estar solos. Él quería ir a una gran ciudad «muy movida», y como era costumbre, siguieron los deseos de él.

También estaba el deseo de Stephanie de regresar a la universidad para completar sus estudios. Ellos como pareja decidieron esto cuando ella salió de la universidad durante su último año para ayudarle a él a terminar su carrera de leyes. Pero cada vez que ella lo mencionaba, él explicaba porqué no era un buen momento para hacerlo. A Stephanie se le hizo muy difícil entender eso. Lo que él de verdad estaba diciendo era que no era un buen momento *para él.*

Muchas otras escenas le pasaron por la mente, pero esa frase «para él», parecía resumirlas todas: Su relación era más «para él» que «para ellos», o hasta «para ella». Conforme ella analizaba esto, su indiferencia dio paso al enojo y al desprecio. Rápidamente se alejó de ese sentimiento tan negativo.

Contrólate, se dijo a si misma. *El amor está lleno de sacrificio.* Sin embargo, por más que trató de verse a si misma haciendo sacrificios por amor, sentía como que estaba sacrificando mucho pero recibiendo muy poco amor.

Con ese pensamiento, miró hacia el fuego un rato más, tragó su último sorbo de té y se dirigió hacia la cama, esperando que Steve ya estuviera dormido.

LA IMPORTANCIA DE LOS LÍMITES

¿Cómo había llegado Stephanie, después de tantos años de casada, a tal estado? ¿Qué había ocurrido? Ella y Steve habían comenzando tan intensamente. Él era todo lo que ella siempre había querido. Amable, fuerte, exitoso y espiritual. Steve parecía personificarlo todo. No obstante, conforme pasaba el tiempo, su relación carecía de profundidad e intimidad. Ella no podía entender cómo podía amar tanto a alguien y sentir tan poco amor.

Los problemas son diferentes para muchas parejas, pero la perplejidad es a menudo la misma. Una persona siente que algo está faltando, pero no logra descifrar qué es. Ella trata de hacer lo correcto. Da, se sacrifica, honra el compromiso y se mantiene positiva, y aún, no logra alcanzar la intimidad, o peor que eso, no evita el dolor.

En algunos casos la confusión se esconde tras las explicaciones simplistas que proveen los problemas tales como la adicción, la irresponsabilidad, el control o el abuso. «Si él no fuera tan controlador». O, «Si ella pudiera dejar de gastar dinero». Las parejas piensan que pueden explicar porqué su relación carece de intimidad mediante la presencia de «el problema». Se sorprenden al ver que aunque el «problema» desaparezca, esa persona con quien no pueden conectarse o encontrar amor permanece.

En otros casos puede que no existan «problemas», pero el matrimonio no cumple con la promesa que una o ambas personas hicieron al principio. El compromiso puede ser fuerte, pero el amor, la intimidad y el intercambio profundo no están presentes. ¿Por qué ocurre esto con dos personas que están tan comprometidas con la relación?

En nuestro trabajo con parejas a través de los años, hemos observado que, aunque muchas dinámicas son dirigidas a producir y mantener el amor, una y otra vez aparece el mismo punto de primero en la lista: los límites. Cuando no se establecen límites al principio de un matrimonio, o cuando estos fracasan, los matrimonios también fracasan. O tales matrimonios no se desarrollan más allá de la atracción inicial y no logran la intimidad real. Nunca alcanzan el verdadero «conocimiento» el uno del otro y la habilidad continua para permanecer en amor y para crecer como individuos y como pareja: el cumplimiento a largo plazo que era el diseño de

Dios. Para que esta intimidad pueda desarrollarse y crecer, tienen que haber límites.

Así que, teniendo eso presente, en este capítulo vamos a darle un vistazo general a lo que son los límites. Presentaremos un curso de introducción para aquellos de ustedes que nunca han leído nuestro libro *Límites* y un curso de actualización para quienes sí lo han leído.

¿Qué *es* un límite? En el sentido más simple, un límite es un lindero. Denota el principio y el fin de algo. Si por ejemplo, vas al palacio de justicia de tu condado y buscas tu dirección, probablemente puedes adquirir un mapa del lote que muestra los límites de tu propiedad. Puedes ver dónde comienza tu propiedad y dónde termina la de tu vecino, un prerrequisito para poder ser buenos vecinos entre sí.

POSESIÓN

Si sabes dónde están los límites de la propiedad, puedes buscar quién es el *dueño* del terreno. En la propiedad física, decimos que Sam o Susie «es dueño/a» del terreno y de las cosas que hay en él.

En las relaciones, la posesión también es muy importante. Si yo sé dónde están los límites de nuestra relación, también sé quién es el «dueño» de cosas tales como sentimientos, actitudes y comportamientos. Sé a quién le «pertenecen». Y si hay algún problema con alguno, también sé a quién le pertenece el problema. Una relación matrimonial requiere que cada persona tenga un sentido de posesión de sí misma.

Yo (Dr. Cloud) fui testigo recientemente de este tipo de falta de posesión en una pareja. Caroline y Joe llegaron para participar en terapia matrimonial diciendo que no podían parar de discutir. Cuando le pregunté a ella de qué se trataban las discusiones, Caroline me contestó:

—Es que él siempre está enojado. Se enoja tanto conmigo que me duele mucho; me trata muy mal a veces.

Me dirigí hacia Joe y le pregunté:

—¿Por qué te enojas tanto?

Sin tener que pensarlo ni siquiera por un segundo, me contestó:

—Porque ella siempre trata de controlarme a mí y a mi vida.

Sintiendo que esto podía convertirse en un juego de ping pong, volví a mirar a Caroline y le pregunté:

—¿Por qué tratas de controlarlo?

De nuevo, en un milisegundo, me contestó:

—Porque él está tan involucrado en sus propias cosas que no logro obtener su tiempo o atención.

Cada uno de ellos culpaba al otro por su propio comportamiento.

Pensando que tal vez verían el humor en lo que estaban haciendo si yo continuaba, pregunté:

—¿Por qué no le pones atención a ella?

—Porque es tan gruñona y tan controladora que siento que tengo que alejarme de ella.

Me respondió instantáneamente.

Tratando por última vez de que alguno de los dos tomara responsabilidad de su propio comportamiento, le pregunté a ella porqué fastidiaba tanto.

Y sin hacer una pausa me contestó:

—Porque él no hace nada de lo que yo quiero.

Yo quería que ellos vieran mi cabeza moviéndose de un lado al otro mientras hacía la pregunta:

—¿Por qué es que tú…?

La respuesta que me daban siempre tenía que ver con la otra persona. La pelota de posesión era lanzada por sobre la red cada vez que caía a su lado de la cancha. Ninguno jamás tomó posesión personal por su comportamiento. En sus mentes, la otra persona literalmente «provocaba» su comportamiento.

Yo añoraba que Joe dijera, por ejemplo:

—Yo me enojo con ella porque soy demasiado inmaduro para responder de una manera más amable. Me siento muy arrepentido por eso y necesito ayuda. Quiero ser capaz de amarla correctamente sin importar cuál sea su comportamiento. ¿Me puedes ayudar?

Esta respuesta sería música para los oídos de un consejero. Sin embargo, con esta pareja estábamos muy lejos de escuchar la sinfonía.

Me sentía como si estuviera sentado en el anfiteatro del Jardín del Edén cuando Dios confrontó a Adán después de que este había pecado (ver Génesis 3:1-13). Adán había elegido desobedecer la orden de Dios de no comer del árbol del bien y el mal. No había ninguna duda, Adán lo había hecho.

> La pelota de posesión era lanzada por sobre la red cada vez que caía a su lado de la cancha. Ninguno de ellos jamás tomó posesión personal por su comportamiento.

Cuando Dios preguntó qué había ocurrido, escuchó la misma falta de posesión que vimos con Caroline y Joe.

«¿Quién te dijo que estabas desnudo?», preguntó Dios. «¿Has comido del árbol del que te ordené no comer?». «La mujer que pusiste aquí conmigo, ella me dio fruta del árbol», dijo Adán, «y yo la comí».

Adán culpó a su esposa por su propio comportamiento. Igual hizo Joe; igual que lo hacemos todos nosotros. «Yo hice _____ por ti». Y Dios encontró el mismo problema cuando habló con Eva. Cuando le preguntó acerca de su comportamiento, mira lo que ocurrió:

«¿Qué es esto que has hecho?» le preguntó Dios.

«La serpiente me engañó, y yo comí», contestó Eva. El comportamiento y la desobediencia de Eva son explicados a través de la serpiente. «Si no hubiera sido por la serpiente...».

Esencialmente, Caroline y Joe, igual que Adán y Eva, e

igual que tú y yo, estaban diciendo: «Si no fuera por ti, yo sería una persona más cariñosa y responsable».

Así que, la primera forma como nos ayuda la aclaración de límites es a saber dónde termina una persona y dónde comienza la otra. ¿Cuál es el problema y dónde está? ¿Está dentro de ti, o dentro de mí? Una vez que sabemos cuáles son los límites, sabemos quién debería de tener posesión del problema con el que luchamos. Por ejemplo, Joe no estaba tomando posesión de sus sentimientos, y Caroline de su comportamiento. Esta cuestión de «posesión» es vital para cualquier relación, especialmente en un matrimonio.

RESPONSABILIDAD

Los límites nos ayudan a determinar quién es responsable de qué. Si entendemos a quién le pertenece qué, sabemos entonces quién tiene que tomar responsabilidad por ello. Si yo pudiera lograr que Joe viera que sus reacciones eran su problema y no el de Caroline, entonces podría ayudarlo a aceptar la responsabilidad de cambiar sus reacciones. Mientras él culpara a Caroline por sus reacciones, entonces ella tenía que cambiar para que cambiaran sus reacciones. En su mente, si ella no fuera tan controladora, por ejemplo, él no sería una persona tan malhumorada.

Si podemos descubrir quién es responsable de algo tenemos una oportunidad para cambiar. Si podemos ver que el problema es nuestro y que somos responsables por él, estamos a cargo del cambio. Por primera vez, tenemos el poder. Cuando Caroline comprendió que ella era la responsable de la desdicha que pensaba que Joe le estaba causando, ella obtuvo el poder para cambiar ese impotente sentimiento

> *Si podemos ver que el problema es nuestro problema y que somos responsables por él, estamos a cargo del cambio. Por primera vez, tenemos el poder.*

de infelicidad, *sin importar lo que Joe estuviera haciendo*. Una vez que comenzó a tomar responsabilidad por sus reacciones hacia Joe, podía trabajar para cambiarlas. Por ejemplo, ella aprendió a no permitir que el enojo de él la afectara y a responderle a él más directamente. También aprendió a dejar de rezongarlo para que hiciera cosas, y en su lugar, aprendió a pedirle que hiciera cosas y a darle opciones.

La responsabilidad también involucra acción. Si algo va a suceder, sucederá porque tomamos acción. Necesitamos cambiar algunas actitudes, comportamientos, reacciones o elecciones. Tenemos que participar activamente en la resolución de cualquier problema relacional que podamos tener, aunque no sea nuestra culpa.

> *Tenemos que participar activamente en la resolución de cualquier problema relacional que podamos tener, aunque no sea nuestra culpa.*

Una vez que Joe vio que su enojo era su problema y no el de Caroline, tomó responsabilidad por él. Aprendió que no iba a estar «sin enfadarse» porque Caroline cambió. Él iba a estar «sin enfadarse» porque creció y respondió de manera diferente a lo que ella hacía. Aprendió lo que nos enseña Proverbios, que una falta de límites y el enojo van mano a mano: «Como ciudad sin defensa y sin murallas es quien no sabe dominarse» (Proverbios 25:28). Él aprendió a no reaccionar, sino a considerar todas sus opciones, a encontrar de dónde provenía su enojo y su sentimiento de ser amenazado por ella. Varias cosas nuevas se convirtieron en parte de su crecimiento, pero todas comenzaron con límites, con la aclaración de los asuntos por los que tenía que tomar responsabilidad.

Cada persona en un matrimonio tiene que tomar responsabilidad por las siguientes cosas:

- Sentimientos

- Actitudes
- Comportamientos
- Decisiones
- Límites
- Deseos
- Pensamientos
- Valores
- Talentos
- Amor

La responsabilidad nos dice que somos nosotros los que tenemos que resolver nuestros sentimientos y aprender a sentirnos diferentes. *Nuestras* actitudes, no las de nuestra pareja, nos hacen sentir angustiados e impotentes. La forma en que nos comportamos y reaccionamos es parte del problema, y tenemos que cambiar estos patrones. Nos permitimos ser empujados más allá de ciertos límites y luego sentimos rencor o impotencia. No convertimos nuestros deseos en metas logradas, o no nos encargamos de nuestros deseos morbosos.

La responsabilidad nos autoriza a tener una buena vida. Darles a Adán y a Eva la responsabilidad que Dios les dio, era darles el poder para que tuvieran la vida que todos nosotros deseamos: una vida llena de amor, entornos maravillosos y muchas oportunidades para usar nuestras habilidades y talentos. Él les dio la habilidad y la oportunidad para crear la vida que quisieran. Cuando no eligieron la opción vivificante, también cargaron con la responsabilidad de esa decisión, así como lo hacemos nosotros.

Pero las buenas noticias de los límites es que el plan de responsabilidad de Dios no ha cambiado. No estamos a merced de la conducta o de los problemas de nuestra pareja. Cada persona en el matrimonio puede actuar de cierta manera para evitar ser

> *No estamos a merced de la conducta o de los problemas de nuestra pareja.*

una víctima de los problemas de la otra persona y, mejor aun, para *cambiar la propia relación matrimonial*. Más adelante en este libro te mostraremos cómo cambiar tu matrimonio en sentido positivo, aunque tu pareja no esté interesada en cambiar. No obstante, el proceso siempre comienza tomando responsabilidad por tu propia parte del problema.

LIBERTAD

«Su irresponsabilidad está haciendo mi vida muy desdichada», comenzó Jen. Entonces comenzó a contarme una historia terrible de cómo su esposo evitó con éxito la edad adulta, por muchos años, a expensas de ella. Había sufrido muchísimo a merced de la conducta de él, tanto en el aspecto económico como en el sexual.

Mientras escuchaba, sin embargo, podía ver que una profunda sensación de desesperanza la mantenía aprisionada. Yo podía ver las incontables maneras en que ella se libraba de los patrones de conducta de su esposo. Ella podía tomar numerosas decisiones para ayudarse a sí misma y a la relación. Pero lo triste era que ella no podía ver las mismas opciones que eran tan claras para mí.

«¿Por qué no dejas de pagar por los errores que ha cometido él y dejas de sacarlo de sus apuros? ¿Por qué lo sigues rescatando de los problemas en que él se mete?», le pregunté.

«¿De qué hablas?» preguntó Jen, alternando entre sollozos reprimidos y una expresión desdeñosa. «No hay nada que pueda hacer. Así es él, y yo tengo que vivir con eso».

Yo no podía descifrar si ella estaba triste por lo que percibía como un caso perdido o enojada conmigo por sugerirle que tenía opciones.

Mientras continuamos charlando, descubrí un problema subyacente que le impedía a Jen tomar decisiones. *Ella no se veía como una persona libre*. Nunca se le había ocurrido que ella tenía la libertad para responder, para tomar decisiones y para limitar la manera en que la conducta de su esposo la afectaba a ella. Se sentía la víctima de cualquier cosa que él hiciera o dejara de hacer.

Este era el mismo problema que preocupaba a Joe y que lo hacía reaccionar tan severamente contra Caroline. Ella trataba de controlarlo, pero él sentía estos intentos como control *verdadero* hacia él. En realidad, Caroline no tenía ningún tipo de control sobre Joe, y si él hubiera entendido eso, no se hubiera alterado tanto con ella. Él no se veía a si mismo como una persona libre.

Dios diseñó la creación entera para la libertad. No fuimos creados para esclavizarnos el uno al otro; fuimos creados para amarnos el uno al otro libremente. Dios nos creó para tener libertad de tomar decisiones mientras respondemos a la vida, a otras personas, a Dios y a nosotros mismos. Pero al alejarnos de Dios, perdimos nuestra libertad. Nos convertimos en esclavos del pecado, del egocentrismo, de otra gente, de la culpa, y de una gran cantidad de otros asuntos.

> *Ella no se veía como una persona libre. Nunca se le había ocurrido que ella tenía la libertad para responder, para tomar decisiones y para limitar la manera en que la conducta de su esposo la afectaba a ella.*

Los límites nos ayudan una vez más a desarrollar nuestra libertad. Presta atención a la manera en que Pablo le dice a los gálatas que establezcan límites contra cualquier tipo de control y se liberen: «Cristo nos libertó para que vivamos en libertad. Por lo tanto, manténganse firmes y no se sometan nuevamente al yugo de esclavitud» (Gálatas 5:1). Jen se sentía esclavizada por los patrones de conducta de su esposo y no veía las opciones disponibles para ella. Joe se veía sometido a los persistentes intentos de Caroline por controlarlo. Pero Dios nos dice que no estemos sujetos a ningún tipo de control esclavizante.

Cuando alguien en una pareja se da cuenta de la libertad que uno de los dos tiene, se le presentan muchas opciones. Los límites nos ayudan a saber dónde comienza y termina el control de alguien. Las relaciones son justo como los linderos que mencionamos previamente. Así como tu vecino no te puede forzar a que pintes tu casa color morado, tampoco puede ninguna otra persona obligarte a hacer nada. Viola la ley básica de libertad que estableció Dios en el universo. Por el amor al trabajo, cada persona tiene que desarrollar su libertad. Y los límites ayudan a definir la libertad que tenemos y la que no tenemos.

> *Así como tu vecino no te puede forzar a que pintes tu casa color morado, tampoco puede ninguna otra persona obligarte a hacer nada.*

El matrimonio no es esclavitud. Está basado en una relación amorosa profundamente arraigada en la libertad. Cada persona es libre *de* la otra y por lo tanto libre para *amar* a la otra. Donde existe el control, o percepción de control, no hay amor. El amor solo existe donde hay libertad.

EL TRIÁNGULO DE LÍMITES

Desde el principio de la historia han existido tres realidades:

1. Libertad
2. Responsabilidad
3. Amor

Dios nos creó libres. Él nos hizo responsables por nuestra libertad. Y como personas libres responsables, se nos ordenó amarlo a él y amarnos mutuamente. Este énfasis predomina a través de toda la Biblia. Cuando hacemos estas tres cosas, vivir libres, tomar responsabilidad por nuestra propia libertad, y amar a Dios y a nuestro prójimo, entonces la vida, incluido el matrimonio, puede ser una experiencia tipo jardín del Edén.

Algo increíble ocurre cuando estos tres ingredientes de la relación comienzan a funcionar juntos. Mientras el amor crece, los cónyuges se van liberando cada vez más de las cosas que esclavizan: el egocentrismo, patrones pecaminosos, dolores pasados, y otras limitaciones autoimpuestas. Es entonces cuando obtienen un sentido más grande de autocontrol y responsabilidad. Conforme actúan con más responsabilidad, se van volviendo más cariñosos. Y entonces el ciclo vuelve a comenzar: conforme crece el amor, crece también la libertad, que conduce a más responsabilidad y a más amor.

Es por esto que un matrimonio por cincuenta años o más, puede decir que el matrimonio se mejora con el paso del tiempo. Se sienten más libres como resultado de ser amados, y la relación de amor se profundiza.

Una mujer lo dijo de la siguiente manera: «Antes de casarme con Tom, estaba tan atrapada en mis propias inseguridades y temores que ni me conocía. He sido muy bendecida con la manera en que él me ha amado. Cuando sentía miedo o hacía algo irresponsable al principio del matrimonio, él era paciente, no se alteraba. Era lo suficientemente fuerte para amarme y a la vez requerir más de mí. Él no me permitió seguir siendo igual, pero tampoco me castigó por quien yo era. Tuve que comenzar a tomar responsabilidad para romper las barreras y poder amar. No lo podía culpar a él por mis defectos. A medida que él me iba amando más y más, fui capaz de cambiar y de abandonar mi antigua manera de ser».

Lo estupendo fue que cuando hablé con el esposo de esta mujer, él dijo básicamente lo mismo. Ambos se habían convertido en un catalizador para el crecimiento del otro y también de la relación.

> El amor solo existe donde hay libertad.

En esta descripción podemos ver los tres lados del

triángulo. La pareja era libre para no alterarse el uno con el otro, cada uno de ellos tomó responsabilidad por sus propios problemas, y se amaron mutuamente, incluso cuando uno de ellos no se lo merecía. Ella resolvió sus inseguridades y cambió. Y como ambos estaban libres el uno del otro, se amaron mutuamente con toda libertad. Y ese amor continuó para transformar y producir crecimiento.

Recuerda, donde no hay libertad hay esclavitud, y donde hay esclavitud habrá rebelión. También, donde no hay responsabilidad hay cautiverio. Cuando no tomamos posesión y no hacemos lo que debemos con nuestros propios problemas, quedamos atascados en cierto nivel de la relación y no podremos ir más allá.

El amor solo puede existir donde la libertad y la responsabilidad están presentes. El amor crea más libertad que conduce a más responsabilidad, la cual conduce a más y más habilidad para amar.

PROTECCIÓN

El último aspecto de los límites que permite que crezca el amor es la protección. Piensa por un momento en tu casa. Probablemente tienes algún tipo de protección alrededor de tu propiedad. Algunos de ustedes, por ejemplo, tienen una cerca con una verja con cerradura para proteger su propiedad de intrusos. Algunas personas, si fueran capaces, entrarían y robarían cosas importantes para ti. Como dijo Jesús: «No den lo sagrado a los perros, no sea que vuelvan contra ustedes y los despedacen; ni echen sus perlas a los cerdos, no sea que las pisoteen» (Mateo 7:6). Tienes que tener cuidado y protegerte de la maldad.

Algunos de ustedes no tienen una cerca, pero sí cierran con llave sus puertas. Comoquiera que lo hagas tienes un límite protector disponible para mantener a «personas malas» fuera de tu casa. Pero tu verja o puerta tampoco es una pared. Tienes que poder abrir la verja o puerta cuando quieres invitar a «gente buena» a tu propiedad o casa. En otras palabras, los límites tienen que ser permeables. Tienen que bloquear lo malo y permitir la entrada a lo bueno.

Como ocurre con tu casa también ocurre con tu alma. Necesitas límites protectores que puedas levantar cuando el mal se presente, y quitar cuando ya no hay peligro.

Regina había soportado suficiente. Casada con Lee por diecinueve años, ella había tratado de ser cariñosa hasta el punto en que esto casi la había matado emocionalmente. Lee tenía un problema con el alcohol desde hacía mucho tiempo y también con el enojo. A veces ambos problemas se unían y le hacían la vida insoportable a ella. Además, él la criticaba de una manera devastadora haciendo comentarios sarcásticos y mordaces. «Bonito vestido... ¿no lo vendían en tu tamaño?» era el tipo de cosas que decía. Tampoco la ayudaba con los hijos, lo cual consideraba «el trabajo de una esposa».

Ella era una persona cariñosa que se adaptaba con facilidad, que siempre había tratado de evitar el conflicto y de ganarse a la gente con amor. Cuando la gente estaba malhumorada, ella se volvía más amable y trataba de amarlos más. El problema con Lee era que el amor de su esposa solo le daba cada vez más permiso para seguir siendo poco cariñoso. Su alcoholismo y otras conductas continuaron haciéndose más y más evidentes, y ella finalmente no pudo soportarlo más.

Descubrió que no era bueno sufrir en silencio. Algunas personas en su iglesia la animaron a que hablara con Lee acerca de cómo sus problemas la afectaban a ella. Tomó algunos cursos sobre autoestima y comenzó a confrontarlo. Lamentablemente, Lee no escuchó. Algunas veces ignoraba las confrontaciones de ella, otras veces pedía perdón sin cambiar, y otras veces se enojaba y se ponía a la defensiva. En ningún momento tomó en serio las palabras de su esposa ni reconoció la manera en que la estaba hiriendo y mucho menos cambió.

Regina finalmente le dio a Lee la opción y la responsabilidad de tomar el control de sus propios problemas, o marcharse de la casa. Ya no iba a permitir que su alcoholismo y su ira la afectaran a ella y a sus hijos. Iba a dar pasos para proteger y para «defender lo bueno» y no dejar que el mal lo destruyera.

Al principio él no le creyó, pero ella se mantuvo firme. Al final, él se marchó. Si no lo hubiera hecho, ella se hubiera marchado o hubiera ido a la corte. Sin embargo, al ver por vez primera que su comportamiento tenía consecuencias, Lee tomó su problema en serio. Buscó ayuda y cambió su vida por completo. Él y Regina se reconciliaron un año y medio después y su matrimonio se salvó.

Regina estaba contenta de que estaban juntos de nuevo y que el matrimonio iba por buen camino. Esto era un fruto de la actitud protectora que ella había tomado. Había establecido fronteras y límites para proteger de un ciclo destructivo a ella, a sus hijos y a su matrimonio.

DOMINIO PROPIO

Existe mucha confusión acerca de los límites. Algunas personas están en contra de los límites porque los ven como egoísmo; otros los usan para ser egoístas. Ambos están equivocados. Los límites tienen que ver básicamente con el dominio propio.

Una cliente me dijo una vez:

—Establecí algunos límites *para mi esposo*. Le dije que ya no me podía hablar de esa manera. Y no funcionó. ¿Qué hago ahora?

—Lo que has hecho no es establecer límites —le contesté.

—¿Qué quieres decir?

—Fue un intento débil de controlar a tu esposo, y eso nunca funciona. Continué explicando que los límites no son algo que se le «establece» a otra persona. Los límites son acerca de uno mismo.

Mi cliente no podía decirle a su esposo: «No puedes hablarme de esa manera». Esta demanda no es ejecutable. Pero sí podía decirle lo que ella haría o no haría si él le hablaba de esa manera otra vez. Ella podría establecerse un límite «a sí misma». Podría decir: «Si me hablas de esa manera, saldré del cuarto». Esta amenaza es completamente ejecutable porque tiene que ver con *ella*. Estaría estableciendo un límite a la única persona que puede controlar: a ella misma.

Cuando construyes una cerca alrededor de tu patio, no la construyes para descifrar los límites del patio de tu vecino y así poder dictarle cómo debe comportarse. La construyes alrededor de tu propio patio para poder mantener control de lo que ocurre en tu propiedad. Los límites personales hacen lo mismo. Si alguien de alguna manera cruza tus límites personales sin autorización, puedes tomar el control de ti y no permitir ya más ser controlado o herido. Esto es el dominio propio.

Y al final, el dominio propio le sirve al amor, no al egoísmo. Esperamos que cuando tomes control de ti, podrás amar mejor y con más propósito e intención para que tú y tu cónyuge puedan tener la intimidad que desean.

> Los límites no son algo que se le «establece» a otra persona. Los límites son acerca de uno mismo.

EJEMPLOS DE LÍMITES

En el mundo físico muchos límites definen y protegen la propiedad. Las cercas rodean los hogares. Se construyen casas en comunidades encerradas. La mayoría de las casas tienen puertas y cerraduras. Antiguamente, la gente hasta tenía fosos con caimanes.

En el mundo inmaterial de almas y relaciones, los límites son diferentes. Te verías muy cómico con un foso alrededor de tu corazón, y los caimanes requerirían alimentación constante. Así que Dios nos ha equipado con límites especiales para el dominio interpersonal. Veamos algunos de estos.

PALABRAS

El límite más básico es el lenguaje. Tus palabras ayudan a definirte. Le dicen a la otra persona quién eres, lo que crees, lo que quieres y lo que no quieres. Aquí hay algunos ejemplos de palabras utilizadas como límites:

- No, no quiero hacer eso.
- No, no participaré en eso.
- Sí, quiero hacer eso.
- Lo haré.
- Me gusta eso.
- No me gusta eso.

Tus palabras, o falta de ellas, te definen para la otra persona. ¿Recuerdas a Stephanie, la esposa en el primer ejemplo de este capítulo que se estaba alejando de su esposo, Steve? Stephanie lentamente perdió terreno de su propiedad al no decir lo que quería y lo que le gustaba o no le gustaba acerca de la forma en que estaba actuando Steve. Su silencio era como una cerca pisoteada.

LA VERDAD

La verdad es otro límite importante. La verdad y los principios de Dios proveen límites de nuestra existencia, y mientras vivamos dentro de la verdad, estamos protegidos. Aquí hay algunas verdades que ayudan a definir la estructura de cómo debemos relacionarnos:

- No mientan.
- No cometan adulterio.
- No codicien.
- Sean dadivosos.

- Ámense los unos a los otros.
- Sean compasivos.
- Perdonen.

A medida que organizamos nuestras relaciones alrededor de las verdades eternas de Dios, nuestras relaciones triunfan y prosperan. Cuando cruzamos estos límites perdemos la seguridad que provee la verdad.

Además, ser sinceros acerca de nosotros mismos y de lo que está ocurriendo en una relación provee límites. No ser sinceros el uno con el otro da una impresión falsa de dónde estamos, así como de quiénes somos. Por ejemplo, cuando Regina se estaba adaptando al comportamiento doloroso de Lee, ella no fue sincera con él en cuanto a lo que de verdad ocurría dentro de ella. Estaba aparentando ser feliz y cariñosa, pero en realidad se sentía miserable por dentro y experimentaba un dolor profundo.

Como dice Pablo: «Por lo tanto, dejando la mentira, hable cada uno a su prójimo con la verdad, porque todos somos miembros de un mismo cuerpo» (Efesios 4:25). Si no somos sinceros el uno con el otro, nuestra verdadera relación se esconde. Entonces, en vez de una relación real, tenemos dos relaciones: la relación externa, la cual es falsa; y la interna y escondida, que es la verdadera. La intimidad se pierde y también el amor. El amor y la verdad tienen que existir juntos.

CONSECUENCIAS

Cuando Regina había soportado lo «suficiente», estableció finalmente los límites de las consecuencias. Dijo que no viviría más con Lee mientras él continuara tomando licor. Esta consecuencia definió el límite de lo que

> La gente que no acepta la realidad son sordos a las palabras de la verdad. Ellos solo responden al dolor y a la pérdida.

ella permitiría exponerse a sí misma. Sus acciones hicieron lo que no hicieron sus palabras. Lo echó de la casa.

Dios nos ha dado la Ley de la siembra y la cosecha (ver el capítulo 2 para una explicación más completa de esta ley) para comunicar lo que es aceptable y lo que no lo es. Si solamente usamos palabras, algunas veces otros no «captan el mensaje». De hecho, la gente que no acepta la realidad son sordos a las palabras de la verdad. Ellos solo responden al dolor y a la pérdida. Las consecuencias demuestran dónde está nuestra línea divisoria.

Algunos esposos o esposas necesitan consecuencias severas como la separación. Otros necesitan consecuencias menos severas para definir límites importantes, como las siguientes:

- Cancelar una tarjeta de crédito
- Salir hacia la fiesta solos cuando la otra persona, que es perpetuamente impuntual, no llega a casa a la hora previamente determinada para salir.
- Proceder a cenar cuando por milésima vez un cónyuge llega tarde.
- Terminar las conversaciones que maltratan.
- No seguir sacando de apuros a la otra persona por su perpetua irresponsabilidad, como gastos excesivos o por no terminar sus trabajos a tiempo.

DISTANCIA EMOCIONAL

A veces una de la personas en una relación hiriente no está dispuesta a cambiar. El esposo o esposa continúa haciendo cosas ofensivas. O, a veces una de las personas ha traicionado la confianza o ha tenido una aventura amorosa, y aunque se haya arrepentido, no ha pasado suficiente tiempo para que la persona compruebe que es digno de confianza.

En estas situaciones, la confianza puede que no sea sabia. Pero sí es prudente continuar interactuando en la relación y resolver el problema. En tales casos, puede ser que un cónyuge tenga que seguir el consejo de Proverbios para evitar más heridas: «Por sobre todas las cosas cuida tu corazón, porque de él mana la vida» (Proverbios 4:23). Proteger el corazón puede involucrar decir lo siguiente:

- Te amo, pero no confío en ti. No puedo acercarme a ti hasta que no resolvamos esto.
- Cuando seas amable, podemos acercarnos de nuevo.
- Cuando demuestres que estás dispuesto a buscar ayuda, me sentiré lo suficientemente seguro/a para abrirte mi corazón de nuevo.
- No puedo intercambiar sentimientos sinceros si me vas a castigar por ellos.

En estos casos, la pareja tiene un compromiso para resolver las cosas junto con la sabiduría de proteger el corazón con alguna distancia emocional hasta que esté seguro y sea prudente acercarse. Esto evita más dolor y más deterioro de la relación.

Te advertimos, sin embargo, que puedes tomar esta actitud solamente con un corazón puro. Los corazones impuros utilizan los límites para exteriorizar sentimientos tales como la venganza y la ira. Puesto que ninguno de nosotros es puro, tenemos que buscar motivaciones para establecer límites y asegurarnos de que están sirviendo al amor y no a nuestros deseos

> Los corazones impuros utilizan los límites para exteriorizar sentimientos tales como la venganza y la ira.

impuros. Usar la distancia o el retraimiento del amor, para castigar a la otra persona, es una señal de que estamos estableciendo límites no para resolver el conflicto, sino por venganza.

DISTANCIA FÍSICA

A veces, cuando todos los intentos fracasan, los cónyuges tienen que alejarse hasta que el dolor termine. La distancia provee el tiempo necesario para proteger los sentimientos, para pensar, para sanar, y para aprender cosas nuevas. En casos severos la separación evita peligros. La distancia física puede ser poca o mucha.

- Dejar una discusión o situación acalorada.
- Alejarse el uno del otro por un tiempo para resolver las cosas.
- Marcharse de la casa para tratar una adicción.
- Separarse para evitar el abuso físico o el abuso de drogas.
- Mudarse a un refugio para proteger a los niños.

Estos límites protegen al matrimonio y evitan un daño mayor. Como nos dice Proverbios: «El prudente ve el peligro y lo evita; el inexperto sigue adelante y sufre las consecuencias» (Proverbios 27:12). La distancia física a veces provee espacio para la curación, así como seguridad para conservar a las personas y al propio matrimonio. Aunque casi siempre es el último recurso, es a veces lo que salva al matrimonio.

OTRAS PERSONAS

Sandy no podía confrontar a Jerry. Cada vez que trataba de establecer límites lo que provocaba era conflictos. Ella aún no tenía la fuerza de carácter necesaria para esto. Él siempre la dominaba.

Le sugerí que tocara ciertos temas con él solamente cuando yo estuviera presente. Al principio ella pensó que eso era un escapismo y no se atrevía a hacerlo. Pero después de unos cuantos fracasos estuvo de acuerdo en que ella no era capaz de enfrentar esto sola.

Sandy se limitó a discutir los temas difíciles solamente durante sus sesiones de consejería. Poco a poco ella pudo depender de mí y yo pude monitorear la situación cuando a Jerry se le iba la mano. Mientras eso ocurría, los límites que había impuesto yo mientras estructurábamos las sesiones, le dio al matrimonio un nuevo horizonte. Él comenzó a responder.

Después, ella asistió a su grupo de apoyo para obtener el resto de la estructura que necesitaba para adquirir sus propios límites. Otras personas fueron la «columna vertebral» que ella no tenía al principio. Día a día pudo interiorizar lo que valía ese cuidado, apoyo, enseñanza y ejemplo. Realmente, la familia de Dios siempre da la ayuda necesaria a quienes la necesiten. Aquí hay unos ejemplos:

- Usa a una tercera persona que te ayude a resolver el conflicto.
- Usa a una tercera persona que te ayude a protegerte y que te apoye.
- Asiste a un grupo para sanidad y fortaleza.
- Permite que otros te enseñen límites.
- Busca consejeros, amigos o pastores que te provean un lugar seguro para resolver cuestiones difíciles.
- Utiliza refugios en situaciones extremas.

Ten cuidado, sin embargo, con la persona que te esté ayudando porque en ocasiones hace más daño. Otras personas pueden ser poco útiles si te ayudan a esconderte del conflicto en vez de tratar de resolverlo. Hablaremos más de este punto en el capítulo 11, que trata acerca de cómo proteger tu matrimonio de intrusos.

TIEMPO

El tiempo es otro límite que causa dificultades en las relaciones. Alguna gente necesita tiempo para resolver el conflicto o para limitar al propio conflicto:

- Asígnate un espacio determinado de tiempo para hablar de ciertas cosas: «Hablaremos de nuestro presupuesto por una hora, y después lo dejaremos hasta la próxima semana».
- Busca el mejor tiempo para resolver una cuestión particular en vez de discutirla en un momento de enojo.
- Establece épocas para ciertas metas: «Este verano trabajaremos en nuestra comunicación, y en el otoño resolveremos nuestras dificultades sexuales».

Así como el mundo físico tiene diferentes tipos de límites, en el mundo interpersonal también sucede lo mismo. Así como algunas veces una cerca es apropiada y la puerta no lo es, a veces la confrontación y la verdad son importantes y la distancia física no lo es. Más adelante en este libro, en la Parte tres, te guiaremos para saber cómo y cuándo hacer qué.

STEPHANIE

Stephanie, con quien iniciamos este capítulo, no tenía tantos problemas como otras parejas. Ella estaba sufriendo por la distancia emocional que se crea al estar en el lado equivocado de una relación desigual. En cierta manera, su historia muestra la necesidad de tener buenos límites en el matrimonio. Ella no estaba contenta porque no tenía claros los problemas. Esto puede ser a veces el peor tipo de infelicidad.

> *La persona pasiva decide que quiere crear «una vida para sí misma». Y se marcha. Ella puede incluso llamar este método «estableciendo algunos límites». Nada podría ser menos cierto.*

La historia de Stephanie tiene un buen final e incorpora todos los principios que hemos considerado en este capítulo.

Stephanie primero descifró el lugar que ella ocupaba en el matrimonio y el lugar de

Steve. Cuando lo hizo descubrió que ella ocupaba un lugar insignificante. Se había adaptado a él y había cumplido con sus deseos de tal manera que ella apenas existía. Ya ni podía recordar quién era ella. Sus deseos de continuar con sus estudios y encontrar un trabajo importante habían quedado en el olvido a medida que él insistía en continuar como estaban. Y ella había cedido tanto que ya ni sabía quién era.

Cuando ella pensaba acerca de lo que le pertenecía a él y lo que le pertenecía a ella, se dio cuenta de que ella no podía culparlo por la pérdida de sí misma. Era ella quien había cumplido con los deseos de él. Era ella quien le tenía miedo al conflicto y quien eligió adaptarse a lo que él quería. Ella tenía que apropiarse de su pasividad.

En este punto de su camino Stephanie tomó una decisión madura. Tomó responsabilidad por su propia desdicha y comenzó a *resolverla dentro del contexto de su relación*. En vez de hacer lo que muchas personas conformistas hacen cuando se despiertan y se ven perdidas, ella no dejó la relación para «encontrarse a sí misma». Muchas veces un matrimonio se rompe cuando la persona pasiva decide que quiere crear «una vida para sí misma». Y se marcha. Ella puede incluso hasta llamar este método «estableciendo algunos límites». Nada podría ser menos cierto.

Los límites solo se crean y se establecen en el contexto de una relación. Huir de una relación como el primer paso para establecer límites es no tener límites del todo. Es una defensa contra el desarrollo de límites con otra persona. El único lugar donde los límites son verdaderos es en el contexto de la relación.

Stephanie no huyó. Ella tomó posesión de todos sus sentimientos, actitudes, deseos y decisiones, y luego se las llevó a Steve. Y ellos tuvieron mucho conflicto al principio. Pero al final, él también pudo crecer como persona. Steve entendió que la vida no se trataba solamente acerca de él y que, si continuaba viviendo de esa manera, iba a perder cosas muy importantes para él, como la cercanía con Stephanie. A medida que ella tomó responsabilidad por su vida, él se vio forzado a tomar responsabilidad por la de él, y el matrimonio mejoró.

Ambos se apropiaron de su lado de la ecuación. Stephanie vio que estaba libre de Steve y que la esclavitud que siempre había sentido surgía de ella misma. Ella ahora expresaba más sus sentimientos y sus opiniones. No cedía a los deseos de Steve inmediatamente. Cuando él no la escuchaba, ella se lo dejaba saber. Y Steve aprendió a amar la libertad de Stephanie y a tomarle el gusto a esa libertad. Él comenzó a sentirse atraído a su independencia en vez de amenazado por ella. A medida que fueron haciendo estas cosas, creció el amor. Y crecieron también como individuos.

Pero todo había comenzado cuando Stephanie hizo un serio esfuerzo para crear límites: definiéndose a sí misma, tomando posesión y responsabilidad por lo que era suyo, desarrollando su libertad, tomando ciertas decisiones, haciendo el trabajo fuerte de cambiar la relación y no huir de ella, y aprendiendo a amar en vez de acceder.

La relación de Stephanie con Steve se hizo más y más íntima. Aprendieron a ser personas individuales libres para amarse el uno al otro. El ingrediente que había faltado todo este tiempo había sido un sentido profundo de intimidad, algo a lo que la Biblia se refiere como «conocer» a alguien. Sin embargo, sin límites claros no podían conocerse el uno al otro, y sin conocerse el uno al otro, no podían verdaderamente amarse el uno al otro.

A medida que ellos se fueron definiendo más, se convirtieron en dos personas que podían amar y ser amados. Comenzaron a conocerse y a disfrutarse. Comenzaron a crecer.

Esto es lo que queremos para ti y tu pareja. En este libro te ayudaremos a definirte mejor, a ser más libre y responsable, y a estar en una posición para amar y ser amado. Este es el elevado llamado para el cual Dios creó el matrimonio.

—————— Capítulo 2 ——————

Aplicación de las diez leyes de límites al matrimonio

Cuando hablamos en seminarios acerca de la cuestión de límites, las preguntas más comunes son algo así: «¿Cómo manejo la falta de intimidad de mi esposo?» o «¿Qué le debo decir a mi esposa cuando ella gasta demasiado dinero?». Muchas parejas luchan con estas importantes cuestiones.

Se nos hace difícil responder estas preguntas, sin embargo, porque no conocemos la situación particular de cada pareja. Un esposo que no es íntimo puede que sea distante porque tiene problemas de confianza. O puede ser narcisista. O puede ser que él sea normal y que su esposa tenga expectativas no realistas. Una esposa que gasta más de la cuenta puede tener problemas estructurándose a sí misma. O puede hallarse en un estado de no aceptación de su problema económico. O puede tener un esposo controlador. Los problemas de límites en un matrimonio siempre requieren un entendimiento de la situación. Decir nosotros: «Bueno, dile a tu esposo o esposa esto y esto» sin entender al matrimonio puede sonar útil, pero también puede resultar ser un consejo inútil.

Aunque damos sugerencias prácticas a través del libro, a largo plazo, aprender principios ayuda más que aprender técnicas. Hemos incluido, por lo tanto, esta sección de las leyes de límites no para que sirvan como estrategias prácticas, sino para que sirvan como principios con los cuales puedas estructurar tu matrimonio. Estas leyes, que también hemos explicado en otros contextos en *Límites* y *Límites para nuestros hijos*, te llevan más allá del nivel de límites «solución de problemas». Te ayudarán a entender la manera en que funcionan los límites y pudieran ayudarte a resolver problemas antes de que comiencen.

Estas leyes de límites no tienen que ver con la manera en que debería ser el matrimonio. Tienen que ver con la manera en que *es verdaderamente el matrimonio*. Al igual que con las leyes científicas, como la ley de la gravedad y la ley del electromagnetismo, las leyes de límites están siempre activas, estemos o no conscientes de ellas. Podemos brincar lo más alto que podamos. Podemos decir: «¡Niego la existencia de la gravedad! ¡Me niego a creer en ella!». Pero de todos modos no nos alejaremos mucho del suelo. Las leyes son más poderosas que nosotros.

Las leyes de límites establecen los fundamentos de cómo funciona la responsabilidad en la vida. Los puedes leer y pensar: *¡Por eso es que hemos luchado tanto con nuestro matrimonio!* O puedes pensar: *Por eso es que esta parte de nuestra relación funciona bien.* Sea como sea, te beneficiará familiarizarte con estas diez leyes.

LEY #1: LA LEY DE LA SIEMBRA Y LA COSECHA

Amy y Ryan habían estado casados por ocho años, y se amaban. Sin embargo, cuando él se enojaba o se molestaba por algo, se volvía malhumorado y se distanciaba de Amy y de sus hijos, excepto durante ocasionales arrebatos de ira. Cuando su negocio industrial estaba pasando por dificultades, él se mantenía silencioso durante la cena. Una vez, durante uno de esos periodos, los niños estaban discutiendo en la mesa. Inesperadamente, Ryan dijo: «Amy, ¿no puedes mantener a estos niños quietos? ¡No puedo ni siquiera tener un momento de paz en mi propia casa!». Y con esto, se fue furioso al cuarto de oficina, encendió la computadora y se quedó ahí hasta que los niños se fueron a dormir.

Amy se sentía dolida y confundida. Pero ella tenía un patrón de «manejo» para el malhumor de Ryan. Trataba de alegrarlo siendo positiva, animadora y sumisa. *Él tiene un trabajo fuerte*, pensaba Amy. *Lo que necesita es apoyo.* Y durante las siguientes horas, y a veces días, ella centraba la existencia de su familia alrededor del humor de papá. Todo el mundo tenía que andar con cuidado en su presencia. Nadie podía reclamar o ser negativo acerca de ningún tema por miedo a provocarlo de nuevo. Y Amy constantemente trataba de sacarlo de su mal humor, animarlo y contentarlo. Toda su energía emocional la usaba ayudándole a Ryan a sentirse mejor.

> *Estas leyes de límites no tienen que ver con la manera en que debería ser el matrimonio. Tienen que ver con la manera en que es verdaderamente el matrimonio.*

Amy estaba haciendo su mejor esfuerzo para resolver el problema del malhumor de su esposo. Pero la situación estaba empeorando. Su malhumor se fue poniendo más oscuro y severo, y duraba periodos más largos. Lo que es peor, Ryan parecía estar inconsciente de sus arrebatos. «Tú solo estás exagerando», le decía a ella. Y a veces hasta la culpaba por su mal humor. «Si fueras más compasiva, esto no sucedería», decía. Amy se sentía terrible. ¿Qué estaba ocurriendo?

JUGAR SIN PAGAR

La lucha de Amy y Ryan ilustra la importancia de la primera ley de límites: la Ley de la siembra y la cosecha. El principio simplemente significa que *nuestras acciones tienen consecuencias.* Cuando hacemos cosas bondadosas y responsables, la gente se siente atraída a nosotros. Cuando no somos ni cariñosos ni responsables, la gente se retrae de nosotros cerrándose emocionalmente o evadiéndonos o finalmente abandonando la relación.

En su matrimonio, Ryan estaba sembrando ira, egoísmo y renuncia al amor. Esto hirió los sentimientos de Amy y perturbó a la familia. No obstante, Ryan no estaba pagando ninguna consecuencia de lo que estaba sembrando. Él podía tener sus berrinches, superarlos y continuar con su día como si nada hubiera ocurrido. Amy, sin embargo, tenía un problema. Ella estaba soportando la carga entera de su malhumor. Ella abandonaba lo que estaba haciendo para emprender la tarea de convertir a su esposo temperamental en una persona feliz. Ryan estaba «jugando» y Amy estaba «pagando». Y era por esto, que él no estaba cambiando su manera de ser. Ryan no tenía ningún incentivo para cambiar, ya que era Amy, y no él, la que se encargaba de su problema.

> *Cuando hacemos cosas bondadosas y responsables, la gente se siente atraída a nosotros. Cuando no somos ni cariñosos ni responsables, la gente se retrae de nosotros.*

¿Cuál consecuencia debió haber enfrentado Ryan? Amy le pudo haber dicho: «Cariño, sé que estás bajo mucho estrés, y quiero apoyarte de cualquier manera que pueda. Pero tu retraimiento e ira me lastiman a mí y a los niños. Estas cosas son inaceptables. Quiero que hables con más respeto cuando estás de mal humor. La próxima vez que nos grites de esa manera, vamos a tener que distanciarnos emocionalmente de ti por un tiempo. Puede ser que salgamos de la casa o vayamos a ver una película o a visitar algunos amigos». Ryan entonces tendría que enfrentarse con el resultado de sus acciones: soledad y aislamiento. Cuando siembras el maltrato en otras personas, deberías de cosechar el deseo de esas personas de alejarse de ti. Es de esperarse que el dolor de esta soledad ayudaría a Ryan a dar pasos para lidiar con sus sentimientos.

LAS CONSECUENCIAS HACEN CRECER A LOS CÓNYUGES

Dios diseñó el matrimonio para ser un lugar no solo de amor, sino también de crecimiento. Un camino hacia el crecimiento es aprender que las acciones tienen consecuencias. Como el matrimonio es una relación tan cercana y duradera, los cónyuges pueden profundamente afectarse el uno al otro con sus acciones. El viejo dicho: «Siempre lastimas a quien amas» es cierto. Y es por eso que entender y aplicar la Ley de la siembra y la cosecha es tan importante no solo para el cónyuge que se encarga del problema de su pareja, sino también para el cónyuge que está evadiendo la responsabilidad. Es un acto de amor permitirle a nuestro cónyuge cosechar los efectos de su egoísmo o irresponsabilidad, a no ser, por supuesto, que estemos actuando por venganza o por el deseo de ver a nuestra pareja sufrir.

Los límites son la clave para obedecer esta Ley de la siembra y la cosecha. Cuando establecemos y mantenemos límites con nuestro cónyuge, le estamos diciendo: «Yo te amo, pero no voy a pagar por tus problemas». Negarse a rescatar a tu pareja, tal como rehusarse a animarlo cuando está de mal humor, sacrificarse para pagarle la cuenta de la tarjeta de crédito o llamar a su trabajo para avisar que está enfermo, cuando en realidad andaba de fiesta la noche anterior, ayuda a perpetuar el problema en tu pareja.

COSECHA RELACIONAL Y FUNCIONAL

Esta primera ley se desarrolla en dos áreas principales del matrimonio: relación y función. La parte *relacional* del matrimonio involucra el vínculo emocional que tienen dos personas entre sí, tal como cuán profunda es la conexión entre ellos y cómo se sienten el uno con el otro, tanto positiva como negativamente. La parte *funcional* del matrimonio tiene que ver con los aspectos «de acción» en el matrimonio tales como pagar cuentas, administrar el tiempo, preparar los alimentos, mantener el hogar y criar a los hijos.

En el aspecto relacional del matrimonio, sembrar y cosechar tiene que ver con la manera en que los cónyuges afectan e impactan el corazón del otro. Amy y Ryan tenían un problema con la siembra y cosecha relacional. Él estaba siendo hiriente y difícil, mas Amy era la que aguantaba las consecuencias de su comportamiento. Otro ejemplo de la siembra y cosecha relacional es la esposa demandante que exige atención de su esposo cada segundo del día. Ella siembra egocentrismo y esclavitud, y él cosecha resentimiento, culpabilidad y pérdida de libertad.

En el aspecto funcional, la siembra y la cosecha se identifican más fácil porque las tareas son más concretas. Por ejemplo, un esposo puede sembrar el gasto monetario excesivo, mientras que su esposa cosecha el resultado de tener que buscar un trabajo, o escatimar en comida y otras necesidades para cumplir con el presupuesto familiar. O una esposa puede sembrar negligencia en el mantenimiento de la casa, mientras que su esposo cosecha la incomodidad en su propio hogar y vergüenza cuando tienen invitados.

En cualquiera de los dos aspectos, el problema es el mismo: *La persona que tiene el problema no está enfrentando los efectos de ese problema.* Y las cosas no cambian en un matrimonio hasta que la persona que está tomando responsabilidad por un problema que no es suyo decida decir o hacer algo al respecto. Esto puede variar, desde mencionar la manera en que su pareja le está hiriendo los sentimientos, hasta establecer un límite para el comportamiento. Esto ayuda a colocar tanto la siembra como la cosecha, en la misma persona y a comenzar a resolver la violación de límites.

LEY #2: LA LEY DE LA RESPONSABILIDAD

Se necesita una opinión apropiada de la responsabilidad para establecer los límites en el matrimonio. Por una parte, cuando te casas, aceptas el cargo de amar a tu pareja profundamente y de cuidarlo o cuidarla como no lo haces con ninguna otra persona. Te preocupas por cómo afectas a tu cónyuge; te preocupas por el bienestar y los sentimientos de tu pareja. Si una persona no siente ningún tipo de responsabilidad por la otra, este cónyuge está, en efecto, tratando de vivir una vida matrimonial como si estuviera soltero o soltera. Por otra parte, tú no puedes cruzar el límite de la responsabilidad. Tienes que evitar tomar posesión de la vida de tu pareja.

La Ley de la responsabilidad es la siguiente: Somos responsables *hacia* la otra persona, pero no *por* la otra persona. La Biblia nos lo enseña de esta manera: «Ayúdense unos a otros a llevar a sus cargas, y así cumplirán la ley de Cristo» y «Que cada uno cargue con su propia responsabilidad» (Gálatas 6:2,5). La palabra *carga* (versículo 2) indica una roca pesadísima, tal como una crisis económica, de salud o emocional. Los esposos activamente se apoyan el uno al otro cuando uno de ellos está soportando una carga aplastante. El término *responsabilidad* (versículo 5), sin embargo, indica las responsabilidades diarias de la vida. Esto incluye nuestros sentimientos, actitudes, valores y el manejo de las dificultades cotidianas. Los cónyuges se pueden ayudar con las cargas, pero al final cada persona tiene que encargarse de sus responsabilidades diarias.

Dos extremos se dan en el matrimonio cuando la Ley de la responsabilidad no se obedece. Por una parte, un esposo abandonará su responsabilidad de amar a su esposa. Puede volverse egoísta, desconsiderado o hiriente. Él no considerará la manera en que sus acciones afectan e influencian a su pareja. Él no está

> *Tienes que evitar tomar posesión de la vida de tu pareja.*

siguiendo la ley de Jesús de cómo tratarse el uno al otro: «Así que en todo traten ustedes a los demás tal y como quieren que ellos los traten a ustedes» (Mateo 7:12). Esto es irresponsabilidad hacia el cónyuge.

Por otra parte, un esposo puede tomar la responsabilidad que su esposa debería de estar cargando. Por ejemplo, su esposa puede estar infeliz, y puede ser que él se sienta responsable por su felicidad. Tal vez él siente que no está ganando suficiente dinero, que no está demostrando suficiente interés en sus actividades o ayudando lo suficiente con los quehaceres de la casa. Así que él trata una y otra vez de hacer feliz a una persona infeliz. Esto es un proyecto imposible. Aunque un esposo debería de ser comprensivo hacia su esposa infeliz y tomar responsabilidad por su propio comportamiento hiriente, él no debería de tomar responsabilidad por los sentimientos de ella. Esos le pertenecen a ella y tiene que encargarse de ellos por sí misma.

Finalmente, la Ley de la responsabilidad también significa que los cónyuges se nieguen a rescatar o a facilitar la conducta pecaminosa o inmadura de sus parejas. Las parejas tienen el deber de establecer límites para los actos o actitudes destructivas de cada persona. Por ejemplo, si un esposo tiene una adicción al juego, su esposa tiene que establecer límites apropiados tales como cancelar las tarjetas de crédito de él, separar sus cuentas conjuntas o insistir en que él busque ayuda profesional, para forzarlo a que tome responsabilidad por su problema.

LEY #3: LA LEY DEL PODER

Si alguna ley provoca más preguntas que cualquier otra, probablemente sea la Ley del poder. Las parejas luchan con entender qué aspectos tienen el poder para cambiar sus matrimonios. Por regla general, se preocupan no por cambiar su propia conducta, sino por cambiar la de su pareja. La naturaleza humana se presta a sí misma para tratar de cambiar y arreglar a otros de manera que nos podamos sentir más cómodos.

En nuestros seminarios *Límites*, una de las preguntas más comunes comienza de la siguiente manera: «¿Cómo hago para que mi pareja…?». Cuando escuchamos eso, sabemos que tenemos un problema de poder. Los cónyuges a menudo tratan de usar límites para ejercer poder sobre su pareja, y eso no funciona. Las personas toman sus propias decisiones. Considera lo que sientes cuando alguien trata de cambiarte: ¿resentido? ¿rebelde? ¿desafiante? Estas no son las actitudes de una persona ansiosa por cambiar.

La Ley del poder aclara por sobre lo que tenemos poder y por lo que no. Hablemos primero de aquello por sobre lo que no tenemos poder. No tenemos poder de las actitudes y las acciones de otras personas. No podemos obligar que nuestra pareja madure. No podemos evitar que nuestra pareja muestre un hábito o un defecto de carácter problemático. No podemos forzar que nuestra pareja llegue a casa para cenar a la hora que queremos, que se abstenga de gritarnos o de iniciar conversaciones con nosotros. El fruto del Espíritu es el dominio propio, no el dominio de otro (Gálatas 5:23). Dios mismo no ejerce tal poder sobre nosotros, aunque tenga la capacidad de hacerlo (2 Pedro 3:9).

> *Los cónyuges a menudo tratan de usar límites para ejercer poder sobre su pareja, y eso no funciona.*

No tenemos el poder para convertir a nuestra pareja en la persona que queremos que sea, pero tampoco tenemos el poder para ser la persona que nos gustaría ser. Nosotros por nuestra propia cuenta somos impotentes para cambiar tales cosas como nuestro mal carácter o trastorno alimenticio. Hasta cierto punto, todos hacemos lo que odiamos hacer (Romanos 7:15). Es útil estar conscientes de esta impotencia en nuestro matrimonio para que podamos ser comprensivos con la lucha de nuestra pareja. También, estar conscientes de nuestra impotencia sobre nosotros mismos nos puede ayudar a darnos cuenta de cuánto puede tardar aprender a establecer límites apropiados en nuestro matrimonio.

Por lo tanto, si por años has sido un cónyuge codependiente (alguien que toma responsabilidad por las acciones de otro), no esperes obtener límites bien definidos de un día para otro.

Si no tienes el poder para cambiar a tu pareja, ¿sobre *qué* tienes poder? Tienes el poder para confesar, someter y arrepentirte por tus acciones hirientes en el matrimonio. Puedes identificar estas acciones hirientes, pedirle a Dios que te ayude a superarlas, y estar dispuesto a cambiar. Sea lo que sea que tu pareja hace que te molesta, es de seguro que tú también haces cosas que molestan a la otra persona. Si quieres que tu cónyuge escuche tus límites, pregúntale en dónde puedes tú estar violando los de él o ella. Cuando estás herido o molesto, puede ser que trates de controlar todo, o puedes retirarte al silencio. Nada es más propicio para el crecimiento de un esposo o esposa que una pareja que sinceramente quiere cambiar.

> *No tenemos el poder para cambiar a otra persona, pero sí podemos influenciarla.*

Tú tienes el poder para crecer incluso a través de las maneras hirientes en que estas manejando tu matrimonio. Pocos problemas matrimoniales son el resultado cien por ciento de un cónyuge y cero por ciento del otro. Cada uno contribuye al problema. Tú puedes ser el partidario de la disciplina en la familia y considerar que tu esposa es poco estricta. Puedes resentir quedar como el «malo» con lo niños. Sin embargo, tu contribución al problema puede ser que interfieres cuando es ella la que debería de hacerlo. O tal vez tú la regañas. O tal vez no le dices que te sientes impotente. Tú puedes tener el poder para comenzar a identificar maneras en que estás activa o pasivamente contribuyendo al problema, y tienes el poder para cambiar con el tiempo. Jesús se refirió a esto como primero remover la viga que tenemos en el ojo (Mateo 7:1-5).

No tenemos el poder para cambiar a otra persona, pero sí podemos influenciarla. Influencia significa encaminar a alguien. Lo que tú haces puede afectar a tu pareja. Por ejemplo, no tienes el poder para hacer que tu cónyuge entienda tus sentimientos cuando has tenido un día difícil y te sientes estresado. Pero le puedes dejar saber que te gustaría que sienta empatía con tus emociones. Puedes modelar esa conducta respondiéndole con empatía a él o a ella. Puedes asistir a un grupo de apoyo para parejas para resolver este tipo de cuestiones. Puedes establecer límites para la desatención de tu pareja. La influencia tiene su propio poder.

> *Los adultos maduros desean la libertad de otros tanto como desean su propia libertad.*

LEY #4: LA LEY DEL RESPETO

Alguna gente piensa que la Ley del respeto es el «personaje malo» de las diez leyes porque no nos enseña cómo establecer límites, sino cómo someternos a los límites de los otros. La Ley del respeto declara que si queremos que otros respeten nuestros límites, tenemos que respetar los de ellos. No existe nada gratis en esta vida. No podemos esperar que otros aprecien nuestros límites si no apreciamos los suyos.

Todos nos emocionamos porque finalmente podemos decir no, establecer límites, y ser libres para tomar decisiones, pero no nos emocionamos tanto de tener que escuchar no. Si es así como te sientes, estás en buena compañía. ¡Los niños se sienten de esta manera también! Ellos demandan libertad pero no quieren que otros estén en la libertad de decepcionarlos. Los adultos maduros desean la libertad de otros tanto como desean su propia libertad.

La Ley del respeto fomenta el amor. Amar a tu pareja significa desear y proteger su libertad para tomar decisiones. Significa abandonar tu deseo de que ella vea las cosas a tu manera y apreciar que ella tiene su propia mente, valores y sentimientos. Piensa en cómo te sentiste la última vez que le dijiste no a un amigo, quien entonces dijo algo como: «Oh, pensé que te importaba». Tal vez te sentiste culpable y cediste. O tal vez te mantuviste firme con tu límite, pero te sentiste resentido. Como haya sido, tu cercanía con este amigo se dañó. Así es como se siente tu pareja cuando tú no escuchas el no de ella.

El matrimonio hace difícil la Ley del respeto. Cuando dos personas se casan, dos vidas se unen para formar una nueva, dos se convierten en uno. Esta unión de expectativas y sentimientos se pueden convertir en un problema. Muchas veces un cónyuge automáticamente supone que el amor en el matrimonio significa que su pareja siempre verá las cosas a su manera. Ella puede sentirse no querida cuando su pareja normalmente cariñosa le dice: «No, prefiero no salir a caminar. Tengo sueño». Esto a veces ocurre durante el «periodo luna de miel», cuando ambas personas tienden a estar de acuerdo en todo. Pero cuando la realidad de dos libre albedríos, necesidades y perspectivas interfiere, se acaba la luna de miel. Aquí es cuando se tiene que aplicar la Ley del respeto.

Me estaba cortando el cabello el otro día y mi peluquera me preguntó que había de nuevo. Le conté acerca del libro que estaba escribiendo. Ella se interesó mucho en nuestro libro *Límites*, y cuando escuchó acerca de *Límites para nuestros hijos*, se emocionó mucho y dijo: «¡Tengo que leer ese libro hoy para que me ayude con mis hijos!».

Pero cuando le conté acerca de este libro, *Límites en el matrimonio*, se sonrió nerviosa y dijo: «Ummm, yo soy la que me salgo con las mías en mi matrimonio. ¡No quiero que mi esposo obtenga ese!». Ella estaba tímidamente admitiendo lo que todos sentimos a cierto nivel: Quiero mi libertad, y no quiero que la libertad de otros restrinja la mía.

Una pareja con quien mi esposa y yo somos cercanos, Nick y Colleen, mencionaron el mismo problema una noche durante la cena. Nick dijo:

—A veces Colleen se distancia de mí sin ninguna razón.

—Si hay una razón —contestó Colleen—. Cuando trato de decirte no y tratas de controlarme, me distancio.

—Yo no trato de controlarte cuando tú dices no –dijo Nick.

Colleen dejó el tema así y dijo:

—Creo que tenemos una diferencia de opinión.

La conversación cambió a otros temas. Poco más tarde durante esa misma noche, Nick me invitó a un partido de béisbol que se llevaría a cabo en unas cuantas semanas. Revisé mi agenda y le dije: —Lo siento, no puedo ir.

Nick alzó los brazos en exasperación fingida y dijo: —¡Vamos! ¡Yo sé que puedes ir! Solo tienes que mover unas cuantas cosas en tu agenda. Eso es lo que hacen los amigos.

Colleen había estado observando y gritó: —¡Ahí está! ¡Ahí está! ¡Así es como él controla mis no!

Nick se sorprendió y dijo: —¿Que hago qué?

—Ella tiene razón, Nick —le dije—. Sentí la presión de no poder decir no.

Nick empalideció a medida que entendía como su deseo por hacer cosas buenas a veces cruzaba la línea de respeto.

Aplica la Ley de respeto en tu matrimonio. No entres furioso a la sala con una lista de «cómo van a cambiar las cosas en esta casa». Dile a tu pareja que quieres respeto para tus límites, y pregúntale si él siente que sus límites están siendo respetados también. Déjale saber que tú lo valoras y deseas que él se sienta libre para decir no, aunque no te guste a ti la respuesta. Hazle algunas de las siguientes preguntas:

- ¿De qué manera estoy cruzando tus límites?
- ¿Sientes que yo respeto tu derecho de decirme no a mí?
- ¿Te mando señales de culpabilidad, me distancio o te ataco cuando estableces un límite?
- ¿Me dejarás saber la próxima vez que no respete tu libertad?

Estas humillantes e incómodas preguntas demuestran que estás preocupado más por tu cónyuge que por tu propia conveniencia. Surgen del autosacrificio y demuestra tu generosidad de espíritu y amor. Y pueden unir a tu matrimonio.

Si tu pareja es digna de confianza, es más fácil hacer estas preguntas. Si tu pareja no es digna de confianza, puedes sentir que te estás poniendo en las manos de alguien que puede usar el respeto que le tienes contra ti. Sin embargo, hasta las personas no dignas de confianza se les tiene que respetar sus límites y necesidades legítimas. Esto no significa, si bien, permitir que seas herido si el cónyuge es una persona peligrosa. Respeta sus límites mientras mantienes límites en la falta de confianza que le tienes. Un ejemplo de este equilibrio es la manera en que una esposa puede encargarse de su marido adicto a la furia. Ella no debería de imponerle que no tiene razón para estar enojado; ella debería de respetar su libertad de protestar por lo que no le gusta. Al mismo tiempo, sin embargo, ella le podría decir: «Tu modo furioso de expresar enojo no es aceptable para mí. Si no encuentras otras formas de expresar tu enojo conmigo, tendré que distanciarme de ti».

> *Nadie puede realmente amar a otra persona si siente que no tiene el derecho de no hacerlo.*

Respetar y valorar los límites de tu pareja es la clave para ser íntimos y cariñosos. Tu pareja experimenta el regalo de libertad que le das y ve el amor que le brindas al darle esta libertad. Cuando respetas los límites de tu pareja, preparas el camino para que los tuyos sean respetados también.

LEY #5: LA LEY DE LA MOTIVACIÓN

A Larry le encantaban los deportes de todo tipo. Su esposa, Jen, amaba a Larry pero odiaba los deportes. Uno de sus conflictos más grandes ocurría cuando él la presionaba para que lo acompañara a un juego profesional de jockey. «¡Vamos! ¡Va a ser bien divertido!» le rogaba Larry. «Y estaremos juntos».

Aunque a ella no le gustaba para nada el jockey, Jen se decía a sí misma, *Dios quiere que yo sea cariñosa. Y no quiero que Larry se enoje conmigo.* Ella entonces, de mala gana, lo acompañaba al juego. Pero sin estar conciente de ello, Jen se aseguraba de que Larry sintiera su desagrado. Ella hacía lo siguiente:

- Perdía tiempo en la casa para llegar tarde al juego
- No demostraba ningún interés en el juego
- Demostraba malhumor durante todo el juego
- Se alejaba emocionalmente de Larry
- Le recordaba a Larry durante días lo miserable que se había sentido

Finalmente, Larry se cansó de llevar a su poco entusiasta esposa a los juegos de jockey. «Prefiero que no vayas, a que vayas y no lo disfrutes», le dijo. Jen se sintió herida de que Larry no había apreciado el sacrificio que había hecho por él. Ella no entendía que sus motivos de decir sí a los deseos de Larry no eran sanos y que debido a esto, ninguno de ellos dos estaba recibiendo lo que necesitaba.

La Ley de la motivación declara que tenemos que ser libres para decir no antes de que podamos, sin reserva alguna, decir sí. Nadie puede realmente amar a otra persona si siente que no tiene el derecho de no hacerlo. Darle tu tiempo, amor o vulnerabilidad a tu cónyuge requiere que hagas tu propia elección basado en tus valores, no en el miedo.

Tener que hacer algo es una señal de que alguien tiene miedo. Los siguientes temores le prohíben a un cónyuge establecer límites en el matrimonio:

- Miedo de perder el amor
- Miedo del enojo de la pareja
- Miedo de estar solo
- Miedo de ser una mala persona
- Miedo de los propios sentimientos de culpabilidad
- Miedo de no reciprocar el amor que alguien a dado (hiriendo por lo tanto los sentimientos de esta persona)
- Miedo de perder la aprobación de otros
- Miedo de herir a la pareja por sobre-identificarse con el dolor de esta

El miedo siempre trabaja contra el amor. El «tienes que» destruye al «elijo hacer». El amor, en cambio, elimina al miedo (1 Juan 4:18). Cuando libremente elegimos amar, ya no somos guiados más por los temores previamente mencionados. Somos guiados por afecto. Si luchas con cualquiera de estos temores, trabaja en desarrollarte a través de ellos para que no te controlen y te roben tus límites. Por ejemplo, si temes perder amor, busca a buenas personas que te aprecian y toma riesgos con ellos, como ser sincero. A medida que ellos se mantienen en una relación contigo, comenzarás a tener menos miedo de perder el amor.

En el caso de Jen, ella tenía miedo de dos cosas: de no ser percibida como una persona cariñosa y de perder el amor de Larry. Su miedo negaba su libertad para tomar una decisión. Ella sentía que «tenía» que ir al juego de jockey, casi como si Larry le hubiera tenido puesta una pistola a la cabeza. Y el resultado fue que ella se sentía resentida, enojada y aislada de su esposo. Jen le echaba la culpa a Larry; él era el malo que le había robado sus opciones.

Aprender a prestarle atención a tus intenciones no significa decir sí solo cuando se te ocurre o cuando quieres hacer algo en particular. Esto es egoísmo. Muchas veces tomamos decisiones dolorosas e incómodas como sacrificio por nuestras parejas. Estas decisiones, sin embargo, se basan en motivos de amor y responsabilidad, no de temor ni pérdida. Por ejemplo, conozco a una pareja en la que el esposo tuvo una aventura amorosa. La experiencia fue devastadora para su esposa. Ella tenía todo el derecho de dejar el matrimonio y nadie la hubiera culpado. No obstante, permaneció en el matrimonio y sufrió demasiado mientras resolvía la traición con él. No era ni cómodo ni lo que quería hacer en ciertos momentos.

Al mismo tiempo, sin embargo, ella no se estaba quedando en el matrimonio por temor al aislamiento, a la seguridad económica o cualquier otra cosa. Ella sabía que estaba libre para irse. Sin embargo, ella amaba a su esposo y a Dios, y quería hacer lo correcto.

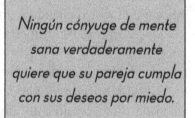

Ningún cónyuge de mente sana verdaderamente quiere que su pareja cumpla con sus deseos por miedo.

A medida que eres libre para decir no, eres libre para decir sí a algo que tu pareja quiera. Por eso es que a veces en el matrimonio es una buena práctica de crecimiento decir: «No puedo de todo corazón decirle sí a esto, entonces tendré que decir no en este momento». Esto te da tiempo y espacio para entender cuál es verdaderamente la mejor opción. También salva a tu pareja de un cónyuge rencoroso y distante. Ningún cónyuge de mente sana verdaderamente quiere que su pareja cumpla con sus deseos por miedo. Él no siente amor, intimidad o libertad de parte de ella. Ella puede estar ahí en cuerpo, pero no en espíritu. La Ley de motivación ayuda a mantener el temor fuera de la ecuación.

LEY #6: LA LEY DE LA EVALUACIÓN

Trent estaba por volverse loco. Su esposa, Megan, había agotado el crédito de su tarjeta otra vez. Cada vez que ella tenía un problema o se sentía desanimada, ir de compras era lo que le alegraba el espíritu. Aunque estaban en apuros económicos, Megan no veía sus gastos como un problema. «Pagaremos toda la deuda algún día», lo racionalizaba ella. «Solamente es un préstamo». Trent, sin embargo, temía a su grave estado económico. Sin embargo, él siempre trataba de trabajar más duro para proveer más dinero, esperando que esto resolviera el problema.

Cuando le pregunté a Trent si había considerado cancelar la tarjeta de crédito, él reaccionó rápidamente.

—No podría hacer eso —dijo—. Tú no sabes lo difícil que es su vida. Todo el mundo necesita un escape. Y si pudieras verle el rostro cuando regresa a casa, ¡entra radiante!

—¿Cómo se sentiría ella si se cancelara la tarjeta? —le pregunté.

A Trent se le pusieron los ojos llorosos.

—Se sentiría muy herida— me dijo—. Ella nunca tuvo nada de niña, creció muy pobre. Quitarle lo poco que tiene ahora la devastaría. No le puedo hacer eso a alguien que amo.

Trent luchaba en su evaluación del dolor de Megan. Él sabía lo pobre que había sido su vida, y se sentía muy mal por ella. Él quería traerle algún alivio. Pero aunque su permisividad la ayudaba a sentirse mejor, estaba arruinando su estatus económico.

Trent confundió dos ideas muy diferentes: *dolor* y *herida*. Megan no sentía ningún dolor cuando compraba de forma extravagante. Pero el matrimonio se estaba hiriendo por su impulsividad y la pasividad de Trent. Ella no se sentía adolorida, pero se estaba haciendo mucho daño.

Cuando Trent estableció límites para el uso de la tarjeta de crédito, ocurrió lo opuesto. Megan sintió mucho dolor, pero no se estaba haciendo ningún daño severo. Trent redujo el límite de gasto y le pidió a Megan que aceptara no usar la tarjeta durante un mes cada vez que ella se pasara del límite permitido. Megan estaba enojada y resentida con Trent, pero no colapsó como él había temido. De hecho, ella comenzó a crecer. Los gastos de Megan la habían mantenido anestesiada de los aspectos negativos de su vida tales como la pérdida, el fracaso y el estrés. Sin la protección de su tarjeta de crédito, Megan tenía que enfrentar estos problemas, y comenzó a madurar. Ella estaba en dolor, pero no estaba siendo herida. De hecho, estaba sanando.

Solamente porque alguien está en dolor no necesariamente significa que algo malo está ocurriendo. Algo bueno puede estar ocurriendo, tal como un cónyuge aprendiendo a crecer. Y esta es la esencia de la Ley de la evaluación: Necesitamos evaluar el dolor que nuestros límites le causan a otros. ¿Causan un dolor que conduce a una lesión? ¿O causa un dolor que conduce al crecimiento?

Es muy poco cariñoso establecer límites con un cónyuge solamente para hacerle daño. Esto es venganza, lo cual está en las manos de Dios, no en las nuestras (Romanos 12:19). Pero puede ser igual de frío evitar establecer un límite con tu pareja porque no quieres que se sienta incómodo o incómoda. A veces la incomodidad es una oportunidad para crecer. Puede ser que necesites confrontar a tu cónyuge, darle una advertencia o establecer una consecuencia. No evites el establecer límites en tu matrimonio solamente por temor a causar dolor. El dolor puede ser el mejor amigo que tu matrimonio jamás haya tenido.

> *Solamente porque alguien está en dolor no necesariamente significa que algo malo está ocurriendo.*

LEY #7: LA LEY DE SER PROACTIVO

Eric y Judy habían estado casados durante once años, y sentían que su matrimonio era estable. Sin embargo, Eric por otra parte, era sarcástico con Judy cuando discutían. Él la atacaba de manera semihumorística para ganar el argumento o para mostrarle su enojo con ella. Judy, por otra parte, era una persona callada y conformista. Cuando Eric era sarcástico o hiriente, ella lo soportaba en silencio, tratando de no bajar al nivel de su esposo. Pero los sentimientos no desaparecían, y se acumularon a través de los años.

> *El dolor puede ser el mejor amigo que tu matrimonio jamás haya tenido.*

Una noche discutían y Eric se puso a fastidiarla como siempre. De un pronto a otro, ella explotó enojada: «¡Para! ¡Para! ¡Para! Estoy cansada y enferma de tu odiosidad inmadura, ¡y ya no lo voy a soportar más!». Ella siguió gritando por un rato y después se detuvo. Los dos estaban conmocionados, ya que ni Eric ni Judy habían visto este lado de ella antes. Judy se sentía horrible, como si fuera una mala persona.

Ella se había estado alejando de algunas verdades que tenía que expresar: protestar contra el daño de Eric. Estas verdades finalmente salieron todas juntas en una reacción intensa. Los límites de Judy eran límites reactivos. Si Judy hubiera sido menos conformista, se hubiera sentado mucho tiempo antes con su esposo y le hubiera dicho: «Cariño, tienes un lado mezquino, y me hace distanciarme de ti. Te quiero, pero no voy a someterme a mí misma a este tratamiento. Quiero que resuelvas este problema conmigo para que no vuelva a suceder». Este método es *proactivo* en vez de *reactivo*.

> *Las personas proactivas solucionan problemas sin tener que estallar.*

La Ley de ser proactivo es tomar acción para resolver problemas basándose en tus valores, deseos y necesidades. Las personas proactivas solucionan problemas sin tener que estallar. Ellos mismos «son» sus límites, así que no tienen que «hacer» un límite tan a menudo como sucede con las personas reactivas.

La Ley de ser proactivo tiene tres etapas: *(1) Los límites reactivos son una parte necesaria del crecimiento y del matrimonio.* Muchas personas que han sido víctimas o impotentes necesitan la libertad que surge de la protesta enérgica respecto a alguna cosa mala o malvada. Al mismo tiempo, *(2) los límites reactivos no son suficientes para el crecimiento.* Encuentros de gritos impulsivos no son comportamientos adultos. Se puede perder el amor y se puede hacer mucho daño cuando un cónyuge no supera su papel de «víctima» en protesta constante. Es por eso que *(3) los límites proactivos mantienen el amor, la libertad y la realidad en las relaciones.* Las personas proactivas guardan su libertad, y discuten y confrontan problemas en el matrimonio todo el tiempo. Pero son capaces de sostenerse del amor que tienen por su pareja, y deciden no tomar parte de las tormentas emocionales. Han solucionado su etapa reactiva.

Esta ley aplica a diferentes personas en etapas diferentes de su crecimiento. Tal vez aún no has experimentado tu primer rabieta. Puede ser que tengas toda una época de límites reactivos por delante. ¡Busca a personas seguras y cariñosas que te ayuden a navegar a través de ella! Tu pareja puede que no sea la persona indicada para esto.

O puedes estar atrapado en la protesta, constantemente refunfuñando y desafiando cosas que no te gustan. Te defines más por lo que odias que por lo que amas. Puede ser que necesites aceptar algunas realidades tristes, llorarlas, y participar en cosas que son importantes para ti para que puedas integrar valores positivos junto con tus protestas. Trabaja en establecer límites proactivos en tu matrimonio, límites desarrollados deliberadamente en amor y basados en tus valores.

LEY #8: LA LEY DE LA ENVIDIA

El obstáculo más poderoso para establecer límites en el matrimonio es la envidia: La Ley de la envidia declara que nunca obtendremos lo que queremos si nos enfocamos fuera de nuestros límites en lo que tienen otros. La envidia es devaluar lo que tenemos, considerando que no es suficiente. Nos comenzamos a enfocar entonces en lo que tienen otros, siempre guardándoles rencor por tener cosas buenas que no poseemos nosotros. Adán y Eva sintieron envidia cuando comieron la fruta del único árbol prohibido para ellos. Tenían de todo menos de esta fruta, y no se iban a sentir satisfechos hasta que la tuvieran.

> *El obstáculo más poderoso para establecer límites en el matrimonio es la envidia.*

La envidia es miserable porque estamos insatisfechos con nuestra condición pero incapaces de cambiarla. Es por eso que es un obstáculo tan poderoso: La persona envidiosa no establece límites porque no se está viendo a sí misma lo suficiente para entender cuáles opciones tiene. Por el contrario, su ojo envidioso la mantiene enfocada en la felicidad de otros.

No confundas la envidia con el deseo. El deseo tiene que ver con querer algo, y nos motiva a tomar acción para poseerlo. Dios quiere cumplir con nuestros deseos (Salmo 37:4). El deseo no se enfoca en nuestro vacío ni tampoco en lo afortunados que parecen otros. El deseo conserva la bondad y el valor de lo que tenemos y de aquellos con quien estamos en una relación.

> *La envidia es miserable porque estamos insatisfechos con nuestra condición pero incapaces de cambiarla.*

En el matrimonio, la envidia puede estar en medio de muchos problemas de límite. Por ejemplo, Bev, una amiga mía, estaba hablando de su esposo, Jim. «Él siempre ha sido tan firme y siempre en control mientras que yo no tengo mucho poder. Y eso hace difícil que yo pueda decirle no a él».

«¿Por qué?» le pregunté.

«Porque él me agobiará y me controlará de la misma manera que lo hace con la gente en el trabajo. No me gusta que me traten así. Además, tampoco quiero ser como él, así que no me puedo convertir en la persona tajante que es él».

Bev estaba garantizando que ella nunca podría ser capaz de establecer límites con Jim. Ella se veía a sí misma como impotente y a Jim como controlador. Establecerle límites a él significaría que ella tendría que apoderarse de la agresividad que ella resentía de él. Era menos amenazador protestar acerca de Jim y evitar desarrollar sus propios límites. No puedes establecer límites en el matrimonio hasta que te veas a ti mismo como parte del problema y como una gran parte de la solución. Resuelve la envidia, apodérate de tus problemas y toma acción.

LEY #9: LA LEY DE LA ACTIVIDAD

La Ley de la actividad declara que necesitamos tomar la iniciativa para resolver nuestros problemas en vez de ser pasivos. ¿Has observado alguna vez cómo algunas parejas se pueden dividir en cónyuge «activo» y cónyuge «pasivo»? Una persona toma más iniciativa, establece metas y confronta problemas. La otra espera que su pareja de el primer paso, luego responde.

En igualdad de circunstancias, los cónyuges activos tienen una ventaja para establecer límites. Tomar la iniciativa aumenta nuestra posibilidad de aprender de los errores. Las personas activas cometen muchos errores, y los sabios aprenden de ellos (Hebreos 5:14). Ellos intentan alguna cosa, experimentan un límite, y se adaptan. Experimentan la profundidad del perdón de Dios porque hacen cosas por las cuales necesitan ser perdonados. Las personas pasivas tienen difi-

cultad con el aprendizaje porque tienen miedo de tomar riesgos. Debido a esto, también tienen más dificultad para tomar
control de su vida y de sus límites. Dios no está contento con
aquellos que «vuelven atrás» en pasividad (Hebreos 10:38).
Él quiere que su pueblo participe de la vida con él, no que
espere como un espectador.

> Los cónyuges activos tiene una ventaja para establecer límites.

La gente es pasiva por
diferentes razones. Algunos
temen perder el amor. Otros
no ven sus vidas como su
problema. No obstante, otros
temen cometer errores. Y algunos son simplemente perezo-
sos. Pero el resultado es siempre el mismo: sus problemas
empeoran. El mal prospera cuando nadie le establece límites.
Por eso es que amigos y familiares organizan intervenciones
para los alcohólicos en negación. El problema no desaparece
sin tomar acción. Según el estadista y orador británico Ed-
mund Burke: «Lo único que se necesita para que triunfe el
mal es que los hombres buenos no hagan nada». No hacer
algo, o ser pasivo, atrofia el
desarrollo de los límites y del
crecimiento en el matrimonio.

> No hacer algo, o ser pasivo, atrofia el desarrollo de los límites y del crecimiento en el matrimonio.

Cuando uno de los
cónyuges es activo y la otra
persona es pasiva, pueden
ocurrir varios problemas:

- La persona activa puede llegar a dominar a la pasiva.
- La persona activa puede llegar a sentirse abandonada
  por la pasiva.
- La pasiva puede llegar a depender demasiado de la ini-
  ciativa de la persona activa.
- La persona pasiva puede resentir el poder de la activa.

• La persona pasiva puede sentirse demasiado intimida-
da por la activa para decir no.

Cuando ambos cónyuges son activos en establecer límites, cuando ambos hablan la verdad, resuelven problemas y
establecen metas, ambos crecerán. También pueden estar seguros de que si no resuelven un problema, pueden depender
de su cónyuge para que lo haga. Su amor crece y se profundiza debido a que siempre están direccionados el uno hacia el
otro. Uno de ellos no está constantemente esperando que el
otro de el primer paso. No esperes que tu pareja de el primer
paso. Asume que el primer movimiento siempre es tuyo. Si
tú tiendes a ser el cónyuge pasivo, déjale saber a tu pareja
lo arriesgado que es para ti tomar la iniciativa, y pídele que
te ayude a convertirte en una persona más activa. Estás en
buena compañía. Así es como lo hace Dios. Incluso cuando
él no causó un problema (nuestra pecaminosidad), él tomó la
iniciativa para resolverlo (la Cruz).

Te puedes estar preguntando de qué manera se diferencia
la Ley de ser proactivo con la Ley de la actividad. La diferencia es que la Ley de ser proactivo tiene que ver con tomar acción basada en valores intencionados y bien planeados frente
a reacciones emocionales. La Ley de la actividad tiene que
ver con tomar la iniciativa frente a ser pasivo y esperar a que
otra persona de el primer paso.

LEY #10: LA LEY DE LA EXPOSICIÓN

Puedes pensar que no tienes límites en tu matrimonio,
pero eso no es necesariamente cierto. Puede ser que de verdad tengas límites, definicio-
nes, sentimientos y opiniones,
pero puede ser que no estés
comunicándoselo a tu pareja.
Un límite que no se comunica
es un límite que no está fun-

> *No esperes que tu pareja*
> *dé el primer paso. Asume*
> *que el primer movimiento*
> *siempre es tuyo.*

cionando. Tiene el mismo efecto neto en el matrimonio que tendría si no existiera ningún límite.

La Ley de la exposición declara que necesitamos comunicar nuestros límites el uno al otro. Dios diseñó los límites para promover el amor y la verdad. Los cónyuges necesitan dejar en claro lo que quieren y lo que no quieren. Necesitan trabajar en entender lo que su cónyuge está diciendo acerca de sus límites. Cuando los límites se «exponen», es posible que las dos almas en el matrimonio se conecten. Pero cuando los límites no se exponen, los cónyuges están menos presentes emocionalmente en el matrimonio, y el amor lucha.

Mira, por ejemplo, al esposo que se retira cuando el egocentrismo de su esposa lo hiere. Puede ser que él diga: «Estoy teniendo dificultades con la demanda de mi trabajo». La respuesta de ella puede ser: «¿Tú crees que es fácil para mí con los niños?». Él se siente anulado y no amado. Y puede ser que ella no esté consciente de que ha ignorado los sentimientos o la perspectiva de él. Entonces, mientras continúa la danza, el esposo aísla y esconde sus sentimientos de ella. Él piensa: *¿De qué sirve? Ella solo me menospreciará y comenzará a hablar de sí misma otra vez.* Ella pierde la conexión con él y no sabe porqué. Y de esta manera se le niega a ella la oportunidad de responder a la verdad y comenzar a madurar su carácter.

> *Un límite que no se comunica es un límite que no está funcionando.*

Es mucho mejor para un esposo decirle a su esposa: «Querida, cuando te comunico mis sentimientos negativos, me duele que me critiques y que te enfoques en ti misma. Esto me hace distanciarme de ti. Yo quiero y necesito estar cerca de ti, y haré mi mejor esfuerzo para lograrlo. Pero si continúas anulándome en vez de escucharme, tendré que distanciarme más y acudir a amigos que me puedan entender esos sentimientos profundos».

Cuando exponemos nuestros límites a nivel de la relación, podemos conectarnos por completo a nuestros cónyuges. Podemos resolver problemas, y podemos tomar una decisión de activamente amar a nuestras parejas arriesgando el conflicto por el bien de la relación. La exposición es la única manera en que se puede llevar a cabo la curación y el crecimiento.

Aplica estas leyes a tu matrimonio (ver el siguiente recuadro), y observa la manera en que cambian el modo en que se relacionan el uno con el otro. Recuerda, no puedes romper reglas por siempre sin enfrentar ninguna consecuencia. Todos tenemos que vivir de acuerdo con ellas y triunfar, o continuamente desafiarlas y pagar las consecuencias. Estas leyes ayudarán a que tu matrimonio se adapte a los principios de relación que presenta Dios.

LAS DIEZ LEYES DE LÍMITES

- 1. La Ley de la siembra y la cosecha: Nuestras acciones tienen consecuencias.

- 2. La Ley de la responsabilidad: Somos responsables hacia la otra persona, pero no por la otra persona.

- 3. La Ley del poder: Tenemos poder por sobre algunas cosas; no tenemos poder sobre otras (incluyendo cambiar a las personas).

- 4. La Ley del respeto: Si deseamos que otros respeten nuestros límites, tenemos que respetar los de ellos.

- 5. La Ley de la motivación: Tenemos que ser libres para decir no antes de que podamos, sin reserva alguna, decir sí.

- 6. La Ley de la evaluación: Tenemos que evaluar el dolor que nuestros límites le causan a otros.

- 7. La Ley de ser proactivo: Tomamos acción para resolver problemas basándonos en nuestros valores, deseos y necesidades.

- 8. La Ley de la envidia: Nunca obtendremos lo que queremos si nos enfocamos fuera de nuestros límites hacia lo que tienen otros.

- 9. La Ley de la actividad: Necesitamos tomar la iniciativa para establecer límites en vez de ser pasivos.

- 10. La Ley de la exposición: Tenemos que comunicar nuestros límites el uno al otro.

Capítulo 3

Establecer límites contigo mismo

Conviértete en una persona más adorable

Lynn estaba cansada de que Tom siempre llegara tarde a la casa después del trabajo. Debido a que él era el dueño de la empresa, se atrasaba a menudo en la oficina. Parecía ser algo muy insignificante, pero conforme pasó el tiempo, la tardanza de Tom se convirtió en un problema grande. Lynn organizaba el día para tener la cena, y los niños listos a tiempo, y ella quería que Tom llegara a casa a tiempo también.

Recordar, fastidiar y halagar a Tom no habían surtido efecto. Tom, o se defendía a sí mismo diciendo: «Tú no aprecias el trabajo que tengo que hacer para poner comida en la mesa», o simplemente negaba por completo el problema diciendo: «No ocurre tan a menudo; estás exagerando». A Lynn se le acabaron las estrategias.

Finalmente, después de considerar el problema con algunas sabias amigas, Lynn creó un plan de dos partes. Una noche, mientras la pareja se alistaba para acostarse, le contó a Tom su plan. «Cariño», le dijo, «quiero pedirte disculpas por mi terrible actitud durante la cena».

Tom casi se cae de la cama. Él estaba ansioso por escuchar su disculpa.

«He sido una rezongona cada vez que llegas a casa», continuó Lynn. «Tú probablemente sientes que tienes que arrojar un trozo de carne cruda por la puerta antes de entrar. Con razón siempre llegas tarde. ¿A quién le gustaría aguantar algo así?».

«Tienes razón. No deseo tu resentimiento», respondió Tom, «y estoy seguro que eso me hace evitarte. El otro día, iba a llegar diez minutos tarde. Cuando pensé que tendría que enfrentar tu ira, decidí que mejor llegaba treinta minutos más tarde ya que sabía que ibas a estar enojada de todos modos. Así que pasé por la farmacia para comprar unos rollos de película fotográfica».

Lynn asintió con la cabeza. «Voy a tratar de no enojarme y de ser más cariñosa y accesible incluso cuando llegas tarde. Puede que no lo haga bien, y voy a necesitar tu ayuda en eso, pero en realidad no quiero ser una musaraña. También cambiaré no solo mi actitud. Mis acciones también cambiarán. Yo te quiero y quiero que estés presente conmigo y con lo niños durante la cena, pero si no puedes llegar a tiempo, guardaré tu cena en el refrigerador. La puedes calentar a la hora que llegues».

A Tom no le gustó esta última parte. «Lynn, ¡tú sabes que odio prepararme mi propia comida! Después de trabajar diez horas, quiero sentarme y comer una cena ya lista».

«Yo sé que eso es lo que quieres y yo también quiero eso para ti. Pero no va a ocurrir hasta que puedas organizarte de tal manera que llegues a casa a tiempo para comer con el resto de nosotros».

Durante los próximos días Tom comió varias cenas preparadas en recipientes de plástico y calentadas en el microondas. Finalmente, él logró organizar su día para llegar a casa a tiempo, y ese momento familiar tan importante para Lynn se hizo realidad. Cuando Lynn le preguntó a Tom porqué había cambiado, él le dijo: «Creo que fue tu plan de dos partes. Primero me trataste con más cariño. Yo sentía más ganas de regresar a casa. Y segundo, odio tener que recalentar la comida».

¿DE QUIÉN ES EL PROBLEMA DE TODOS MODOS?

Lynn resolvió un pequeño pero crónico problema matrimonial haciendo un cambio importante en su actitud. Ella dejó de intentar cambiar a Tom, y comenzó a hacer cambios en sí misma. Lynn pasó de ver el problema como la tardanza de Tom, a verlo como su infelicidad con la tardanza de Tom. Esto le abrió la puerta a las cosas que ella sí podía controlar. Cuando dejas de culpar a tu pareja y te apropias del problema, tienes entonces el poder para hacer cambios para resolver *tu* problema.

Para hacer esto, Lynn se puso a sí misma un par de límites. Primero, refrenó su impulso de atacar a Tom por su tardanza. Esto no era fácil ya que ella claramente tenía razón y él no. Ella hubiera estado justificada por confrontarlo por cada infracción. Pero ella le puso un límite a su enojo, ya que este no estaba solucionando el problema. Segundo, Lynn le puso un límite a su respaldo a Tom. Ella se dio cuenta de que le estaba facilitando a él su irresponsabilidad, así que le dijo no a su deseo de protegerlo de su pavor de recalentar la comida. Estos dos cambios hicieron una diferencia para ambas personas.

EL CAPÍTULO QUE NADIE QUIERE LEER

Si has hojeado la tabla de contenido de este libro, lo más probable es que este no fue el primer capítulo que buscaste. Nadie quiere leer este capítulo. Todos queremos encontrar maneras de decirle no a nuestros cónyuges en vez de decirnos no a nosotros mismos. No obstante, las ideas en este capítulo pueden ser la única esperanza de que tu matrimonio desarrolle un conjunto sano de límites. *Límites en el matrimonio* no es lo mismo que *Límites para tu cónyuge*. Este libro no trata acerca de cambiar, reparar u obligar a tu pareja a hacer algo. Se trata de traer límites a la relación para proveer un contexto en el cual ambas personas puedan crecer.

> *Este libro no trata acerca de cambiar, reparar u obligar a tu pareja a hacer algo.*

De este modo, en general, los primeros límites que establecemos en el matrimonio son con nosotros mismos. Nos negamos a nosotros mismos ciertas libertades para decir o hacer lo que quisiéramos para poder alcanzar un propósito más alto. Igual que Lynn, aprendemos a restringirnos de confrontar a alguien cuando eso siempre ha resultado infructuoso. Como lo enseña la Biblia: «No reprendas al insolente, no sea que acabe por odiarte; reprende al sabio, y te amará» (Proverbios 9:8).

Muchos cónyuges usan el concepto de los límites para buscar la manera de «hacer» que su pareja cambie su manera de ser. En vez de un problema «matrimonial», ven un problema de «pareja». No estamos negando la responsabilidad que tiene un cónyuge por los problemas. Pero culpar a la pareja es simplificar demasiado la cuestión y frecuentemente no resuelve el problema.

> *Sin importar cuál sea el problema en tu matrimonio, tienes que tomar la iniciativa para resolverlo.*

La realidad de los límites en el matrimonio es que *sin importar cuál sea el problema en tu matrimonio, tienes que tomar la iniciativa para resolverlo.* Puede ser que tengas un cónyuge que

- Sufre de tardanza crónica como Tom
- Es económicamente irresponsable
- Se retrae y evita la relación
- Se enfada
- Trata de controlarte

Aunque tú no compartas la culpabilidad por crear estos problemas, probablemente necesitas tomar la iniciativa para resolverlos. Esto a menudo le parece injusto a la gente. Dirán: «¿Por qué tengo que resolver un problema que yo no causé?». Esto es una pregunta legítima. Sin embargo, la pregunta expone una demanda por una justicia que nunca existirá en un mundo caído. Tal pregunta mantiene a la gente protestando y reclamando mientras sigue atascada en el problema.

Dios lo ve de otra manera. Él dice que no importa quién cause el problema, hemos de tomar pasos para resolverlo. Si nuestro hermano tiene algo contra nosotros, hemos de ir a él (Mateo 5:23-24). Y al mismo tiempo, si nuestro hermano peca contra nosotros, hemos de ir a él (Mateo 18:15). La falta es irrelevante; tenemos que hacer el esfuerzo para resolver el problema. Dios trabaja de esta manera también. Él vio nuestra condición perdida y los problemas que habíamos causado nosotros mismos y dio el primer paso al enviar a su Hijo a morir para reconciliar un problema que nunca había sido de él. Como dice la vieja canción: «Debíamos una cuenta que no podíamos pagar; él pagó una deuda que no debía».

SACARSE LA VIGA

Otra razón por la cual tenemos que ver primero nuestros límites en nosotros mismos es que, en general, no somos inocentes. Típicamente, los cónyuges están bailando una danza que ni siquiera mencionan. Pero la danza perpetúa el problema y generalmente involucra una recompensa para el cónyuge inocente.

Por ejemplo, Molly continuamente sobregiraba la cuenta corriente. Ella andaba apurada y perdía la pista de los cheques. El inevitable cargo de servicio aparecía en el estado de cuenta, y Scott se enfurecía por su irresponsabilidad. Molly se sentía herida y se retraía. Trataba de mantener las cuentas en orden durante unos pocos días, y luego se desorganizaba otra vez.

Cuando le pregunté a Scott porqué no cerraba la cuenta o porqué no hacía a Molly responsable por los cargos de servicio, me dijo: «No resolvería nada». Sin embargo, a medida que continuamos hablando, descubrí que Scott era una de esas personas que siempre se enojaba con la gente irresponsable. La mayoría de su conversación giró alrededor de lo irresponsables que son los políticos, los compañeros de trabajo, los niños y Molly. Él se enorgullecía de lo formal que era él.

Finalmente salió a la luz que Scott necesitaba que Molly continuara siendo irresponsable para que él pudiera continuar protestando contra todas las personas irresponsables en el mundo. Si ella decidía organizar su situación económica, él no podría mantenerse enojado con la raza humana. Así que él saboteaba cualquier verdadero intento para ayudarla a aprender de las consecuencias. Enfadarse con ella lo hacía sentirse menos impotente.

Una vez que Scott se dio cuenta de esto, entendió que debajo de su enojo lo que había era temor acerca de las cosas fuera de su control. Él habló acerca de su temor y tristeza por no poder cambiar a la gente y en especial a la persona que quería cambiar: Molly. Y juntos se pusieron de acuerdo en un plan organizado para que ella comenzara a tomar responsabilidad por su cuenta corriente.

El cónyuge «inocente» necesita ver qué papel, activo o pasivo, juega él o ella en el problema. Jesús llamó a esto la viga en nuestro ojo: «Saca primero la viga de tu propio ojo, y entonces verás con claridad para sacar la astilla del ojo de tu hermano» (Mateo 7:5). Esta viga puede ser alguna actitud o emoción de la que no estábamos conscientes que alienta al problema para que continúe. Una vez que Scott resolvió su viga de enojo defensivo, él podía actuar de manera más madura con Molly.

TOMAR POSESIÓN DE NUESTRAS VIDAS

Un aspecto importante de establecer límites con nosotros mismos es el de tomar posesión de nuestras vidas. Tenemos que tomar la responsabilidad por nuestros corazones, nuestros amores, nuestro tiempo y nuestros talentos. Hemos de ser dueños de nuestras vidas y vivir a la luz de Dios, creciendo y madurando nuestro carácter en el proceso: «Al vivir la verdad con amor, creceremos hasta ser en todo como aquel que es la cabeza, es decir, Cristo» (Efesios 4:15). Este es nuestro trabajo, no el de otra persona.

Sin embargo, esto no es tan fácil como suena. Nos preocupamos más por la persona que nos está enloqueciendo o haciéndonos miserables que por la condición de nuestras propias almas. Culpar a otra persona traslada la luz de la verdad enfocada en nosotros hacia esa persona. Nosotros encontramos este rasgo explícito. Tanto Adán como Eva, como vimos previamente, culparon a otro por sus propios fracasos (Génesis 3:11-13).

Cuando fallamos en establecer límites con nosotros mismos y por el contrario, nos enfocamos en establecerle límites a aquellos que creemos los necesitan más, hemos limitado nuestro propio desarrollo espiritual. Como en cualquier proceso de desarrollo, el crecimiento espiritual llega hasta el nivel que invertimos en él. Cuando solo invertimos en cambiar a otra persona, ellos obtienen los beneficios de nuestros esfuerzos, pero el trabajo importante que tenemos que cumplir ha sido abandonado.

Por ejemplo, tú puedes tener las siguientes reacciones hacia tu cónyuge:

- Apartarte de su enojo
- Resentimiento por su irresponsabilidad
- No cumplir con tus responsabilidades debido a su falta de atención
- Convertirte en egocéntrico debido al egocentrismo de él o ella

Asumamos que tu pareja posee todas estas cosas: enojo, irresponsabilidad, es desatento y egocéntrico. Tú no crecerás

> *Tenemos que preocuparnos más de nuestros propios problemas que de los de nuestra pareja.*

si continúas reaccionando a sus pecados. Esto no es buscar primero el reino y la rectitud de Dios (Mateo 6:33); es buscar satisfacción de otra persona.

Tenemos que preocuparnos más de nuestros propios problemas que de los de nuestra pareja. No estamos exagerando la importancia de esta idea. Uno de los hechos más aterradores es que algún día Dios nos llamará para juzgar nuestras vidas aquí en la tierra: «Porque es necesario que todos comparezcamos ante el tribunal de Cristo, para que cada uno reciba lo que le corresponda, según lo bueno o malo que haya hecho mientras vivió en el cuerpo» (2 Corintios 5:10). Durante esa reunión, no podremos culpar, escondernos o desviar los pecados o problemas hacia nuestro cónyuge. Va a ser una conversación personal con Dios.

Los límites de ti mismo son una cuestión mucho más importante que los límites en tu matrimonio. Al final, aunque somos solo responsables en parte por el desarrollo de nuestros matrimonios, somos completamente responsables a Dios por el desarrollo de nuestras propias almas. Tú eres responsable por la mitad de tu matrimonio y por tu alma completa. Los límites de ti mismo son entre tú y Dios.

SER EL CÓNYUGE «BUENO»

Otro aspecto de establecer límites con nosotros mismos en el matrimonio es la dificultad que viene con ser el cónyuge «bueno». En muchos matrimonios, uno de los dos es obviamente más egoísta, irresponsable, retraído o controlador. La otra persona es percibida como un santo sufriente, y la gente se pregunta cómo ésta tolera el dolor de vivir con una persona tan problemática. Esto a menudo le dificulta al cónyuge «bueno» establecer los límites apropiados para sí mismo.

Hay varias razones para esto. Primero, el cónyuge sufriente puede que se enfoque más en los problemas de su pareja que en los suyos. Entre más evidentes los defectos, más hablarán los amigos de los defectos del cónyuge en vez de hablar de los problemas de la persona que los sufre.

Un amigo mío estaba asolado cuando su esposa lo dejó. Pero le tomó años ver cómo su propio comportamiento complaciente condujo a que su esposa se fuera. Todos sus amigos ayudaron a alejarlo de este entendimiento, criticando constantemente a la esposa ingrata. Le decían: «¡Qué egoísta, abandonar a una persona tan cariñosa y amable como tú!». Lo que no le decían, que era lo que tenía que escuchar, era: «Ella sin duda era egoísta, pero tú eras indirecto, pasivo y retraías tus sentimientos de ella».

Segundo, el cónyuge «bueno» frecuentemente se siente impotente en la relación. Él o ella ha tratado de amar mejor y más, pero el problema continúa. Ya que ser «bueno» en general significa ser cariñoso y compasivo, esta persona no tiene acceso a otras herramientas útiles tales como la veracidad, la honestidad, los límites y las consecuencias.

Tercero, el cónyuge «bueno» puede fácilmente tomar una posición moralmente superior hacia su pareja. Ya que sus contribuciones al problema pueden no ser tan obvias, él o ella puede pensar, *Yo no soy capaz de ser tan destructivo como lo es mi pareja*. Esta es una posición peligrosa. Todos somos capaces de casi cualquier cosa debido a nuestra propia naturaleza pecaminosa (Romanos 3:10-18). Tenemos que tener cuidado con esto: «Por lo tanto, si alguien piensa que está firme, tenga cuidado de no caer» (1 Corintios 10:12). Cada vez que nos enfocamos en nuestra bondad, alejamos nuestros corazones de nuestra necesidad de amor y de perdón.

VIVIR BAJO LAS MISMAS REGLAS

Tenemos que darnos cuenta de nuestra necesidad de límites porque tenemos que someternos a nosotros mismos a las mismas reglas que queremos que nuestra pareja se someta. Someterse al proceso de límites es el gran nivelador en el matrimonio y mantiene a ambas personas en una relación mutua en vez de en una en la que hay que mantener un puntaje. Ambos necesitan aceptar y respetar los límites del otro; nadie juega el papel de Dios, haciendo lo que quiere y esperando que la otra persona obedezca. Cuando un cónyuge protesta por la desorganización de su pareja sin ver sus propias tendencias controladoras, existe poca probabilidad de que vea a su cónyuge cambiar. Esta persona está siendo hipócrita al demandar de su pareja lo que ella misma no está cumpliendo. Tarde o temprano, esta hipocresía derribará cualquier buena influencia que estuviera recibiendo el otro cónyuge.

Una pareja que conozco luchaba con la tendencia del esposo de retraerse cuando él pensaba que su esposa no lo estaba escuchando. Ella, por su parte, se enojaba porque él se aislaba. Ellos discutieron acerca del mismo problema por mucho tiempo. Finalmente, la siguiente vez que él se aisló, ella le dijo: «Dime qué hice para herirte». Él colapsó llorando, de este modo salió del aislamiento. Cuando él la vio establecer límites sobre su propia ira y frustración, y en su lugar mostrar preocupación por su dolor, él volvió a la relación con ella.

LIBERA A TU CÓNYUGE AL ESTABLECER LÍMITES CONTIGO MISMO

Cuando estableces límites a ti mismo, puedes crear un ambiente en el cual tu cónyuge se puede sentir libre para elegir y crecer. Es tentador tratar de cambiar a tu pareja. Controlar, fastidiar, obedecer para obtener aprobación y culpar son todos infructuosos en ayudarle a tu pareja a crecer. Tu cónyuge solo reaccionará a tu control. Él no experimentará su soledad, necesidad de amor, gratitud, culpabilidad sana o las consecuencias de sus acciones. Él estará más preocupado por mantenerse libre de tus intentos de cambiarlo, o hasta con la venganza, para mostrarte cómo se siente ser él.

Por ejemplo, Brian sufría del síndrome Peter Pan: No quería crecer. Quería divertirse siempre y se alejaba de tareas aburridas y de las responsabilidades. Como te puedes imaginar, él tenía muchos problemas con su carrera y con sus finanzas. Andie, su esposa, se sentía atrapada por los problemas de Brian. Así que ella trataba de rezongarlo para que él creciera y se sintiera culpable. Ella le decía: «¿No te das cuenta de lo que me estás haciendo? Después de todo lo que he hecho por ti, ¡y así es como me tratas!».

Estas declaraciones eran muy parecidas a lo que le decía la mamá a Brian cuando de niño hacía algo irresponsable. Con mamá, él sentía una culpabilidad momentánea, y luego hacía lo que podía para esconderse de ella. Y hacía lo mismo con Andie. Entre más protestaba ella, más lejos corría Brian, sintiendo la misma culpabilidad asfixiante que había sido tan difícil para él cuando era niño.

Finalmente, Andie estableció límites en sus intentos para controlar a Brian. Ella comenzó a actuar más cariñosamente hacia él sin ser tan crítica. Y también estableció límites firmes para el trabajo y los problemas financieros de Brian. Ella le pidió ayuda a un consejero de finanzas que asistía a su iglesia. Brian perdió algunos derechos a su dinero por un tiempo hasta que demostró madurez. Él cambió porque Andie lo liberó al limitar sus críticas. Antes de eso, Brian solo había reaccionado a Andie/Madre. Ahora Brian estaba libre para sentir su amor, lo cual necesitaba desesperadamente. Y estaba libre también para experimentar el dolor de pérdida de dinero y reunirse con el consejero de finanzas, el cual estableció un orden de responsabilidad del cual Brian no podía escapar. Y él comenzó a madurar.

> *No puedes obligar a tu cónyuge a madurar.*

No puedes obligar a tu cónyuge a madurar, eso es entre la persona y Dios. Pero sí le puedes facilitar experimentar el amor y los límites que necesita. Cuando tu pareja enfrenta las consecuencias de su inmadurez, tiene una mejor oportunidad para cambiar que si solamente enfrenta tus críticas y acoso. Conviértete en una persona sincera, no controladora.

En el resto de este capítulo, nos ocuparemos con dos aspectos principales del matrimonio en los cuales tenemos que establecer límites a nosotros mismos. La primera son los problemas de nuestro propio carácter. La segunda es la manera en que nos relacionamos con el carácter de nuestra pareja.

ESTABLECER LÍMITES CON NUESTRO PROPIO CARÁCTER

Liz y Greg son amigos míos. Liz ilustra la idea de establecer límites con nuestro propio carácter al igual que cualquier otra persona que conozco. Su matrimonio con Greg no es satisfactorio. Él es una buena persona, pero es egocéntrico e indiferente al desarrollo personal. Él escucha a Liz hablar acerca de algún seminario que asistió, u hojea algún libro que ella quiere que lea, pero hasta ahí llega.

La indiferencia de Greg hacia el desarrollo personal ha sido una carencia para Liz a lo largo de su matrimonio. Ella había querido encontrar una pareja que buscara a Dios y quisiera continuar creciendo como ella. Sin embargo, se ha adaptado a las faltas en su matrimonio. Aunque ama a su marido e invierte en la vida que ha creado, ella mantiene también un contacto profundo y regular con otras personas que sí están interesadas en crecer. Se ha mantenido en contacto con estas personas durante muchos años.

Lo que hace Liz que me ha impresionado tanto, es que regularmente le pregunta a Greg: «¿Qué me ves hacer que te hiere o te molesta?». Y lo que sea que diga Greg, Liz lo toma en serio. Si él menciona una parte problemática del carácter de ella, Liz trabaja para cambiar y madurar ese punto específico. Ella toma la iniciativa para humillarse a sí misma frente a un esposo que, hasta el momento, nunca le ha hecho a ella la misma pregunta: «¿Qué *me* ves hacer que te hiere o te molesta a *ti*?».

Liz no tiene motivos ocultos con Greg, tal como «Yo cambio por ti si tú cambias por mí». Ella simplemente quiere ser lo que Dios tuvo la intención que fuera, y ella cree que Greg es una fuente de gran información acerca de las debilidades que ella necesita resolver. Sea que Greg llegue a interesarse en su propio desarrollo o no, es irrelevante para el propio viaje de Liz, aunque ella lo desea muchísimo y ora para que ocurra.

El llamado más alto para un cónyuge es el llamado a amar, así como es el llamado más alto de nuestra fe: amar a Dios y amarse el uno al otro (Mateo 22:37-40). Amor significa hacer lo que puedas por tu pareja. Y establecerle límites a tus propias debilidades de carácter es una de las cosas más cariñosas que puedes hacer en tu matrimonio. Cuando maduras, te conviertes en una persona más tierna, más enérgica, pero más directa y firme en tus convicciones. Te conviertes en una buena persona con quien vivir. Siempre me entristece ver a una persona involucrarse en el proceso de crecimiento espiritual e inmediatamente aislar a su pareja con sus impertinencias, críticas y egocentrismo. ¡La pareja de alguien que está creciendo espiritualmente debería de estar mejor, no peor!

ES PROCESO, NO PERFECCIÓN

Cuando analizamos nuestros propios problemas de carácter, no podemos *forzarnos* a nosotros mismos a madurar. No tenemos el poder para cambiar a nuestra pareja; ni tampoco podemos cambiar nuestros comportamientos y actitudes destructivas solamente «diciendo no». Como lo enseña la Biblia, somos incapaces de cambiarnos a nosotros mismos, por nuestra propia cuenta: «No entiendo lo que me pasa, pues no hago lo que quiero, sino lo que aborrezco» (Romanos 7:15).

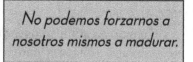
No podemos forzarnos a nosotros mismos a madurar.

Sin embargo, sí tenemos cierto poder y ciertas opciones. Podemos decidir contar la verdad de nuestros defectos. Podemos decidir traer esos defectos a la luz de la relación. Podemos decidir arrepentirnos por ellos, resolverlos y madurarlos. Establecer límites a nosotros mismos a veces simplemente tiene que ver con llevar una emoción, comportamiento o actitud problemática a una relación compasiva en vez de reaccionar.

Los siguientes son unos cuantos problemas de carácter en nuestras propias vidas en los cuales podemos establecer límites:

JUGAR DE DIOS

Por naturaleza humana, tratamos de jugar de Dios en vez de buscarlo. Tenemos que estar continuamente conscientes de este doloroso y peor aspecto de nuestro carácter. Al jugar de Dios, no tuvimos éxito en amar, ser responsables y cuidar del bienestar de nuestra pareja.

Somete esta parte tuya a la autoridad de Dios. Déjale saber que el deseo de jugar de Dios es más grande que tu poder para evitarlo, y pídele ayuda. Manténte conectado a la vida de Dios y a su pueblo. Practica las disciplinas espirituales de alabanza, oración, fraternidad y lectura de la Escritura: «No ofrezcan los miembros de su cuerpo al pecado como instrumentos de injusticia; al contrario, ofrézcanse más bien a Dios como quienes han vuelto de la muerte a la vida» (Romanos 6:13). De modo que si te mantienes en el amor de Dios, su presencia en tu vida limita el pecado. Porque lo amas, le quieres obedecer (Juan 14:23).

NEGACIÓN

Cuando no admitimos la verdad acerca de quiénes somos, no le damos a nuestra pareja alguien con quien conectarse. «Si afirmamos que no tenemos pecado, nos engañamos a nosotros mismos y no tenemos la verdad» (1 Juan 1:8). Lo que negamos acerca de nosotros mismos tiene ausencia de amor. Si, por ejemplo, niegas tu lucha con la inseguridad tratando de ser fuerte, tu pareja no puede amar ni tenerle compasión a tus aspectos inseguros. Esto empobrece el vínculo matrimonial y evita una conexión más profunda con tu pareja.

Aprende a establecerte límites que no nieguen quién eres realmente. Lo opuesto de la negación es la confesión, o estar de acuerdo con la verdad. Lo más probable es que tu cónyuge ya conoce la verdad de todos modos. Ocúpate de tu tendencia a negar y racionalizar tu fracaso, debilidad, egoísmo o crueldad. Cuando confiesas quién eres en realidad, estás presente emocionalmente con tu pareja. No solo eso, también estás permitiendo que tu cónyuge te ministre tus aspectos vulnerables.

Muchos esposos y esposas con los que he hablado a lo largo de los años se han sorprendido por la recepción calurosa que han recibido de su pareja cuando logran superar la negación. Sus parejas entienden el gran riesgo que tomaron para admitir estas debilidades, y les brindan compasión y apoyo. Recuerda que Dios también ha puesto dentro de tu esposo o esposa un deseo de vivir y crecer a la luz de su amor: Él ha establecido la eternidad en su corazón (Eclesiastés 3:11). Ayuda a vivificar esa parte a través de tu propia franqueza.

RETRAIMIENTO DE LA RELACIÓN

Fracasar en establecer y mantener conexiones emocionales es un serio problema de carácter. Uno o ambos cónyuges se aleja y evita ser sincero y vulnerable con el otro. Existen varias razones para esto. Algunas personas tienen heridas emocionales y se les hace difícil confiar en otras personas. Otras temen que la relación las controlará o les hará daño. Aun otros se pueden sentir libres o establecer límites solamente deshaciendo la relación por completo. Cualquiera que sea la causa, el aislamiento emocional retrae nuestra parte más básica de la fuente de vida: relacionarse con Dios y con otros.

A veces el retraimiento se manifiesta en el matrimonio como ausencia emocional. Una esposa observa que su esposo «está ahí pero no lo está». En otros casos, un cónyuge será capaz de dar amor y apoyo pero incapaz de recibirlo. Y aun en otros casos, el cónyuge puede mantenerse conectado hasta cierto nivel; sin embargo, cuando la conexión se profundiza y se hace más emocional, él o ella se desconecta.

Aunque el ideal del matrimonio es que todas las partes de un cónyuge se conecten a todas las partes del otro, la mayoría de las parejas luchan con su tendencia de retraer sus corazones el uno del otro. El retraimiento los hace sentirse más seguros y más protegidos. Cuando permiten sin embargo que este retraimiento continúe sin restricción, pueden condenar su unión a una hambruna lenta. El matrimonio requiere amor para alimentarse.

Si te encuentras a ti mismo atraído al retraimiento y a la evasión, puedes hacer lo siguiente para ayudarte a establecer límites a esta tendencia:

- Recluta la ayuda de tu cónyuge. Pídele que te deje saber cuándo te comienzas a alejar. Pregúntale de qué manera le afecta. ¿Le hace daño? ¿Se siente sola tu pareja? Descubrir de qué manera tu evasión influye a otros es una manera de limitar tu desconexión.
- Descubre porqué te retraes. Puede ser que temes el rechazo, a ser controlado o a ser juzgado. Podrías estar castigando a tu cónyuge por herirte. Entender las razones puede ayudarte a establecer límites en el comportamiento.
- Di no a tu tendencia a evitar las relaciones, y exponte a otros que pueden ayudarte a hacer un aconexión.

IRRESPONSABILIDAD

Desde la Caída, hemos protestado la realidad de que nuestras vidas son nuestro problema y no el de nadie más. Todos deseamos ya sea que otra persona tome la responsabilidad por nosotros o evitar las consecuencias de nuestras acciones. Esta es la manera en que niños y adultos inmaduros viven sus vidas. Argumentan que «no es justo» que tengan que soportar sus propias cargas. Vuelven locas a sus parejas tratando de eludir sus deberes en la vida.

Algunos de nosotros tenemos más dificultades que otros para tomar responsabilidad. Por ejemplo, tú puedes tener ciertos proyectos, tareas o deberes financieros sin terminar en el trabajo o en tu matrimonio y esperas que otra personas los termine. O puede ser que tú pelees cuando otros te dicen no. La incapacidad de aceptar el no de otra persona indica una dificultad en tomar posesión de tu propia decepción y tristeza, y una lucha en permitirle a los demás libertad. Si tienes problemas aceptando responsabilidad, aquí hay unas cuantas cosas que puedes hacer (si no crees que tienes un problema con esto, ¡pregúntale a tu pareja por si acaso!):

- Sométete a ti mismo a personas seguras que te puedan confrontar en tu irresponsabilidad. Por ejemplo, tengo una amiga que es «poco convencional». Ella comienza algo pero no lo termina; se le olvidan las reuniones que ha planeado; deja a la gente esperando. Ella frecuentemente le pide a sus amigos: «Quiero que me digan cuando se molesten porque estoy despistada. Esto realmente me ayuda a cambiar». Y lo hacen.
- Acepta tanto las consecuencias como las reacciones por tu problema. Dile a otros que dejen de facilitarte el problema y que, por ejemplo, se vayan sin ti para la fiesta si estás tarde. Entiende que las consecuencias te ayudarán a estructurar mejor tu vida.

- Dile a tu pareja que su silencio y/o crítica constante no te están ayudando. Pídele que te ame, pero que al mismo tiempo establezca límites para ti cuando tú mismo no lo haces.

EGOCENTRISMO

Nada es más natural que considerar nuestra propia situación más que la de otra persona. Pensar que el sol sale y se pone sobre nosotros es uno de los problemas de carácter más destructivos para un matrimonio. El matrimonio no se puede navegar con éxito sin entregar más de lo que damos fácilmente de nosotros mismos. Así y todo, las personas egocéntricas a menudo intentan vivir como una persona soltera dentro del matrimonio, pensando que pueden obtener lo que es importante para ellos y aún continuar con la relación. El resultado es que la pareja se siente como un objeto, o siente que sus propios pensamientos y sentimientos no son valorados.

La estructura del matrimonio en sí misma es anti egoísta. El matrimonio le muestra a la otra persona nuestras debilidades y fracasos. Muestra los límites de nuestra bondad. Elimina el sentido de que todo gira a nuestro alrededor. Y dejar sin resolver nuestro propio egocentrismo puede herir.

Una pareja que conozco tenían que resolver este problema. Cuando sus hijos estaban en primaria y en secundaria, el esposo luchaba tremendamente con este tipo de problema cuando llegaba a casa después del trabajo. Él siempre había soñado con llegar a casa, ver a su esposa e hijos correr a la puerta a saludarlo y sentarse a la mesa para hablar sobre su día. En realidad, todos estaban contentos de verlo, pero nadie salía corriendo a recibirlo. Ellos se quedaban sentados ahí y decían, «Hola, papá», y continuaban con lo que estaban haciendo cuando él entraba por la puerta y repasaba su día. Él tuvo que hacer un gran esfuerzo para evitar culparlos a ellos y retraerse de su familia mientras renunciaba a sus sueños poco realistas.

Aquí hay unas cuantas sugerencias para ayudarte a establecerle límites a tu egocentrismo:

- Pídele a tu pareja que te diga cuando sienta que las cosas no son mutuas entre ustedes, o cuando piense que constantemente tiene que ver la realidad a tu manera.
- Aprende a soltar la exigencia de ser perfecto o especial. En su lugar, acepta ser querido por el verdadero tú, con imperfecciones y todo.
- Dile no al impulso de ser «bueno», y aprende las habilidades del perdón y de la pena. El perdón y la pena te ayudarán a aceptar la realidad de quién eres y de quién es tu pareja.

SENTENCIOSO

Muchos cónyuges luchan con el deseo de juzgar, criticar y condenar a otros. Se les hace difícil aceptar las diferencias en otros y ven las diferencias como blanco y negro. Y a menudo interpretan mal las acciones de una persona por su necesidad de ser amados y aceptados: odian tanto al pecado como al pecador.

Nada mata más el amor en un matrimonio que ser sentencioso. Cuando vives con un juez, siempre estás en juicio. Esto crea un ambiente de miedo mientras que el cónyuge que siempre está siendo juzgado tiene que andar con mucho cuidado para evitar la aparición de la ira. El amor no puede crecer en un ambiente de miedo: «En el amor no hay temor... el que teme espera el castigo» (1 Juan 4:18). El amor de un cónyuge puede crecer si él o ella entiende las consecuencias de sus acciones. Esta es la disciplina del desarrollo. Pero miedo al castigo es muy diferente. Su propia alma y carácter son juzgados y condenados, y luego expulsados de la relación.

Si tú tienes el papel de «juez» en tu matrimonio, estas tareas te ayudarán a salir de este problema:

- Pide reacciones y comentarios de cómo tu actitud hiere a aquellos que amas. Las personas sentenciosas a menudo se sorprenden de lo hirientes que pueden ser.
- Date cuenta de tu propia conciencia crítica. La mayoría de las personas sentenciosas tiene un muy estricto juez interno que los castiga. Aprende a recibir compasión y perdón de Dios y de otros por tus fracasos. Esto puede ayudar a suavizar la consciencia.
- Desarrolla compasión por los defectos de otros. Recuerda que todos estamos perdidos sin la ayuda de Dios.

Estos problemas de carácter pueden ser fuentes importantes de distanciamiento y discordia en el matrimonio. Sin embargo, cuando te apoderas de ellos, estableces límites para sus maldades, y los sometes al proceso de crecimiento de Dios, el amor puede prosperar.

LÍMITES PARA NUESTROS INTENTOS DE CONTROLAR

De todos los aspectos de nosotros mismos que tenemos que limitar, nuestra tendencia a controlar a nuestra pareja es probablemente la más crucial. Desde la época del Jardín del Edén, hemos tratado de manejar las vidas el uno del otro. Las estrategias, manipulaciones y tácticas que los cónyuges usan para cambiar a sus parejas son innumerables. Y si existe una manera de éxito seguro para destruir la confianza y el amor, es el control. Tenemos que poder entregar nuestro amor libremente. No podemos decir: «Yo te amaré si haces esto o aquello». Como lo enseña la Biblia, «Cristo nos libertó para que vivamos en libertad. Por lo tanto, manténgase firmes y no se sometan nuevamente al yugo de esclavitud» (Gálatas 5:1). Cuando nos sentimos

> *Si existe una manera de éxito seguro para destruir la confianza y el amor, es el control.*

controlados, la libertad desaparece, y el amor se ve amenazado.

«Control de otro» es la antítesis de tener límites en el matrimonio. Los límites renuncian al control de otro y lo substituyen con el dominio propio (Gálatas 5:23). Los límites protegen la libertad de nuestra pareja sin facilitarle a la vez su irresponsabilidad.

¿Cómo puedes determinar si alguien está tratando de ejercer control?

Aquí hay varios indicadores:

- No respetar el no de la pareja. El cónyuge tratará varias veces de cambiar la decisión de su pareja e ignorará los sentimientos de esta.
- Castigar una decisión «incorrecta». Cuando un esposo, por ejemplo, decide hacer algo que no le agrada a la esposa, la esposa actúa ofendida o como víctima, o acusa a su marido de nos ser cariñoso o tierno.
- No valorar la libertad. El esposo está más preocupado por que su esposa tome la decisión «correcta», que en la decisión libre y sincera de ella.
- Malos resultados. La esposa que está siendo controlada se resiente, toma acción o se venga.

Dios es el único que justamente puede controlar nuestras decisiones, y aun se abstiene de hacerlo. Él nos da la libertad de tomar decisiones, y se lamenta cuando nuestras decisiones conducen a la ruina: «¡Jerusalén, Jerusalén, que matas a los profetas y apedreas a los que se te envían! ¡Cuántas veces quise reunir a tus hijos, como reúne la gallina a sus pollitos debajo de sus alas, pero no quisiste!» (Mateo 23:37). Dios coloca un valor tan alto a nuestra libertad que evita forzarnos hacer cosas que nos beneficiarían. Él entiende que nunca aprenderemos a amarlo o a responderle sin esa costosa libertad.

En esta sección analizaremos las maneras en que tratamos de controlar a nuestras parejas, y también proveeremos métodos para establecer límites a esta desafortunada tendencia.

EXISTEN DIFERENTES TIPOS DE CONTROL

Connor sintió un deja vu. Él había tenido esta discusión con Stacy tantas veces que casi podía predecir sus líneas. Como siempre, todo había comenzado con una cosa pequeña que había crecido rápidamente. Connor de mala gana había concertado ir a la ópera con Stacy unas cuantas semanas antes. Él no disfrutaba de la ópera, pero ella había insistido. Dentro de su mente, sin embargo, Connor mantenía un marcador. En él, había anotado la fecha de la función de ópera para usarlo después como palanca para ir a una actividad a la que él sí quería asistir.

Un amigo le ofreció a Connor tiquetes para asistir a un juego profesional de baseball y él estaba emocionado por ir. Stacy, sin embargo, le recordó que la mamá de ella llegaba a visitarlos ese mismo día. Connor le recordó a Stacy acerca de su sacrificio durante la ópera. Stacy se mantuvo firme. Él entonces explotó, diciendo: «¡Este es el pago que recibo por todo lo que hago por ti! ¿Cómo puedes ser tan malagradecida?».

Con esto, Stacy colapsó en llanto, aunque ya había presenciado las rabietas de Connor muchas veces antes. Ella sollozó: «¿Por qué te casaste conmigo si lo que quieres es hacerme daño?». Con eso, subió a su habitación.

De inmediato, sintiéndose culpable por su crueldad, Connor fue tras su esposa. Finalmente logró calmarla y le prometió que estaría en casa cuando llegara su mamá. Ambos, Stacy y Connor, trataron de tomar la libertad del otro, lo cual es la esencia del control. Él aún se sentía resentido, pero por ahora su culpabilidad se lo ocultaba.

La explosión de Connor era una manera agresiva de intimidar a Stacy para que ella cambiara de opinión y una manera de castigarla por no mantener parejo el puntaje entre ellos. El colapso de Stacy era una manera más indirecta de castigar a Connor por su ira y también un método para que él cambiara de opinión. Ninguno de ellos valoraba la libertad de decisiones de su pareja.

Veamos algunas de las maneras en que, al igual que Connor y Stacy, los cónyuges tratan de controlarse el uno al otro.

CULPABILIDAD

Los mensajes de culpabilidad tienen la intención de hacer sentir a nuestra pareja responsable por nuestro bienestar. En otras palabras, la culpabilidad controla al crear la impresión de que la libertad de nuestra pareja nos hiere. Al tomar una decisión diferente a la nuestra, nuestra pareja está siendo por lo tanto poco cariñosa. Declaraciones tales como «Si de verdad me amaras» o «¿Cómo puedes ser tan egoísta?» y silencios heridos expresan el mensaje. El colapso de Stacy ilustra el mensaje de culpabilidad.

IRA

A menudo, cuando un cónyuge quiere algo que su pareja no quiere, el cónyuge decepcionado se enfadará. La ira es nuestra protesta básica contra el hecho de que no somos Dios y que no podemos controlar la realidad. El enojo puede ser directo, como el berrinche de Connor. Puede estar encubierto, tales como las conductas pasivo-agresivos o los comentarios sarcásticos. Puede involucrar amenazas de venganza. También puede, en situaciones extremas, volverse peligrosa, como en los matrimonios abusivos.

AGRESIONES PERSISTENTES A LOS LÍMITES DEL CÓNYUGE

Una persona dirá no, entonces la pareja hará intento tras intento para cambiar la opinión de esa otra persona. Igual que un tenaz vendedor a domicilio, el cónyuge discutirá, persuadirá y rogará hasta que la otra persona se agote. Como un niño que ha aprendido a seguir pidiendo hasta escuchar la respuesta que quiere, el cónyuge se niega a vivir con el límite de su pareja.

RETENER AMOR

De todas las maneras en que tratamos de controlar, retener el amor puede ser la más poderosa. Cuando un cónyuge no está de acuerdo con su pareja, esta se desconecta emocionalmente hasta que su cónyuge cambie. Esto es muy poderoso porque Dios nos creó para necesitar amor y conexión como nuestra fuente de vida. Cuando alguien nos retira esto, nos quedamos sin ninguna base de existencia. Pone presión extrema sobre nosotros para hacer cualquier cosa que nos conecte a la persona que amamos.

SOMETERSE A LÍMITES PARA NUESTRO CONTROL

El cónyuge que verdaderamente ama a su pareja y quiere que madure espiritualmente deseará, en algún momento, abandonar estos intentos de controlar. Estará dispuesto a renunciar estas estrategias a cambio de conceder libertad y amor. Aquí hay algunos métodos que puedes usar para establecerle límites a tus intentos controladores.

ENTIENDE EL COSTO DE CONTROLAR A OTRO

El costo de controlar a otro es que puedes obtener obediencia externa, pero al mismo tiempo perder el corazón de tu pareja. La culpabilidad, la ira, la agresión y la retención niegan la libertad y el amor. La pareja le seguirá la corriente, pero se sentirá resentida o estará emocionalmente ausente. Establece límites a tu deseo de controlar al otro a medida que valoras más el amor.

PÍDELE A TU PAREJA QUE TE DIGA LA MANERA EN QUE TU CONTROL LO AFECTA

Ya que el matrimonio es fundamentalmente un víncu-lo de empatía, los sentimientos de tu pareja son importantes para ti. A menudo, cuando el cónyuge controlado le deja saber al cónyuge controlador qué tan herido y distante lo hacen sentir estos intentos, el cónyuge controlador siente compasión por el dolor y es capaz de establecer mejor es límites a su control.

EXPERIMENTA TU PROPIA IMPOTENCIA DE CAMBIAR A TU PAREJA

Sin importar lo mucho que te gustaría creer lo opuesto, tu cónyuge no va a cambiar sus decisiones, opiniones o sentimientos hasta que esté listo o lista para hacerlo. Puede ser que necesitas darte cuenta de que vives con alguien a quien no puedes «obligar» a hacer lo correcto. Esta impotencia puede ser una emoción muy dolorosa. Las medidas de control basadas en el enojo nos dan la ilusión de que tenemos un poder sobre nuestra pareja que en realidad no tenemos. Aceptar la impotencia duele, pero es la realidad.

APRENDE A AFLIGIRTE

La aflicción nos ayuda a aceptar la verdad y a abandonar la cosas que no podemos cambiar u obtener. Cuando le das libertad a tu pareja, con frecuencia sentirás pérdida y tristeza por perder lo que querías de ella. Permitirte a ti mismo sentir esta aflicción te libera para aceptar la realidad y encontrar nuevas maneras de adaptarte a tu matrimonio.

RESUELVE PROBLEMAS DE DEPENDENCIA

Si tu pareja es la única persona que puede cumplir con tus necesidades, tendrás una tendencia a controlarla. Busca fuentes de amor, aprobación, verdad y perdón que incluyan a tu cónyuge, pero que no se limiten a él o ella. Por ejemplo, puede ser que tengas una necesidad de ser reconocido por las cosas buenas que logras. No esperes que de tu pareja venga toda la admiración. Usa a tus amigos también para satisfacer esta necesidad. Cuando tienes otras opciones para satisfacer tus necesidades, eres más capaz de darle libertad a tu pareja.

SÉ UNA PERSONA INDIVIDUAL DE TU CÓNYUGE

A veces un cónyuge se define a sí mismo por su pareja y no por su alma individual. Entonces, cuando su pareja no está de acuerdo en algún asunto o toma una decisión diferente, el cónyuge personaliza la diferencia como un ataque contra él o ella. Por ejemplo, un esposo se enoja con su esposa por alguna razón. Ella siente que él la odia y entonces arremete contra él para protegerse. Su incapacidad de separarse de los sentimientos de su esposo es su problema. A medida que te comienzas a definir más por tus propios límites, comenzarás a experimentar los sentimientos y las decisiones de tu pareja como algo que tiene que ver más con él o ella que contigo. Esto te liberará para permitirle que sea libre.

VALORA LA LIBERTAD DE TU CÓNYUGE DE LA MISMA FORMA QUE QUIERES QUE SE VALORE LA TUYA

La regla de oro de Jesús de tratar a otros como tú quisieras que te traten a ti (Mateo 7:12) es la base de cómo los cónyuges deben tratarse el uno al otro. Recuerda como te sentiste la última vez que alguien atacó tu libertad de tomar tus propias decisiones y ten, por lo tanto, compasión con las decisiones de tu pareja.

ESTABLECE LÍMITES CON TU PAREJA EN VEZ DE CONTROLARLA

A menudo, una esposa recurrirá a estrategias de control porque se siente incapaz de decir no o de liberarse de su esposo. Puede ser que tenga miedo a las reacciones de su marido y que no se pueda proteger a sí misma. El control se convierte en un substituto para el establecimiento de límites de dominio propio con su marido. A medida que estableces los límites apropiados, puedes comenzar a sentirte seguro y dejar de controlar a tu pareja.

Como puedes ver, el matrimonio tiene que ver más con someterte al control de Dios y a sus principios, de lo que tiene que ver con controlar a tu pareja. Sin embargo, conforme renuncias al control de tu pareja, eres capaz de amarla mejor, proteger tu propia libertad y proveer un contexto para que ambos puedan madurar.

En el próximo capítulo te mostraremos la importancia que tiene ser una persona aparte de tu pareja. Irónicamente, ser un individuo es la clave para convertirse en uno con tu cónyuge.

Parte dos

_____

Establecer límites en el matrimonio

Capítulo 4

Se necesitan dos personas para formar una

Unidad. Es la palabra que define al romance. Es con lo que sueñan las parejas cuando se conocen por primera vez. Escucha la descripción de una amiga cuando piensa que ha encontrado «al elegido». Mira una película vieja, y verás al actor y la actriz protagonista mirarse fijamente a los ojos con la fantasía de total unidad.

En realidad, esta unidad no es para nada una fantasía. Es el propio diseño de Dios para el matrimonio. Es la descripción que da la Biblia del matrimonio. Desde el principio, en el Jardín del Edén, Dios decidió que «no es bueno que el hombre esté solo», y puso al hombre y a la mujer juntos para establecer esta unidad que todos buscan (Génesis 2:18). Y Jesús nos dijo: «"Por eso dejará el hombre a su padre y a su madre, y se unirá a su esposa, y los dos llegarán a ser un solo cuerpo". Así que ya no son dos, sino uno solo» (Marcos 10:7-8). De modo que las películas tienen razón después de todo: La unidad ocurre en la vida real.

Lo que no saben las películas, sin embargo, ¡es lo difícil que es llegar a ese punto! La mayoría de las personas han sentido la fantasía inicial de la unidad. En la primera etapa del enamoramiento, una pareja renuncia a todos los límites internos y experimentan un sentido eufórico por la fusión de sus almas. Los escuchas decir cosas como «Él es todo con lo que he soñado» y «¡Ella es una diosa!» y «Hacemos una muy buena pareja». Esta etapa inicial de una relación puede ser maravillosa mientras las parejas presencian la condición de «unidad» que tanto han anhelado. Pero estas experiencias no son unidad verdadera. Solamente son un «anticipo». La unidad se desarrolla a través del tiempo a medida que crece la relación y cuando los dos llegan «a ser un solo cuerpo».

Las películas no nos enseñan esta parte, la parte donde la euforia inicial se evapora, la unidad desaparece y la pareja se desilusiona. Se preguntan: «¿Qué ocurrió? ¿Me casé con la persona equivocada?». Cuando llega ese momento más de la mitad se rinde y se va cada uno por su lado. Piensan que les «puede ir mejor» con otra persona, sin saber que el remedio probablemente se encuentra en su propio crecimiento y no en encontrar a alguien nuevo. Una relación nueva requerirá los mismos dolores, tanto como individuos pero también como pareja.

En este capítulo examinaremos la manera en que cada pareja casada necesita crecer. Consideraremos primero el prerrequisito para que dos lleguen «a ser un solo cuerpo». Este prerrequisito es que, para que dos lleguen «a ser un solo cuerpo», tenemos que tener a dos personas *desde el principio. Dos individuos completos.* ¿Qué significa esto? ¿Y qué tiene que ver esto con límites?

«DUALIDAD»

El requisito para la unidad son *dos personas completas.* La Biblia define a una persona completa como una persona madura. Una persona completa es capaz de hacer todas las cosas que la vida adulta y la relación requieren: dar amor y recibir amor, ser independiente y autosuficiente, cumplir con los valores sinceramente, ser responsable, tener confianza en sí mismo, solucionar problemas y fracasos, realizar sus talentos y tener una vida. Si dos personas completas se casan, la unidad que establecerán será completa. En la medida que cualquiera de estas personas no sea del todo completa, la unidad sufrirá bajo la presión de ese estado incompleto. El anhelo del cónyuge incompleto por obtener plenitud tomará prioridad sobre lo que es capaz de dar en la relación, y la relación sufrirá.

Así que, si una o ambas personas llegan al matrimonio pidiéndole a este que los complete como personas, el matrimonio fracasará. No es la intención del matrimonio ser el lugar donde uno obtiene plenitud como persona. El matrimonio es para que personas completas se unan y desarrollen un «nosotros» que es más grande y mejor que cualquiera de los dos «yo» involucrados. Como dice Frederick Buechner en *Silbando en la Oscuridad*: «Un matrimonio hecho en el cielo es uno en el que un hombre y una mujer se enriquecen más profundamente en sí mismos juntos, de como lo hubieran podido hacer solos».

> *No es la intención del matrimonio ser el lugar donde uno obtiene plenitud como persona.*

No obstante, el matrimonio es un contrato entre adultos, ¡y no lo deberías de intentar sin dos adultos presentes! Para que un matrimonio funcione, dos individuos necesitan tener algunos elementos de la edad adulta. Nadie nunca ha llegado a la edad adulta listo para todo lo esta requiere. Las buenas noticias son que puedes crecer hacia esta edad adulta, o plenitud, y mientras lo haces, tu relación también obtendrá más y más unidad. Antes de considerar los requisitos de la edad adulta, nos gustaría resaltar un importante punto más acerca de convertirse en un solo cuerpo.

COMPLETARSE EN COMPARACIÓN CON COMPLEMEN-TARSE EL UNO AL OTRO

Como ya lo dijimos, el matrimonio no se diseñó para completar a una persona. Se diseñó para que dos personas completas se unieran y formaran algo diferente de lo que son cada una de ellas por sí solas. Se diseñó no para hacerte una persona completa, sino para darle a esa plenitud un ámbito nuevo de experiencias.

Sin embargo, muchas personas ven el matrimonio como un atajo hacia la plenitud o la madurez. No se casan, por lo tanto, por su fortaleza sino por su debilidad. Se casan con alguien para compensar lo que no poseen por sí mismos. Se casan debido a su estado incompleto, y hacer esto disminuirá la posibilidad de la unidad.

Puede ser que hayas escuchado a parejas decir: «Nos equilibramos muy bien el uno al otro». Esto puede ser bueno si, por ejemplo, él es bueno con los negocios y ella es buena administrando el hogar, o viceversa. Pero no es bueno, si significa que ella no podría por sí misma sobrevivir en el mundo real del trabajo y el comercio sin él. Si esto es cierto, ella se ha casado con un «vale de comida», o con alguien que la cuide tipo dependencia infantil. Y él se ha casado con una «mamá» para que le forme el hogar que él no podría formar por sí mismo mientras sale a jugar durante el día.

Este punto es tan importante que lo vamos a repetir de nuevo: El elemento crucial para que dos personas lleguen «a ser un solo cuerpo» es que las dos personas tienen que estar completas en sí mismas, es decir, deben ser adultos antes de casarse. Esto no significa que el esposo y la esposa poseen los mismos talentos y habilidades o el mismo estilo. Sí significa, sin embargo, que poseen todas las funciones de un adulto en aspectos clave de su personalidad.

Puede ser que él no tenga la visión para negocios que tiene ella. Puede ser que ella no tenga la creatividad o la habilidad de ser extrovertido que tiene su esposo. No es de esto que estamos hablando. Estas características se *complementan* la una a la otra, no se *completan* la una a la otra.

> *El elemento crucial para que dos personas lleguen «a ser un solo cuerpo» es que las dos personas tiene que estar completas en sí mismas, es decir, deben ser adultos antes de casarse.*

Complementarse se refiere a traer perspectivas, talentos, habilidades, experiencias y otros dones diferentes a la relación y formar una asociación. Una pareja que conozco tienen una empresa familiar. El esposo es bueno con las operaciones de día a día y las esposa es buena vendiendo. Otra pareja puede complementarse el uno al otro en la administración financiera y en la habilidad para crear ingresos. Uno puede ser bueno en ver los problemas de una oportunidad nueva mientras el otro es bueno encontrando las oportunidades. Pero todas estas facetas ayudan a que la pareja trabaje junta como un equipo.

Completarse significa *compensar por nuestra inmadurez como persona*. Es un intento de usar a otra persona para equilibrar algún desequilibrio en nuestro carácter, y esto nunca funciona. Cada persona es responsable por desarrollar y resolver estos desequilibrios de carácter por sí mismo para poder entrar a una relación como una persona completa y equilibrada.

ASPECTOS DE PLENITUD QUE EL MATRIMONIO NO PUEDE PROVEER

Como ya lo mencionamos previamente, muchas veces las personas se casan para compensar lo que no poseen en su propio carácter. Esto es a menudo lo que está detrás de la experiencia de «volverse loco por» o enamorarse de otra persona. Alguien con un estado incompleto en algún aspecto conocerá a alguien que es fuerte en ese aspecto y sentirá una «plenitud» embriagadora. Permítenos darte un ejemplo.

Amanda andaba dando vueltas durante una reunión de su compañía. Y entonces ocurrió. Ella lo vio al otro lado del cuarto: elegante, fuerte y firme. Su confianza en sí mismo era evidente según ella lo observaba mezclarse con la gente y hablando con ellos. Sentía un hormigueo en la piel viendo la manera en que Eric tomaba control de la situación.

Ella caminó hacia el círculo de personas alrededor de Eric para ser presentada. Eric tomó control de la conversación e hizo sentir a todos cómodos. La atracción inicial de Amanda se multiplicó, y hacia el final de la fiesta comenzaba a sentir esa emoción de «completamente conquistada». Él parecía estar en dominio completo. ¡Qué príncipe el que se había encontrado!

Ellos comenzaron el noviazgo y la primera impresión de Amanda resultó ser correcta. Él era elegante, fuerte y firme. A veces ella sentía que él era demasiado fuerte y no escuchaba lo que ella quería decir. Pero su «amor» era fuerte, y la necesidad que sentía ella por él era más poderosa que su razón y capacidad de ver el significado del problema.

Pronto se casaron, y lo que había atraído a Amanda al principio rápidamente se convirtió en su peor pesadilla. En realidad, él era más que fuerte y firme. Él era afable y dominante. A medida que la relación progresaba, ella se sintió cada vez más pisoteada y menos capaz de decir no con respecto a lo que ocurría. A los pocos meses, ellos vinieron a consejería.

Su queja era que él era demasiado dominante. La de él era que ella siempre estaba haciendo pucheros y muy enojada con él. En realidad, lo que había ocurrido era que el estado incompleto de cada uno de ellos se había de alguna manera «completado» en la otra persona, y pronto descubrieron los problemas asociados con esa solución falsa.

Amanda era una persona atractiva, cariñosa y social, siempre dispuesta a complacer a otros. Todo el mundo la quería. Pero ella tenía una debilidad. No tenía la capacidad de ser lo enérgica que necesitaba ser. Ella se adaptaba a otros en ver de confrontarlos; ella era incapaz de defenderse a sí misma y lo que necesitaba y quería. Tenía que convertirse en una persona más firme. Este era su campo en el que no estaba completa. Debido a que había crecido bajo un padre dominante, ella no había desarrollado su capacidad de defenderse de otros. Así que ella desesperadamente necesitaba que se cumpliera esa función. Y en vez de desarrollarla en sí misma, la encontró en Eric. Por eso era que se había sentido tan «completa» después de ver la autoridad de Eric. El problema era que ella no tenía la fortaleza suficiente para confrontarlo a él y estaba siendo reducida a un ser inexistente, a una extensión de lo que quería que fuera él. Ella comenzó a resentir a su marido.

Eric era lo opuesto. Los ingredientes que faltaban en su personalidad eran la conformidad, la vulnerabilidad y un sentido de impotencia. Él temía sentir esas características y siempre tomaba control para evitar sentirlas. Sin embargo, ya que esos son aspectos reales de una persona completa, él también anhelaba sentirlos. Y los encontró en Amanda. Su «espíritu dulce» y capacidad para cumplir con lo que otros necesitaban y querían fue lo que él encontró tan atractivo, hasta que ella dejó de ser tan dulce y comenzó a resentirlo por demandar tanto. Él, así como ella, comenzó a odiar lo que había encontrado tan atractivo al principio porque estaba en conflicto con esa parte de su estado incompleto.

Ni Amanda ni Eric eran una persona completa. Trataron de resolver su estado incompleto con una fusión con alguien que poseía lo que a ellos les faltaba. Y esto siempre fracasa. Batallaban en el otro con lo que no podían enfrentar dentro de sí mismos. Esta es una de las razones por las cuales la Biblia tan frecuentemente habla de la plenitud como un modo de ver la madurez (Santiago 1:4).

Tenían que hacer un gran esfuerzo para convertirse en «dos personas», quienes podrían entonces establecer una unidad basada en la intimidad verdadera entre dos personas y no en el sentido falso de seguridad que la otra proveía. Eric tenía que madurar y enfrentar su egoísmo, su incapacidad para escuchar y respetar el no de otros, y sus temores de adaptarse y ser controlado. Amanda tenía que aprender a ser más autoritaria, defenderse a sí misma y sentirse cómoda con el conflicto que resultaría cuando lo hiciera. Ella tenía que dejar de ser la niñita que necesitaba la aprobación de papi y convertirse en una adulta madura que podía soportar que su esposo se sintiera disgustado con ella.

Eric y Amanda muestran que no existe ningún atajo para el crecimiento. No puedes brincarte la madurez «casándote con ella». Tienes que convertirte en un individuo completo por ti mismo para poder alcanzar la unidad verdadera con tu cónyuge.

> *Tienes que convertirte en un individuo completo por ti mismo para poder alcanzar la unidad verdadera con tu cónyuge.*

Asegúrate de que entiendes la diferencia entre completarse el uno al otro y complementarse el uno al otro. Eric seguía siendo el genio de empresas que Amanda nunca sería. Ella era la organizadora y la gerente que él nunca sería. Él era creativo y empresarial. Ella era sistemática. Tenían dones que funcionaban bien para formar un equipo. Esos son buenos complementos.

Pero los requisitos humanos básicos de carácter no son complementos. Son esenciales para ser una persona completa. Lo siguiente es una lista parcial de capacidades que ambos cónyuges deben de poseer y que no se pueden «prestar» el uno al otro. La capacidad para

- Conectarse emocionalmente
- Ser vulnerable e intercambiar sentimientos
- Tener un sentido apropiado de poder y autoridad
- Decir no
- Tener iniciativa e impulso
- Tener por lo menos una cantidad mínima de organización
- Ser real, pero no perfecto
- Aceptar imperfecciones y tener gentileza y perdón
- Afligirse
- Pensar por sí mismo y expresar esas opiniones
- Aprender y crecer
- Tomar riesgos
- Aprovechar y usar los talentos
- Ser responsable y cumplir con planes
- Ser libre y no ser controlado por factores externos o internos
- Ser sexual
- Ser espiritual
- Tener un sentido de moralidad
- Tener una vida intelectual

Todo el mundo posee estas capacidades humanas, aunque no todo el mundo es capaz de expresarlas. Asegúrate de que ustedes dos desarrollen estas características espirituales y humanas por sí mismos. Si lo haces, entonces cada uno será una persona completa, y los dos pueden llegar «a ser un solo cuerpo».

¿Pero qué puedes hacer para desarrollar estas características? ¿De qué manera te puedes convertir en una persona completa, madura y plena? ¿Cuáles son exactamente los requisitos para entrar a la etapa adulta?

LOS ADULTOS SE RESPONSABILIZAN POR SUS TESOROS

En el primer capítulo hablamos de la importancia de tomar responsabilidad por ciertos aspectos de tu alma, por los tesoros que se encuentran dentro de tus límites. ¿Recuerdas la lista? Aquí está de nuevo:

* Sentimientos
* Actitudes
* Comportamientos
* Decisiones
* Límites
* Deseos
* Pensamientos
* Valores
* Talentos
* Amor

Hablamos de la importancia de que la gente entienda que poseen estos tesoros y que tienen que tomar responsabilidad por ellos. Hablamos de lo que pasa cuando no lo hacen. Cuando se carece de la posesión y la responsabilidad, la culpabilidad se desplaza y no se logran resolver los problemas.

Así que el primer requisito para los adultos, o las personas completas, es que tomen responsabilidad por todos los tesoros de sus almas. Si no lo hacen, su matrimonio se estancará hasta el punto en que repudiarán aspectos de sus vidas y entonces o culparán a la otra persona o requerirán que ella lo arregle o lo compense.

Por ejemplo, si una esposa no toma responsabilidad por la manera como se siente, ella culpa a su cónyuge cuando se siente descontenta. Su tipo de irresponsabilidad se traduce así: «Si me siento mal, tú estás haciendo algo equivocado. Tú deberías de estar haciendo algo diferente». ¿Cuántos divorcios y cuánta infelicidad ocurre porque un cónyuge depende del otro para estar feliz y sentirse completo?

¿Cómo se puede evitar esto? El primer paso es que cada persona tome responsabilidad por sus propios tesoros, de lo cual hablamos en el primer capítulo. Y el segundo paso es que cada cónyuge le exija a su pareja tomar posesión también, de lo cual vamos a hablar ahora.

REQUERIR POSESIÓN

¿Recuerdas el término *codependencia*, lo cual era una palabra de moda en los años ochenta? Básicamente, la codependencia es tomar responsabilidad por los problemas de otra persona y no requerir que esta persona tome responsabilidad por ellos. ¿Por qué lo mencionamos aquí en una sección acerca de convertirse en una persona completa? Porque un adulto completo y maduro no solo toma responsabilidad por sí mismo sino que requiere lo mismo de las personas que ama. Ser codependiente y no requerir responsabilidad de otros es no ser responsable uno mismo.

Veamos un ejemplo de codependencia.

Scooter había chocado contra una pared en su relación con Maggie. Él vino a verme a mí (Dr. Cloud), y su primera queja fue acerca de sí mismo. «No logro ser el tipo de esposo correcto. Continúo decepcionando a Maggie, y no sé cómo mejorar». Habló durante bastante tiempo acerca de lo culpable que se sentía porque era un fracaso como esposo.

> Un adulto maduro y completo no solo toma responsabilidad por sí mismo sino que requiere lo mismo de las personas que ama.

Me identifiqué con él por lo mal que se sentía en su fracaso, y luego le pedí que me dijera acerca de algunos de los aspectos más problemáticos para él, los campos en que estaba fracasando tanto. Me dio una lista tan larga que no hubiera podido seguirla si no hubiera estado tomando notas. Aquí hay solamente unos cuantos ejemplos:

1. Decepcionarla por no ganar suficiente salario para proveer para todas sus necesidades
2. Trabajar demasiado y hacerla sentir mal porque él nunca estaba en casa
3. Olvidar hacer cosas que eran importantes para ella
4. Continuar trabajando con una mujer que era un problema

Me di cuenta de que esto iba a involucrar mucho trabajo si él estaba tan inconsciente de que continuaba haciendo cosas hirientes. ¡Imagínatelo! Irresponsabilidad financiera y falta de cumplimiento. Abandono. Tratándola como una persona no importante. Lealtad mal depositada. *Qué persona más insensible*, pensé.

Así que comenzamos a trabajar, y le pregunté acerca de cada situación. Me asombré por lo que descubrí. Ésta era la realidad:

1. Scooter no estaba ganando suficiente dinero para comprarle un carro nuevo a Maggie cada dos años.
2. Aunque trabajaba en casa, Scooter tenía unas cuantas reuniones durante la semana por las cuales tenía que salir de la casa. Tal vez tenía que ir al centro de la ciudad por tres o cuatro horas. Maggie se sentía abandonada.
3. Maggie le daba a Scooter una lista de cosas por hacer y él tal vez no llegaba a terminarlo todo durante el periodo de tiempo que ella especificaba.
4. A Maggie no le caía bien una mujer con quien Scooter tenía una relación comercial. La mujer estaba haciendo un buen trabajo en el proyecto aún no terminado, pero a Maggie no le gustaba y creía que esto era razón suficiente para que él faltara a sus acuerdos.

Scooter sí tenía algunos problemas. Pero el problema que él tenía no era que era un mal esposo, sino que era tan codependiente que no exigía a Maggie tomar responsabilidad por sus propios sentimientos y actitudes. Él tenía que aprender que no era responsable por cumplir con todas las demandas de Maggie y que estaba bien que él le dijera no a algunas y no interiorizara la culpa de ella.

Los deseos financieros no realistas de Maggie impedían que ella tomara responsabilidad por su envidia y falta de satisfacción. Cuando él cedía ante ella, él no le exigía que resolviera su propio carácter y sus propios problemas.

Uno de los regalos más grandes que nos podemos dar el uno al otro es el regalo de la sinceridad y la confrontación. Como nos dice Proverbios: «Más confiable es el amigo que hiere que el enemigo que besa» (Proverbios 27:6). Crecemos cuando alguien que nos ama nos «hiere» diciéndonos las verdades dolorosas que necesitamos escuchar. Requerir responsabilidad el uno del otro diciéndonos la verdad y no rindiéndonos a nuestra inmadurez es, en efecto, un regalo.

LOS ADULTOS VALORAN SUS TESOROS Y LOS DE SU CÓNYUGE

En la historia de apertura de este libro, Stephanie se encontró a sí misma alejándose de su esposo, Steve. Ella sentía que su matrimonio era más «para Steve» que lo que era para «ellos dos», o incluso «para ella». Stephanie no había valorado sus propios «tesoros». Ella había hecho lo que mucha gente hace solamente para llegar a sentirse infelices después. Ella había ignorado sus propios tesoros y no los había valorado lo suficiente en el matrimonio para asegurarse de que estos se desarrollaran.

Stephanie había ignorado sus sentimientos, sus actitudes y sus talentos mientras «vivía por Steve». Sus tesoros se estaban desperdiciando. Pero puesto que eran una parte viviente de ella, estos continuaron hablando por ella a manera de un sentido profundo de descontento en su vida. Finalmente, ella tuvo que valorarlos porque la estaban venciendo.

No podemos ignorar aspectos de nuestra alma que Dios ha colocado en nosotros. Tarde o temprano, nos alcanzan.

De la misma manera, tenemos que valorar los tesoros de nuestras parejas. Las personas maduras consideran cultivar, desarrollar y cuidar los tesoros de las personas con quienes están en una relación. Siempre están pensando en el estado de sus seres amados, en cómo se sienten y de qué manera los pueden ayudar a crecer. Los esposas y los esposos maduros colocan un gran valor a los sentimientos, pensamientos y actitudes de su pareja.

Durante el descanso de una reunión a la que asistí recientemente, un par de hombres estaban hablando acerca de hacer planes para un futuro cercano. Un hombre le pidió al otro que se reuniera con él durante un desayuno para discutir una potencial inversión. El otro dijo: «Déjame ver cómo se siente mi esposa al respecto, y te dejo saber». El primer hombre, obviamente molesto, preguntó: «¿Por qué tienes que verificarlo con ella? ¿No puedes tomar tus propias decisiones?».

> *Las personas maduras consideran cultivar, desarrollar y cuidar los tesoros de las personas con quienes están en una relación.*

El primer hombre no entendía que no era cuestión de que su amigo era incapaz de tomar sus propias decisiones. Era cuestión de ver de qué manera afectaría a su esposa los planes. Pero más que eso, él en realidad quería saber lo que ella pensaba. Él quería su sabiduría y su opinión acerca de los planes. En pocas palabras, *él valoraba los tesoros de ella*. Estos eran importantes para él. Esto no significaba que él era dependiente de su esposa y no podía pensar por sí mismo. Él sabía bien lo que él pensaba. Pero daba un valor tan alto a lo que pensaba su esposa que no quería perderse su perspectiva.

«No querer perderse algo» es una manera buena de pensar acerca de los tesoros del alma de tu pareja. Dios ha dado el uno al otro para conocerse y para compartir. Valorar los tesoros en el alma del otro es no perderse del regalo maravilloso que les ha dado Dios a ambos. Este proceso de valorar los tesoros de otros es algo que hace la gente madura y es parte de ser una persona completa. También reconoce la individualidad y la plenitud de la otra persona. Dice: «Sé que eres una persona también, y estoy interesado en la persona que eres».

LOS ADULTOS ENTIENDEN EL CONCEPTO DE «TÚ NO ERES YO»

El concepto de «tú no eres yo» es uno de los aspectos más importantes de los límites. No somos extensiones del otro. Por el contrario, somos individuos por nosotros mismos. Todos tenemos que superar el egocentrismo básico de la vida, el sentimiento innato de que «el mundo gira a mi alrededor». Existen varios componentes en esta cuestión.

VER AL OTRO COMO UNA PERSONA, NO COMO MI OBJETO

El primer componente es la capacidad de ver a tu pareja como una persona aparte, diferente de ti, con sus propias necesidades y sentimientos. En otras palabras, esta persona no existe solamente para cumplir con tus necesidades. Un niño pequeño se siente de esta manera hacia su madre. Él siente que cada uno de sus deseos deberían de ser una orden para su madre. A él nunca se le ocurre que ella tiene una vida aparte de la de él, o sentimientos diferentes a lo que él necesita en ese momento.

Esta perspectiva es aceptable en un bebé o en un niño pequeño. Pero en un adulto cónyuge puede llegar a deshacer una relación.

> *Todos tenemos que superar el egocentrismo básico de la vida, el sentimiento innato de que «el mundo gira a mi alrededor».*

Sally y Jim vinieron a verme porque tenían «conflictos», como le llamaron ellos. Lo que estaba ocurriendo era que ninguno de ellos podía ver a la otra persona como un individuo. Cuando Sally quería hablar con Jim, ella no podía ver que él había estado trabajando, estaba cansado y quería ir a dormir. Ella interpretaba la necesidad de dormir de Jim como falta de atención hacia ella.

De manera similar, cuando Jim quería que se hiciera algo y no se cumplía el mismo día, él se enfurecía. «¿Dónde está mi camisa azul?» era más una acusación que una pregunta. Él no lograba entender que Sally estuvo ocupada con muchas otras cosas ese día y aún no había hecho lo que él necesitaba.

> Cuando vemos a otros solo en términos de cómo nos afectan a nosotros, estamos en un gran problema.

Cuando vemos a otros solo en términos de cómo nos afectan a nosotros, estamos en un gran problema. Esto es egocentrismo. Reducimos a otros a objetos de nuestras propias necesidades, y no los vemos como personas verdaderas. Y cuando no vemos a la gente como quienes son en realidad, el amor se acaba.

PERMITIR LA EXPERIENCIA DEL OTRO

La segunda manera en que les permitimos a otros existir por sí mismos es permitirles su experiencia. Tenemos que hacer a un lado nuestra propia experiencia y unirnos a la experiencia del otro. Tenemos que entender la experiencia del otro, identificarnos con ella, y tener compasión por la otra persona que se encuentra en ella. La habilidad de hacer esto se llama *empatía*. La empatía es cimiento para la intimidad.

Si no puedo permitir que seas una persona individual, entonces no puedo establecer lazos de empatía contigo. Siempre tomaré tu experiencia como intencional de algo acerca de mí. O reaccionaré a tus sentimientos pensando en mí mismo y no en ti.

Karen y Will tenían este problema. Durante una de sus sesiones, reportaron un incidente en el cual Karen había tratado de compartir sus sentimientos acerca de lo que venía ocurriendo en su relación.

—Recientemente no me he sentido cercana a ti— dijo Karen.

—¿A qué te refieres?– le preguntó Will.

—Me siento desconectada.

—¡Perfecto! ¡Perfecto! —dijo Will—. Lo que hago es trabajar fortísimo y tratar de darte todo mi tiempo y energía y tú ni siquiera lo aprecias. No sé ni para qué hago tanto esfuerzo.

En este momento Karen comenzó a sollozar. Se sentía sola e ignorada. Esto había sido un patrón en su relación. Cada vez que Karen trataba de decirle a Will cómo se sentía acerca de algo, él lo tomaba como una acusación; él no podía escucharla ni solidarizarse con lo que ella experimentaba. No tenía la capacidad de sentir empatía por ella porque no podía superar su egocentrismo. Karen se sentía atascada en sus intentos de conectarse a él a un nivel más profundo.

Tener buenos límites es estar lo suficientemente separado de la otra persona para permitirle tener su propia experiencia sin reaccionar con la tuya. Tal estado claro de individualidad no te permite reaccionar, sino sentir empatía y atención. No permitir que la experiencia de la otra persona pueda ser una causa importante de las discusiones y de sentirse incomprendido.

PERMITIR LA LIBERTAD DE SER DIFERENTE

La tercera manera en que le permitimos a otros existir como individuos es permitiéndoles la libertad de ser diferentes a nosotros. ¿Qué hace una pareja cuando discrepan? Todo depende de lo independiente que sean. Alcanzar la unidad para esta pareja dependerá de cuán cómodos se sientan teniendo al mismo tiempo dos opiniones, temperamentos, gustos o necesidades en la relación.

¿Qué si uno de ellos quiere tener sexo y el otro no? ¿Qué si desean hacerlo con diferente frecuencia? ¿Qué si uno quiere salir y el otro no? ¿Qué si uno quiere una casa grande y el otro quiere ahorrar dinero y evitar la presión económica de una hipoteca más alta? Lo que ocurra va a depender de si la pareja puede tolerar sus diferencias o no.

En un buen matrimonio, los cónyuges valoran las diferencias del otro y las tratan con respeto. Se entienden el uno al otro, se escuchan, razonan, llegan a un acuerdo y a veces hasta ceden a sus propios deseos. Porque existe la «dualidad», la unidad puede desarrollarse.

En un matrimonio en el cual no se les permite a los individuos ser diferentes, las cosas no resultan tan bien. Esposos y esposas se juzgan el uno al otro como «malo» o «mala» debido a las preferencias que tiene cada uno. O ven la diferencia como una ofensa personal o como falta de amor.

Simon tenía este problema con Jeri. A Simon no le gustaba la iglesia a la que asistía Jeri. Él no podía adaptarse a los servicios que ella encontraba tan emocionantes y significativos. Y ella no podía aceptar la preferencia de él.

«Me parece que si de verdad me amara, él querría asistir a la iglesia conmigo», me decía ella durante nuestras sesiones. «No sé por qué me hace esto. Él sabe lo importante que es para mí».

Simon trataba de explicarle que la cantidad de expresionismo abierto en su iglesia era demasiado abrumador para él y que lo hacía sentirse distante de todo. Sin embargo, ella no podía escuchar su diferencia. Para ella, solo significaba que a él no le importaba lo que era importante para ella.

Las diferencias no son malas. Forman parte del producto del cual crece el amor. Las diferencias son las cosas que te gustan acerca de la persona al principio de la relación, ¡y las cosas por las cuales pelean después por el resto de sus vidas! ¿Por qué ocurre eso? Las diferencias son emocionantes y traen un sentido de poder disfrutar algo que no poseemos.

Pero las diferencias nos amenazan si no hemos madurado lo suficiente para ser dos personas completamente individuales. Para la gente inmadura, las diferencias implican distancia, falta de amor, abandono, rechazo, o, en algunos casos, un desafío para que crezcamos. Y bajo esta amenaza, el amor pasa a un segundo lugar para auto protección.

La capacidad para tolerar las diferencias de tu cónyuge es un aspecto importante de los límites en el matrimonio.

APRECIAR LA EXISTENCIA DE LA OTRA PERSONA

—Solo quiero escuchar como la describe ella—, dijo Robert acerca de la clase de baile de Susan.

—Pero tú odias bailar —le dije yo— preguntándome por qué quería escuchar un resumen detallado.

—Solo quiero escucharlo y verlo a través de sus ojos y oídos. Ella lo disfruta de una manera que yo no puedo.

Robert amaba a Susan. Y una de las cosas que amaba acerca de ella era su capacidad para experimentar cosas como el baile a un nivel profundamente sensual. Él amaba la manera en que ella procesaba la vida. En otras palabras, él *apreciaba* su experiencia de la vida. Él amaba su esencia, lo que era ella aparte de él.

Lo fantástico acerca de lo que hizo Robert era que él amaba algo de Susan que *no tenía nada que ver con él*. Ella no estaba de ningún modo cumpliendo con alguna necesidad o interés de él. Ella estaba siendo ella misma, y él estaba obteniendo placer de solamente conocerla y presenciarla. Él la apreciaba justo como era ella, justo por quien era. Incluso cuando ella no le estaba dando nada, ella era importante para él y la amaba.

Otra parte del concepto «tú no eres yo» es la capacidad para ver a otra persona por quién es aparte de lo que queramos o necesitemos de ella, y amar y apreciar a esa persona por quién es. Apreciar la existencia de alguien aparte de ti y aparte de lo que obtienes de esa persona es un aspecto fantástico del amor. Requiere muy buenos límites, la capacidad para ver a la otra persona como distinta y separada de ti; verla como una persona individual, con valor y cosas maravillosas que no tienen nada que ver con gratificarte a ti de ninguna otra manera mas que con aprecio puro. Esta es la alegría que se siente con solamente conocer a una persona. Este maravilloso aspecto del amor es uno de los cuales da el mayor placer a medida que las parejas maduran juntas.

LOS ADULTOS SE RESPETAN LA LIBERTAD EL UNO AL OTRO

La libertad es un prerrequisito del amor. Si alguien nos controla, el amor no es posible. El control resulta en esclavitud, no en amor. La capacidad de cada cónyuge para permitir que el otro sea una persona libre e individual es uno de los sellos de una relación estable.

LIBRE PARA TENER ESPACIO

Rich estaba describiendo su relación con Mary durante una de nuestras sesiones. Él había estado soltero por mucho tiempo. Todos sus amigos habían dado por un hecho que él nunca se casaría. Un abogado exitoso, un tipo espiritual y generalmente una persona buena gente, Rich era lo que muchas mujeres buscaban. Muchas mujeres solteras lo perseguían en vano. Y luego ocurrió.

Se enamoró por completo de Mary. Todo el mundo estaba asombrado, pero también convencidos de que la relación no duraría mucho tiempo. Pero pasaron meses, y luego dos años, y Rich y Mary seguían de novios. Incluso, sus amigos sabían que Rich finalmente «desistiría». Por el contrario, lo que llegó fue un compromiso. Y él cumplió casándose con Mary.

En su descripción de Mary ese día, yo percibía su alegría total de solamente conocerla. Y entonces dijo algo que debería ser un mensaje para todas las personas casadas, hombre o mujer. Él dijo: «Estoy tan agradecido por la manera en que ella no trata de controlarme. Me siento libre para hacer cosas con mis amigos y tengo tiempo para mí mismo y para hacer cosas que me interesan. [A él le encantaban las carreras de automóviles.] Ella me da espacio. Y ella fue la primera novia que hizo eso».

Yo conocía a Mary. Lo que decía Rich era cierto. A ella le gustaba su conexión con Rich, pero ella también permitía que él fuera su propia persona con su propio tiempo y espacio. Y esto no era un sacrificio por parte de Mary. Era parte de su estado completo como persona. Ella también tenía sus propios intereses. Ella era una ávida jugadora de tenis y era voluntaria con diferentes organizaciones durante su tiempo libre. Ella no estaba solamente «dándole a Rich su espacio». Ella estaba exhibiendo su propia libertad y viviéndola recíprocamente con él. Él no se sentía amarrado y ella tampoco.

Proverbios 31 presenta una buena ilustración de este tipo de relación. Describe a una mujer que tiene varias actividades aparte de su esposo y él también tiene lo mismo. Ella sale a comprar y vender, y él está sentado con sus colegas alabándola. Ambos están exhibiendo su propio individualismo, sin embargo continúan profundamente conectados.

Este equilibrio de estar profundamente conectados así como libres para ser individuos es uno de los aspectos más importantes para sentirse completo. Permite el desarrollo y el crecimiento individual de los cónyuges así como el del matrimonio.

Pero muchas personas luchan con permitirse uno al otro ser libres. Funcionan bajo la filosofía de la vieja calcomanía de autos: «Si amas a alguien, déjalo libre. Si te ama a ti, regresará. Y si no, ¡búscalo y mátalo!». La libertad nos suena bien hasta que nos desagrada de alguna manera.

Un buen matrimonio entre dos personas completas es uno en el que mantienen su individualidad y espacio, y esto termina sirviéndoles para fortalecer su relación. Después de que han estado aparte, se reúnen y comparten las experiencias el uno con el otro. Disfrutar de esas experiencias el uno con el otro se suma a la intimidad.

Un matrimonio con problemas es uno en el que un cónyuge ve el tiempo aparte, el estar separado y el espacio como una amenaza. Esta persona puede sentir que estar separado significa falta de amor o abandono. Solo se puede sentir amada cuando está con la otra persona. Por ejemplo, aconsejé a una pareja en la cual la esposa estaba muy molesta y acusaba a su esposo de «no ser cariñoso» porque él quería ir a jugar bolos con un grupo de amigos un día a la semana. Otra persona puede temer que si su pareja tiene cierto grado de individualidad, ella lo dejará o encontrará a otra persona. Tener espacio y sentirse seguro en el amor no concuerda para él.

Tampoco es decir que existe cierta «cantidad» de separación que es buena o mala para todas las parejas. La cantidad tiene que ser negociada con sabiduría para que el «nosotros» no sufra. No hay un absoluto. Pero las parejas que tienen una orientación fundamental hacia la libertad, aquellas que no ven el estar separado como una amenaza, son capaces de resolver esos detalles.

Una de las más exitosas parejas casadas que conozco se sientan juntos al principio del año y deciden la estructura para ese año. Como abogado de la industria del entretenimiento, él viaja muchísimo como parte de su trabajo. Ellos deciden de antemano cuántas noches no va a estar él durante ese año. Por ejemplo, si deciden que el límite son cien noches, ellos le dicen no a cualquier compromiso que haga que el total sobrepase el límite. Observa que digo: «*ellos* le dicen no». Ellos deciden juntos. Asumen que cada cónyuge es libre, luego hablan de cómo usar esa libertad, no de si existe o no.

Sin embargo, la libertad es la más temerosa de todos los privilegios humanos. Adán y Eva usaron su libertad de manera destructiva para pecar contra Dios. De la misma manera, podemos usar la libertad el uno contra el otro. Como nos advierte Pablo: «Les hablo así, hermanos, porque ustedes han sido llamados a ser libres; pero no se valgan de esa libertad para dar rienda suelta a sus pasiones. Más bien sírvanse unos a otros con amor. En efecto, toda la ley se resume en un solo mandamiento: "Ama a tu prójimo como a ti mismo"» (Gálatas 5:13-14). El llamado a la relación con Dios y a la relación el uno con el otro es un llamado a la libertad. Pero esa libertad no ha de usarse para satisfacer el egocentrismo.

Algunos cónyuges usan su libertad para satisfacer sus propios deseos a expensas del matrimonio. Cualquier viaje a la parrilla de la cancha de golf atestigua cuántas mujeres han quedado viudas por el golf ya que sus esposos pasan la mayoría del tiempo «con los muchachos». Las esposas de los pescadores y los cazadores también conocen esto bien así como los esposos de mujeres demasiado comprometidas. Este abuso de la libertad es egoísta y no sirve para el crecimiento y el desarrollo de nadie, y mucho menos para el desarrollo del matrimonio. Cualquier persona se puede volver egoísta y caer de nuevo en el egocentrismo innato que mencionamos previamente.

Así que la advertencia de la Biblia ofrece la mejor solución para ese peligro: «Ama a tu prójimo como a ti mismo». En otras palabras, en tu ejercicio de separación, asegúrate de que estás consciente de la manera en que tu libertad y tu individualidad están afectando a tu pareja. ¿Te gustaría que te traten con desprecio? Definitivamente no. Practica la regla de oro.

Pero recuerda, esta se aplica en ambas direcciones. Tú eres libre para ser individual, ¡pero también eres libre para ser controlador! Nadie te puede detener excepto tú mismo. Así que, si estás tratando de controlar la individualidad y la libertad con la culpabilidad y la prohibición, entonces házte la misma pregunta: ¿Te gustaría ser encarcelado? De nuevo, la respuesta es definitivamente no. La regla de oro es la mejor defensa contra la libertad convirtiéndose en una licencia para ser egocéntrico.

TEMOR SANO A LA REALIDAD

Y si la regla de oro no te hace recapacitar, tal vez el miedo lo haga. He visto a cónyuges controladores dejar de ser controladores cuando el miedo a la realidad, es decir a las consecuencias potenciales, invade sus corazones. La realidad es que los humanos fueron creados y programados por Dios para hacer dos cosas. La primera es para separarse de sus padres y ser independientes del papel paternal de «tutores y administradores» (Gálatas 4:1-2). La segunda es para ser libres (Gálatas 5:1).

Si tú estás controlando la libertad y la individualidad de tu pareja, ya no eres un objetivo de amor. Te has convertido en dos cosas de las cuales tu pareja se rebelará porque es parte del plan de Dios. Te has convertido en el amo de un esclavo, y te has convertido en un padre. El cónyuge no fue planeado para ser ninguna de esas dos cosas.

Si eres un controlador, recuerda el precio que pagarás al final. Tu pareja peleará contra tu control para ser una persona libre y un adulto. Tu pareja fue hecha para ser un individuo, libre de control para que él o ella pudiera elegir traerte esa individualidad y formar un «nosotros». Si eliminas esta libertad, dejan de existir «dos personas» y no pueden entonces convertirse en «un solo cuerpo». Has eliminado el plan. La «unidad» solo será una extensión de ti mismo.

Además, si eliminas esta libertad, ella «dejará» esa función paternal que estás proveyendo y se «adherirá» a otra persona. Los niños, no los adultos, se diseñaron para estar bajo «tutores y administradores». No te conviertas en un padre o madre para tu cónyuge tratando de administrar su libertad. Recibirás una rebelión activa o pasiva a cambio.

Rebelarse contra el control es la motivación detrás de aventuras amorosas y otros problemas. El cónyuge que se siente controlado no es lo suficientemente maduro para defenderse de ese control con límites responsables, y reacciona con una aventura amorosa para «obtener un sentido de libertad». Encuentra a alguien que lo acepta, o por lo menos eso es lo que siente durante la mentira de su relación. La libertad se vuelve asfixiante y la persona cae como una oveja al matadero. Como nos advierte Proverbios de la adúltera: «Con palabras persuasivas lo convenció; con lisonjas de sus labios lo sedujo. Y él en seguida fue tras ella, como el buey que va camino al matadero; como el ciervo que cae en la trampa, hasta que una flecha le abre las entrañas; como el ave que se lanza contra la red, sin saber que en ello le va la vida» (Proverbios 7:21-23).

Las palabras persuasivas son a menudo palabras de adulación y libertad, palabras que le dan «alivio» al sentimiento fastidioso y culpable del control que está recibiendo un esposo o esposa en casa. No te conviertas en este padre fastidioso. Da libertad y requiere el uso responsable de esa libertad en el servicio del amor.

ANHELAR

¿Qué fue lo que los unió en primer lugar? Muchas cosas de seguro, algunas de ellas sanas y otras no. Pero una cosa los unió sin duda. Dios diseñó la relación para combatir el problema que él pronunció cuando Adán no se sentía bien soltero: «No es bueno que el hombre esté solo» (Génesis 2:18).

Dios diseñó a los seres humanos con un anhelo por relacionarse, con un anhelo por unirse y no pasar la vida solos. Todos tenemos este anhelo. Mientras que las personas solteras satisfacen este anhelo con amigos y familiares, la gente casada va un paso más allá; cumplen con parte de este anhelo encontrando una pareja. Dios diseñó el matrimonio para satisfacer en particular este anhelo por una relación, para dar compañía durante el viaje de la vida.

Este deseo de tener compañía tiene que mantenerse en el primer plano de nuestra discusión acerca de la libertad. Si uno de ustedes es controlador, si tú restringes la libertad de tu pareja, se destruye el compañerismo. Pero más que eso, la libertad cultiva la individualidad, el cual es por sí solo *un estado indeseable*. La libertad por lo tanto irónicamente crea el propio anhelo que los unirá una y otra vez. Tienes que incluir la libertad en tu matrimonio para que tengas suficiente individualidad y, por lo tanto, ¡el deseo de unirte con tu pareja para resolver el problema que crea este estado de individualidad!

Esta paradoja es una de las verdades que equilibran el universo de Dios. La individualidad y la unidad van mano a mano. Si tienes demasiada individualidad, no tienes ninguna relación porque te has desconectado demasiado. Sin embargo, si no tienes individualidad, tampoco tienes ninguna relación porque ya no están involucradas dos personas.

Ve por lo tanto la necesidad de la libertad como parte del diseño de Dios, y encuentra el equilibrio correcto entre la unión y la libertad para ustedes dos. Asegúrate de que tienes ambos. Si tienes libertad, tendrás anhelo. Si tienes unión, crearás más amor, el cual dará origen a más libertad para expresar en quién te estás convirtiendo con la otra persona. Los amigos, los pasatiempos, el trabajo y el tiempo aparte son parte de la mezcla. Cultívalos, y estos regresarán a ti una y otra vez.

Capítulo 5

Obtendrás lo que valoras

Yo (Dr. Cloud) no recuerdo cuando fue la primera vez que escuché este refrán, pero he llegado a creerlo: «Lo que toleras es lo que obtienes». En otras palabras, en un mundo imperfecto, la imperfección siempre te buscará, y si la toleras, de seguro encontrarás todo lo que puedas aguantar. Las cosas desagradables buscan el nivel en el cual les permitas existir en tu vida, especialmente en un matrimonio.

Aunque puedes recibir todas las cosas malas que aguantas tolerar, ¿qué de las cosas buenas en un matrimonio? ¿De dónde vienen estas? A menudo vienen del mismo lugar del cual surge la «tolerancia»: *tus valores*. Tanto en el lado positivo como en el negativo, al final lo que valoras es lo que obtendrás. Si valoras algo en una relación, no tolerarás nada que destruya este valor, y buscarás cómo asegurarte de que está presente y creciendo. Y es por estos valores que la relación adopta una identidad y una forma, un carácter propio. Ciertas cosas ocurren en la relación, y otras no. Lo que valoras ocurre y lo que no valores estará ausente. En el matrimonio, por ejemplo, funciona de la siguiente manera:

- 1. No toleraremos nada que viole nuestro valor de la sinceridad.
- 2. Ambos buscaremos cómo desarrollar y aumentar la presencia de la sinceridad en nuestro matrimonio.

Tus valores aseguran que ciertas cosas malas no estén presentes en el matrimonio y que ciertas cosas buenas sí lo estén. Los valores se convierten en la identidad y en los límites protectores del matrimonio.

En el primer capítulo dijimos que un límite es un lindero que define donde algo termina y otra cosa comienza. Tus valores son los límites máximos de tu matrimonio. Lo forman, lo protegen y le dan un lugar para crecer. Los límites dictan cuál va a ser la naturaleza de la relación, qué no va a ser permitido desarrollar en ella, así como qué va a ser cultivado y mantenido. Los valores de tu relación se convierten como en el marco de una casa; le dan forma. Lo que valoras determina el tipo de relación que probablemente tendrás al final.

Por esta razón, queremos introducir en este capítulo los valores que le darán cierta forma e identidad a tu matrimonio, algunos valores que servirán para protegerlo y hacerlo desarrollar en la dirección que Dios quiere.

En 1 Samuel 26:24 la Biblia usa una palabra en hebreo para «valor» que significa «agrandar, elevar, o magnificar». Nuestra esperanza es que harás eso con estos seis valores. Queremos que los conviertas en puntos clave en tu relación. Queremos que los eleves y magnifiques su importancia. Porque si elevan estas cosas, las estiman y las buscan como pareja, creemos que estarán construyendo su relación sobre tierra firme. Y lo que dice Proverbios acerca de la sabiduría será cierto para ti también: «No abandones nunca a la sabiduría, adquiere inteligencia; no olvides mis palabras ni te apartes de ellas» (Proverbios 4:6).

Pero antes de ver los seis valores importantes que queremos que eleves, veamos primero el peor valor que haya existido.

EL PEOR VALOR QUE HAYA EXISTIDO

Estaba hablado con un muchacho un día acerca de su novia. Él estaba considerando casarse, y tenía preguntas acerca de su relación. Varias veces durante la conversación, mencionó algo que ella había hecho o algo acerca de la relación que no lo «hacía feliz a él». Era claro que esto era un tema común para él. Ella no lo «estaba haciendo feliz».

Cuando pregunté, me enteré de que ella quería que él resolviera ciertas cosas de la relación. Él tenía que hacer un trabajo que requería esfuerzo. No era un tiempo «feliz». Cuando tenía que trabajar en la relación era cuando ya no le gustaba estar en ella.

Traté primero de entender cuáles eran exactamente las dificultades, pero entre más escuchaba, más veía que era *él* la dificultad. Si actitud era, «Si no estoy contento, algo malo debe estar ocurriendo». Y su conclusión inmediata era siempre que lo «malo» estaba en otra persona, no en él. Desde su perspectiva, él no era parte del problema y mucho menos parte de la solución. Finalmente llegué al punto en que ya no soportaba escuchar más sus quejas egocéntricas.

—Creo que sé lo que deberías hacer— le dije.

—¿Qué?— preguntó.

—Creo que deberías de comprarte un pececito.

Mirándome como si estuviera un poco loco, me preguntó: —¿De qué estás hablando? ¿Por qué dices eso?

—Me parece a mí que ese es el nivel más alto de relación para el cual estás listo. Olvida la cuestión de casarte.

—¿Qué quieres decir con «el nivel más alto de relación»?

—Bueno, hasta un perro va a demandar cosas de ti. Hay que sacar a un perro para que este pueda hacer sus necesidades. Tienes que andar limpiando tras él. Va a requerir tiempo de ti incluso hasta cuando no quieras dárselo. Un perro puede ser que interfiera con tu felicidad. Mejor te compras un pececito. Un pececito no pide mucho. Pero de una mujer mejor ni hablar.

Ahora teníamos algo de que hablar.

> *La gente que siempre quiere estar feliz y buscan alcanzar esto por sobre todo lo demás son algunas de las personas más miserables del mundo.*

El valor más grande de esta persona era su propia felicidad y su propia comodidad inmediata. Y no puedo pensar de un peor valor en la vida, específicamente la vida que incluye al matrimonio. ¿Por qué? ¿Es esta una actitud aguafiestas? Difícilmente. No estoy recomendando la miseria. Odio el dolor. Pero sí sé esto: *La gente que siempre quiere estar feliz y busca alcanzar esto por sobre todo lo demás son algunas de las personas más miserables del mundo.*

La razón es que la felicidad es un *resultado*. Es a veces el resultado de cuando acontecen cosas buenas. Pero casi siempre es el resultado de cuando estamos en un buen lugar interiormente y de cuando hemos trabajado en nuestro carácter para estar contentos y alegres en cualquier circunstancia en que nos encontremos. La felicidad es el fruto de mucho trabajo fuerte en las relaciones, la carrera, el crecimiento espiritual, o cualquier otro aspecto de la vida. Pero en ningún otro lado es tan cierto cómo lo es en el matrimonio.

El matrimonio es mucho trabajo, punto. No conozco a nadie que haya estado casado por mucho tiempo que no atestigüe eso. Cuando las parejas hacen el tipo de trabajo correcto, trabajo en el carácter, se dan cuenta de que pueden adquirir más felicidad en su matrimonio de lo que creían posible. Pero siempre llega como resultado de pasar por momentos difíciles. Conflictos, temores, y traumas viejos. Rechazos pequeños y grandes, discusiones y sentimientos heridos. La desilusión de que alguien es diferente de lo que nos imaginábamos. La tarea difícil de aceptar imperfecciones e inmadurez que son más significativas de lo uno piensa deberían ser.

Todo esto es normal, y todas estas cosas son factibles. Y si las personas los resuelven, alcanzan de nuevo la felicidad, generalmente una felicidad mejor y más profunda. Pero si chocan contra estas inevitables paredes y tienen la actitud de que este problema está «interfiriendo con mi felicidad», están en un verdadero problema. Se enojarán con la «inconveniencia» de que su felicidad está siendo interrumpida y se negarán a resolver los problemas o dejarán la relación. Si la felicidad es nuestra guía y se va momentáneamente, asumiremos que algo anda mal.

La verdad es que cuando no estamos felices (y es por esto que la felicidad es un valor tan horrible), algo bueno puede estar ocurriendo. Tú puedes haber sido llevado a ese punto de crisis porque ne-

> La verdad es que cuando no estamos felices, algo bueno puede estar ocurriendo.

cesitas madurar, y esa crisis puede ser la solución de la mayor parte de lo que anda mal en tu vida. Si pudieras entender lo que esta situación te está pidiendo aprender, podría cambiar tu vida entera. Por eso es que Santiago nos dice «considérense muy dichosos cuando tengan que enfrentarse con diversas pruebas, pues ya saben que la prueba de su fe produce constancia. Y la constancia debe llevar a feliz término la obra, para que sean perfectos e íntegros, sin que les falte nada. Si a alguno de ustedes le falta sabiduría, pídasela a Dios, y él se las dará, pues Dios da a todos generosamente sin menospreciar a nadie» (Santiago 1:2-5).

Cuando te topas con un problema en el matrimonio, tu felicidad desaparecerá. El mensaje de Santiago es que tú probablemente encontraste una oportunidad para un gran crecimiento, una oportunidad para alcanzar una «condición completa». Ustedes dos pueden resolver sea lo que esté causándoles este problema, y entonces se librarán de él para siempre. Habrán superado lo que haya sido. En ese aspecto no les «faltará nada». Habrán madurado.

Una analogía podría ser una persona que conduce un automóvil y choca con árboles de vez en cuando. Nada grave ocurre, pero sí causa problemas. Él sale de nuevo y choca con unos cuantos árboles más. Finalmente dice: «Ya basta de esto», y vende el automóvil. «¡Odio este automóvil! Sigue chocando contra los árboles». Y piensa que con solo comprar uno nuevo estará contento. Nunca entiende el papel que jugó él en la situación. Piensa que un automóvil nuevo resolverá su problema. Este que tiene ahora *no lo está haciendo feliz*.

No obstante, si se ocupara de la forma en que él conduce el automóvil, se graduaría en chocar contra árboles y llegaría a un lugar donde ya no continuaría teniendo accidentes. Y entonces encontraría la «felicidad» de conducir libre de árboles en su camino. Finalmente sería un conductor «completo», según los términos de Santiago. La felicidad sería el resultado de trabajar duro y superar el problema que le causa dolor. Pero si la felicidad fuera su valor más grande, entonces ocuparse de su manera de conducir puede interferir.

Hay mejores cosas para preocuparse que la felicidad. Y son las cosas que al final producirán la felicidad. No pongas el carruaje delante del caballo. No pienses como un niñito que cree que estar contento hoy es lo único que importa. La gente que piensa de esta manera ve el matrimonio como algo que existe para complacerlos en ese momento, lo cual es una manera egocéntrica y autodestructiva de vivir. Esté dispuesto a trabajar duro ahora para crecer, no importa como se sienta, y la felicidad probablemente te encontrará. No tengas el peor valor que haya existido: «Tengo que estar feliz a toda hora, y valoro eso más que nada. Incluso más que el crecimiento». La felicidad con certeza te eludirá.

Si no es la felicidad, ¿qué deberías de valorar entonces? ¿Qué deberías de magnificar y elevar para que te guíe? Obviamente no podemos decidir todos los valores por ti. Pero sí algunos valores que la Biblia aprecia mucho, y estos valores trabajan para producir grandes límites en el matrimonio. Lo siguiente es una lista de esos seis valores. En los siguientes seis breves capítulos consideraremos más de cerca la manera en que cada uno te puede ayudar a construir un matrimonio que durará.

- 1. Amor a Dios
- 2. Amor a tu cónyuge
- 3. Sinceridad
- 4. Fidelidad
- 5. Compasión y perdón
- 6. Santidad

LA IDEA GENERAL

Existen dos tipos de personas en el mundo: aquellos que se enfocan en lo que quieren, siempre deseando algo pero sin alcanzarlo, y aquellos que se enfocan en lo que se requiere para obtener lo que quieren. Las personas en la última categoría hacen el trabajo, demoran la gratificación, hacen sacrificios y finalmente obtienen las recompensas de su trabajo.

En el matrimonio, si te enfocas en lo que quieres y deseas y solo te sientes enojado y decepcionado porque no lo estás obteniendo, te quedarás atascado ahí. Pero si te enfocas en cultivar el jardín en vez de demandar el fruto, entonces tu jardín producirá una gran cosecha.

Así sucede con los valores. Cultiva los que mencionamos aquí como tu prioridad principal. Trabaja en ellos. *Defiéndete de cualquier cosa en ti o en tu cónyuge que quiera destruirlos*. Esto es indignación justificada, y puede ser que tu matrimonio dependa de ello. Pero también, haz todo lo que puedas para aumentar la presencia de estas cosas. Da tiempo, dinero, energía, enfoque y otros recursos que desarrollen el amor a Dios y el uno al otro, sinceridad, fidelidad, compasión, perdón y santidad. Búscalos con toda la fuerza que ustedes dos puedan reunir. No te fallarán al final.

Capítulo 6

Valor uno

Amor a Dios

Yo (Dr. Cloud) me reuní una vez con una pareja que se había rendido en su relación. Yo sabía que habían llegado a su punto final. Desde su perspectiva, el divorcio era la próxima opción. Al mismo tiempo, yo sabía que sus problemas tenían solución. Ellos sufrían de muchas de las cuestiones que discutimos en el capítulo 4 bajo el tema de que «los dos llegarán a ser un solo cuerpo».

Sentí que primero teníamos que analizar la falta de esperanza de esta pareja.

—¿Alguno de ustedes tiene alguna esperanza para este matrimonio?— pregunté.

—No, no tenemos ninguna–, admitieron finalmente los dos.

Entonces dije algo que los tomó desprevenidos:

—¡Perfecto! Ahora podemos comenzar a trabajar.

—¿Qué quieres decir?— preguntaron asombrados.

Lo que no sabían era que yo sabía que ambos tenían un amor profundo por Dios y que, aunque estaban listos y dispuestos a abandonarse el uno al otro, no estaban listos para abandonarlo a él. Yo confiaba en la fe que le tenían a Dios. Sabía que si pudieran dejar de mentirse a sí mismos acerca de querer cambiar «por la otra persona», podríamos llegar a alguien por quien sí cambiarían: Dios. Así que se los dije.

—Creo que ambos están tan decepcionados el uno con el otro y con su relación, que tienen muy poca esperanza de resolver sus problemas. En realidad, no existe suficiente amor entre ustedes dos para mantenerlos juntos. Me alegro que estén enfrentando esa realidad porque en el fondo ustedes dos los saben. Pero sé algo más acerca de ustedes. Ambos aman a Dios lo suficiente para hacer los cambios que él quiere que hagan, y si hacen eso, les prometo que les irá muy bien en su relación. ¿Se comprometerán los dos a ese tipo de amor? ¿Se pueden comprometer los dos a hacer lo que Dios les pide en este proceso?

Ambos dijeron que podían, pero se sentían desanimados al respecto. Creían que porque Dios está en contra del divorcio, yo les estaba pidiendo que se mantuvieran fieles a él y se mantuvieran en una relación miserable. En cierto sentido, lo estaba haciendo. Pero yo sabía más que eso. Sabía que si podían someterse a los cambios que Dios les pediría que hicieran, el matrimonio mejoraría para ellos. Pero como ellos no podían creer eso, tenían que aceptarlo a base de fe.

Jesús dijo que el mandamiento más grande es amar a Dios con todo gramo de tu ser: «con todo tu corazón, con toda tu alma, con toda tu mente y con todas tus fuerzas» (Marcos 12:30). ¿Por qué colocó este valor por sobre todos los demás?

Aunque podríamos señalar muchas razones, una en particular se relaciona al matrimonio. Cuando amar a Dios es nuestro principio orientador en la vida, *siempre nos estamos adaptando a lo que él requiere de nosotros.* Cuando las cosas se ponen mal en el matrimonio y cuando se requiere algún cambio de nosotros, puede ser que no queramos hacerlo. Puede ser que sintamos que sea injusto que tengamos que cambiar, o puede ser muy difícil o doloroso. En esos momentos, es mucho más fácil solamente complacernos a nosotros mismos. Pero si sabemos que al final es con Dios con quien tenemos que tratar, nos sometemos a esta realidad y a su llamado para que maduremos. Al final, la relación gana.

La pareja «sin esperanza» y yo trabajamos fuerte por un tiempo. Y aprendieron algo. Ella aprendió que a veces quería juzgar a su esposo pero que Dios dijo no. Ella se enojaba muchísimo con su marido, pero se sometía a Dios y cedía a su crítica. A veces el esposo se enojaba tanto con su esposa que él quería responderle con sarcasmo, algo para lo que tenía mucha habilidad. Pero él sabía que alguien superior le estaba pidiendo que se negara ese gusto. Él se sometía a Dios y se callaba la boca.

> Cuando amar a Dios es nuestro principio orientador en la vida, siempre nos estamos adaptando a lo que él requiere de nosotros.

Durante otras disputas él quería rendirse a la tentación para evitar escuchar las quejas que tenía su esposa acerca de él. Odiaba el conflicto. No obstante, aprendió que Dios quería que él escuchara y que no reaccionara de manera defensiva. Él se sometería a Dios y se mantendría en el conflicto hasta resolverlo. Antes, él hubiera recurrido a sus pasatiempos y la hubiera ignorado.

Ella aprendió también que tenía mucha amargura y temores en su propia vida por los cuales culpaba a su marido. Se dio cuenta de que Dios quería que tomara responsabilidad por sentimientos que nunca había superado, así que se sometió a Dios y emprendió el trabajo del cambio. Ella comenzó a sanar.

Recientemente, como un año después de la desesperada conversación mencionada arriba, tuvimos una sesión interesante. Esta pareja no tenía nada que resolver. Les iba tan bien, ¡que no tenían de qué hablar!

Ella estaba tan emocionada que me recordaba a un adolescente.

—¡Estamos divirtiéndonos tanto juntos! Es todo por lo que me había casado con él en primer lugar. Nunca me imaginé que llegaríamos a este punto.

—No puedo creer de lo que me estaba perdiendo —añadió él—. Me encanta estar con ella. Ninguna otra cosa, principalmente el trabajo, en que antes gastaba toda mi energía importan mucho ahora. Solo quiero estar con ella y hablar.

Entonces reflexionamos acerca de la posición en que se habían encontrado un año antes, cuando se había visto todo tan negativo.

—Yo no sabía que hacer —dijo uno de ellos— así que confiamos en ti cuando nos dijiste que había una manera de salir del problema. Y funcionó.

Les aclaré algo. «A ustedes les pudo haber parecido que estaban confiando en mí, pero en realidad no lo estaban haciendo. Yo les estaba diciendo que los caminos de Dios funcionaban y que, si los podían seguir, su relación funcionaría. Ustedes le hicieron ese compromiso a Dios, y ambos cumplieron con el trabajo diario que él les pidió que hicieran. Cuando Dios les pidió que crecieran y cambiaran, ustedes se sometieron a él. Y ahora tienen el fruto que Dios promete. Ustedes tal vez pensaron que estaban confiando en mí, pero yo solamente lo estaba representando a él. Cuando se comprometieron a seguirlo a él y a lo que fuera que él les mostraba, yo sabía que iban a salir adelante».

Fue un momento muy bonito. No tengo duda de que saldrán adelante por el resto de sus vidas. Ahora tienen un amor verdadero entre sí que no tenían antes. Pero llegó como resultado de «amar a Dios». Amaban a Dios lo suficiente para hacer lo que él les pedía, y como resultado, llegaron a amarse el uno al otro. El amor que tienen el uno por el otro ahora es un fruto de amar a Dios.

Es por esto que amar a Dios tiene que ser lo primero. Él nos capacita para cambiar. Nos dice *cómo* cambiar. Y, aún más importante, Dios se convierte en el que nos previene finalmente de estar a cargo. Si tratamos de estar a cargo, lo haremos a nuestra manera, y entonces nuestras propias limitaciones se convierten en las limitaciones de la relación también. Todos necesitamos a alguien superior a quien responder de manera que hagamos los cambios que necesitamos hacer.

Ama a Dios primero, con todo tu corazón, mente, alma y fuerza. Pierde tu vida en él y la ganarás.

Ahora veamos a otros valores que desarrollan matrimonios sanos.

Capítulo 7
Valor dos
Amor a tu cónyuge

Escuchamos mucho acerca del amor, y todos tenemos nuestras propias ideas acerca de lo que el amor significa. Para algunos es el romance, y para otros es la seguridad. Para otros aun es sentirse atraídos a alguna cualidad que otra persona posee, tal como el poder y el éxito. Todos decimos, «Amo eso de ti». Lo que queremos decir cuando decimos eso, es que hay algo en la otra persona que nos satisface de alguna manera, y nos gusta. Todos estos son aspectos maravillosos de amar a otra persona. Celebramos lo que es esa persona. Él o ella añade a nuestra existencia. El amor es parte de la relación.

¿Pero qué ocurre cuando no vemos «lo que amamos» de nuestra pareja? ¿Qué pasa cuando nuestro «amor» desaparece?

El amor que desarrolla a un matrimonio es el tipo de amor que Dios tiene por nosotros. Se llama «ágape». Ágape es el amor que busca el bienestar del otro. Es amor que no tiene nada que ver con la manera en que alguien nos gratifica en este momento. Tiene que ver con lo que es bueno para *el otro*. Es decir, ágape es la preocupación por el bien de la otra persona.

> Ágape es la preocupación por el bien de la otra persona.

Jesús lo dijo de la siguiente manera en el segundo mandamiento más importante: «Ama a tu prójimo como a ti mismo». Cuando hacemos eso, estamos verdaderamente amando a alguien.

¿Qué significa amar a otro «como a ti mismo» en el matrimonio? Significa tres cosas: te identificas tan profundamente con tu pareja que sientes los efectos de tu propio comportamiento en él o ella, piensas primero en cómo mejorar la vida de tu pareja y quieres lo mejor para él o ella aunque la persona no pueda ver lo que es.

Primero, te identificas tan profundamente con tu pareja que sientes los efectos de tu propio comportamiento en él o ella. Cuando la gente hace cosas en el matrimonio que hieren la relación, el egoísmo, y una falta de pensar acerca de cómo ese egoísmo afectará a la otra persona, es casi siempre el origen.

Scott se enojó con María durante nuestra sesión. Cuando él se sentía amenazado, se enojaba y se ponía agresivo mientras se comunicaba con María. Y cuando él se enojaba con ella, ella lo culpaba por algo.

Pero detrás de esa culpa, vi algo que María no estaba mostrando.

Lo detuve a él en medio de su diatriba y la miré a ella.

—¿Qué estás sintiendo?— le pregunté.

—Odio cuando se pone así— me dijo.

—No, ¿qué estás *sintiendo*?— repetí.

Ella perdió el control y comenzó a llorar. Entonces me dijo el gran miedo que siente cuando él se enoja. Ella sollozaba, temblando con miedo.

Lo miré a él y vi algo que nunca había visto en él antes. Se estaba enterneciendo hacia ella. Tenía lágrimas en los ojos. Estaba sintiendo el daño que le estaba haciendo a ella. Se estaba «identificando con ella». En las palabras de Jesús, él la estaba viendo como si ella fuera él.

«¿Te gustaría sentirte de esa manera?» le pregunté a él.

Él la miró con vergüenza y empatía. «No lo sabía. Perdón».

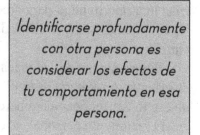

Identificarse profundamente con otra persona es considerar los efectos de tu comportamiento en esa persona.

Tal vez por primera vez en su matrimonio, él logró ver más allá de su comportamiento, hacia *los efectos de este*. Estaba viendo lo que era estar en el otro extremo de una relación con él. Estaba viendo la vida a través de los ojos de su esposa. La estaba viendo «como si ella fuera él». ¿Le hubiera a él gustado ser tratado así? Sin duda que no. Y cuando él comenzó a enfocarse en cómo se sentiría él si estuviera recibiendo el efecto de sus acciones, cambió su comportamiento.

Identificarse profundamente con otra persona es considerar los efectos de tu comportamiento en esa persona. Es salir del egocentrismo de solo actuar para complacerse a uno mismo. Amar a alguien «como a ti mismo» es ponerte en el lugar de la otra persona y ver como se siente ser ella. Esto te ayuda a buscar lo mejor de la otra persona porque te pone en contacto con su vida y como se siente ser ella, especialmente como se siente estar en una relación contigo.

¿Cómo te gusta que te traten a ti? ¿Te gustaría que tu cónyuge te haga a ti lo que le estás haciendo a él o ella? Esta identificación con la experiencia del otro se llama empatía.

Segundo, amar a tu pareja como a ti mismo significa que piensas en hacer la vida de esta persona mejor. Piensas primero en cómo sería estar en la situación o estado de vida que está ella. ¿Qué te gustaría entonces si estuvieras en esa situación? Si has estado trabajando fuerte todo el día con varios niños, ¿qué te gustaría de tu pareja? ¿Qué tal un poco de alivio? ¿No se sentiría muy bien eso?

¿Qué tal otros problemas grandes de la vida? ¿Cómo te sentirías si no tuvieras la oportunidad de desarrollarte a ti mismo y a tus talentos? Te sentirías estancado y viejo. Querrías una oportunidad para crecer y desarrollarte. Querrías a alguien que te diera la libertad y los recursos para hacer eso también.

Piensa acerca de las peleas matrimoniales que este tipo de orientación evitaría instantáneamente. Cuando un cónyuge quiere tomar un poco de dinero del presupuesto para invertir en el crecimiento personal, se convierte esto en un esfuerzo a equipo porque ambas personas sienten el efecto de la necesidad de esa persona. Sientes la necesidad de esa persona como si fuera tuya (empatía), y haces el sacrificio para cumplirla. También encuentras alegría en la felicidad y la realización que ella encuentra.

Tercero, y este es el más difícil de entender, amar a tu pareja como a ti mismo significa que quieres lo mejor para él o ella aunque la persona no pueda ver lo que es. Puede ser una confrontación difícil o una terapia en la vida de tu cónyuge. Un buen ejemplo de esto es cuando una persona organiza una intervención para su pareja adicta a alguna sustancia y la lleva a ser tratada aunque esta persona no entienda que es algo bueno para su vida. O, puede significar una necesidad de crecimiento espiritual y una persona trata de acercar a su pareja a Dios. O, puede significar un alivio de los deberes como cuando un cónyuge busca trabajo para aligerar la cantidad que tiene el otro. El concepto clave es que esto se hace por el beneficio del otro, no por el de uno mismo. Una intervención es *para el adicto*, incluso si toda la familia se beneficia.

Este tipo de amor puede que te cueste. Te puede molestar. Puede ser difícil para ti. Pero si fueras la otra persona, sería bueno. Y amarla como a ti mismo significa que quieres lo mejor para tu cónyuge tan desesperadamente como lo querrías para ti.

COMPROMISO

Además de estar basado en empatía, este amor está basado en el compromiso. Esto de nuevo se ve mejor en el tipo de amor que Dios tiene por nosotros. La palabra de Dios para este tipo de compromiso es pacto. Al hacer un pacto con nosotros, Dios nos promete que está comprometido con nosotros, y él no rompe sus promesas.

«No te dejaré ni te abandonaré», dice él (Josué 1:5; ver Hebreos 13:5). La palabra griega que usa la Biblia para «abandonaré» es una palabra que significa «desertar o dejar». Comprometerse con alguien significa que estarás ahí y permanecerás ahí, incluso cuando las cosas se pongan difíciles. ¿Por qué es esto tan importante?

Si alguien no está comprometido a un matrimonio, cuando el matrimonio se dificulta, él o ella se siente tentado a dejar el matrimonio en vez de solucionar el problema. Si irse es una opción, ¿por qué pasar por el dolor? ¿Para qué hacer el esfuerzo? Un problema en una relación es casi siempre una señal de que ambas personas necesitan crecer y cambiar, y sin el compromiso, eludir es a menudo el camino más fácil. Algunos no se van físicamente, pero sí se van emocionalmente. Abandonan la relación sacando a su corazón de ella.

Pero como lo hemos visto anteriormente, tener paciencia y someterse a los cambios necesarios a menudo resulta en grandes recompensas. El problema es que un corredor nunca puede ver la meta a medio camino del maratón y frecuentemente solo el compromiso de terminar la carrera puede mantener al corredor determinado en seguir. En la vida, el compromiso provee el tiempo, la estructura y la seguridad que se necesitan para que se lleve a cabo el cambio.

Para usar otra metáfora, una relación a veces tiene que soportar cirugía profunda para mejorar. ¡Imagínate una cirugía sin compromiso! ¿Qué si un paciente decidiera en medio de un bypass de corazón levantarse de la mesa de operaciones? Moriría antes de que terminara la operación que le salvaría la vida. En el matrimonio, Dios a menudo quiere hacer cirugía que salvaría la vida de la relación pero el paciente se levanta de la mesa de operaciones antes de que se complete la operación. El compromiso mantiene al paciente acostado en la mesa hasta que se complete la cirugía.

El compromiso también provee algo necesario para el crecimiento: la seguridad. Sin la seguridad que provee el compromiso las parejas saben a nivel profundo que si no cumplen con cierta expectativa, podrían ser «abandonados». Esta inseguridad le abre paso a una gran cantidad de cánceres que detendrán el crecimiento. Ansiedad de desempeño siempre inhibe al verdadero cambio.

Tenía un compañero universitario que era un buen chico pero sufría de mucha inseguridad. Él siempre estaba tratando de impresionar a las personas y no era alguien que yo sentía como «real». Como diez años después, lo vi en la boda de otro amigo, y me asombré del cambio que vi en él. ¡Era tan diferente! Estaba relajado y era mucho más fácil de estar en su presencia. Lo invité a cenar y hablamos de la forma en que cada uno de nosotros había cambiado en el transcurso de una década.

A medida que él hablaba, mi amigo atribuyó su crecimiento a su matrimonio. El punto clave en su cambio, me dijo, era el compromiso. Como lo explicó él: «Es una vida completamente diferente cuando sabes que la persona que te ama nunca se va a ir. Te cambia a un nivel muy profundo». ¡Qué testimonio más bonito del poder del compromiso!

El compromiso impulsa la *necesidad* de crecer así como la *seguridad*. Si vas a estar con alguien a largo plazo, es mejor resolver las cosas; sino, ¡serás miserable sin duda! El compromiso a menudo nos guía hacia la resolución.

ACCIÓN

Sin acción, dice Santiago, la fe está muerta (Santiago 2:17). No existe ninguna fe que no produzca acción. Lo mismo aplica al amor. El amor no es solamente un sentimiento o un cariño por una persona. El amor es una expresión de ese cariño. El amor que trae buenos límites a un matrimonio es el amor que también trae acción a esa relación.

Entre más familiarizados estén con alguien, más perezosa se vuelve la persona. Usualmente, en las primeras etapas de un noviazgo, la pareja trabaja duro para expresar y demostrar su amor el uno por el otro. No obstante, conforme la relación avanza y se establece el vínculo, uno o ambos comienza a «trabajar menos» en mostrar, expresar y dar amor. Se acostumbran al mutuo «dar al otro por seguro».

El verdadero amor no permite ser olvidado. Cuando se comienza a olvidar, se hace un llamado a la acción, un llamado para reavivar la llama. Como dice Jesús de nuestra relación con Dios, «vuelve a practicar las obras que hacías al principio» (Apocalipsis 2:5). Conozco un marido que le escribe a su esposa una notita todos los días, comunicándole algo de ella que él valora y aprecia. Él vincula la nota a una acción específica que la ha visto hacer. Es activo en comunicar su amor de esta manera. La necesidad de tomar acción en una relación amorosa nunca desaparece.

UNA IMAGEN

El amor es el fundamento del matrimonio: amor por Dios y por otra persona. Se expresa a sí mismo en buscar lo mejor para la otra persona sin importar si se lo merece o no. Coloca a la otra persona por sobre nuestras propias necesidades egoístas. Sacrifica, da y sufre. Capea dolores y temporales para la preservación del pacto a largo plazo. Se preserva a sí mismo como si estuviera peleando por su propia vida. Y al final, eso es exactamente lo que ocurre, ya que la intención del amor y la vida era ser compañeros desde el principio de la creación.

Haz del amor el valor principal en tu matrimonio, y es probable que te devuelva el compromiso que le haces. Te lo pagará multiplicado por mucho más, más de lo que pensabas posible. Porque al final, el amor es el poder más fuerte disponible:

> El amor es paciente, es bondadoso. El amor no es envidioso ni jactancioso ni orgulloso. No se comporta con rudeza, no es egoísta, no se enoja fácilmente, no guarda rencor. El amor no se deleita en la maldad sino que se regocija con la verdad. Todo lo disculpa, todo lo cree, todo lo espera, todo lo soporta. El amor jamás se extingue (1 Corintios 13:4-8a).

Ninguno de nosotros es capaz de cumplir por completo con esta descripción del amor, sin embargo mientras lo intentamos, el amor servirá como un límite poderoso contra todo tipo de mal. Protegerá tu relación y te dará muchísimas recompensas por todo lo que inviertas en su poder perdurable.

Capítulo 8
Valor tres
Sinceridad

Rachel acababa de recibir otra mala noticia. Su automóvil no estaba pago como su marido Richard, le había dicho; estaba furiosa. Esta era otra en una larga lista de maneras en que él la había engañado acerca de su estado financiero. Primero habían sido los pagos tardíos de su hipoteca. Luego eran préstamos que ella desconocía que él había pedido a amigos. Después varias cuentas no pagadas que creía se habían pagado. Ahora esto, después de reasegurarle tanto que estaban encaminados económicamente de nuevo.

«Solamente necesito saber la verdad», me explicó ella. «Puede encargarme de lo que sea. Eso es lo que él no entiende. Si solamente me dijera la verdad. Yo podría escucharla. Pero no puedo seguir estresándome con todas estas sorpresas. Las mentiras me están matando».

Ella no me lo tenía que decir. Yo sabía que era valiente para resolver problemas y que se hubiera unido a Richard, siendo una compañera de equipo leal participando en tratar de solucionar sus dificultades financieras.

Pero él no sabía eso, tenía miedo de contarle el alcance de sus dificultades financieras porque tenía vergüenza

> El acto de mentir es mucho más dañino que las cosas por las cuales se está mintiendo.

de cómo andaban las cosas en su trabajo de ventas. No le iba bien en el trabajo y se sentía demasiado mal para hacérselo saber a su esposa. Subestimó el poder de la decepción para minar una relación. Ella se enfurecía más y más cada vez que se enteraba que le había dicho algo que no era cierto. Como lo resumió ella: «Simplemente no lo conozco. Creo conocerlo pero luego me doy cuenta de que no».

La decepción daña una relación. El acto de mentir es mucho más dañino que las cosas por las cuales se está mintiendo porque la mentira mina el conocimiento entre el uno y el otro y la conexión que existe entre la pareja. El momento en que entra la decepción es el momento en que termina la relación. Como me dijo una vez una persona acerca de su prometida: «Creo que me ha contado todo lo que me tiene que contar y luego me entero de alguna cosa con la que no ha sido completamente sincera». Al final terminó suspendiendo la boda porque su confianza en ella se había deteriorado.

> *Cualquier cosa, grande o pequeña, es perdonable y capaz de ser resuelta en una relación, excepto la decepción.*

Las parejas se engañan entre sí de muchas maneras. A veces los cónyuges mienten acerca de cosas pequeñas tal como gastar demasiado dinero. Otras veces mienten acerca de cosas serias tal como aventuras amorosas. En nuestra manera de pensar, cualquier cosa, grande o pequeña, es perdonable y capaz de ser resuelta en una relación, excepto la decepción. La decepción es la única cosa que no se puede resolver porque esta niega el problema. Es el único pecado imperdonable de una relación porque hace el perdón inalcanzable.

ALGUNAS GUÍAS

Nosotros creemos en la sinceridad total. Pero, la sinceridad tiene que ir mano a mano con los otros valores que hemos discutido. La sinceridad sin amor y sin compromiso puede fácilmente deshacer una conexión débil. La sinceridad sin el perdón puede hacer lo mismo. La sinceridad sin un compromiso hacia la santidad no le da al cónyuge ofendido una razón para tener esperanza de que el problema no volverá a ocurrir.

Aquí hay algunas aspectos en que se les hace difícil a las parejas ser sinceras:

- Sentimientos
- Desilusiones
- Deseos, gustos, aversiones
- Dolores
- Enojo y odio
- Sexo
- Pecados
- Fracasos
- Necesidades y vulnerabilidades

INTIMIDAD MÁS PROFUNDA

Christy y Dennis habían estado casados por cinco años. Él amaba la relación que tenían. Para él, todo andaba bien. Pero en realidad, las cosas estaban lejos de estar bien. Christy se sentía sola, insatisfecha, y emocionalmente alejada. Se sentía como si hubiera estado muriendo lentamente.

Aunque nunca le contó esto a Dennis. Todo el mundo quería a Dennis y pensaban muy bien de él. Era un «tipo tan buena gente» y tan buen proveedor que ella sentía que su deseo por algo más profundo era una señal de que algo andaba mal con ella.

Sin embargo, aún anhelaba algo más. Sus fantasías acerca de otra relación más satisfactoria aumentaban, nunca hubiera tomado acción para cumplir estas fantasías, pero sí deseaba que lo que tenía con su esposo fuera diferente. Quería más pasión y más emoción. Cada vez que le insinuaba algo a Dennis acerca de cómo se sentía, él sutilmente pasaba por alto sus sentimientos y trataba de superar la infelicidad de su esposa siendo más «amable» con ella. Pero esta «amabilidad» estaba volviendo loca a Christy. A veces deseaba que se enojara con ella para poder sentirse más viva. Lentamente su humor alrededor de él se volvió adulador.

Un día, finalmente, no aguantó más. «¡Odio nuestro matrimonio!», gritó. «¡Odio todo acerca de él!».

Dennis estaba completamente asombrado. ¡Aturdido! No podía creer lo que decía su esposa. Comenzó a decirle lo maravilloso que de verdad era su matrimonio y cuando lo hizo, ella se enfureció más. Finalmente Dennis se dio cuenta de que estaban en un gran lío y estuvo de acuerdo en obtener ayuda.

Durante nuestras sesiones, Christy fue totalmente sincera con Dennis. Habló acerca de su falta de pasión y de cómo su «amabilidad» la hacía sentir como si él no tuviera ningún otro sentimiento. Fue completamente sincera por primera vez acerca de sus resentimientos y sus más profundas necesidades.

Durante las primeras sesiones de consejería, Dennis continuó con su acostumbrado estilo de tratar de cuidarla. Trató de apaciguarla siendo dulce y buena gente pero esto no era lo que ella quería. Deseaba conocerlo más, conocer sus sentimientos, sus gustos y disgustos, su alma. Estaba finalmente quejándose en voz alta.

Y entonces sucedió. El panorama ya se había establecido con Christy como la «protestona» y Dennis enfrentando el juicio. Pero algo diferente aconteció un día. Dennis explotó. El Sr. Buena Gente le dijo a Christy lo que tenía que decirle. Expresó su enojo por tratar de complacerla pero sintiendo que nunca era suficiente o hecho de la manera correcta. Habló de su deseo de que lo quisiera de la misma manera como él la quería, algo de lo que ella estaba completamente inconciente. Derramó todas sus fantasías secretas acerca de ella y cómo nunca había sentido que ella estuviera verdaderamente interesada en deseos profundos.

Ahora era Christy la que estaba aturdida. En vez de ponerse a la defensiva, cayó en los brazos de su esposo. Se sentía aliviada de que existía una verdadera persona dentro del Sr. Buena Gente. La sinceridad había creado una conexión verdadera. Desde este momento en adelante, establecieron la conexión que ambos anhelaban.

> *Las parejas frecuentemente viven años de falsedad tratando de proteger o salvar la relación mientras que en realidad destruyen cualquier oportunidad de tener una relación verdadera.*

La intimidad surge de «conocer» a la otra persona a nivel profundo. Si existen obstáculos para la sinceridad, se elimina el conocimiento y lo falso se apodera. Como nos dice Pablo en la Biblia: «Por lo tanto, dejando la mentira, hable cada uno a su prójimo con la verdad, porque todos somos miembros de un mismo cuerpo» (Efesios 4:25). Las parejas frecuentemente viven años de falsedad tratando de proteger o salvar la relación mientras que en realidad destruyen cualquier oportunidad de tener una relación verdadera.

No podemos enfatizar suficientemente la importancia de ser capaces de intercambiar el uno con el otro los más profundos sentimientos, necesidades, dolores, deseos, fracasos o cualquier otra cosa en tu alma. Si tú y tu cónyuge se pueden sentir lo suficientemente seguros en tu matrimonio para ser totalmente vulnerables, si pueden desnudar sus almas frente al otro, entonces puede regresar tu matrimonio a una condición de paz y armonía. La verdadera intimidad es la cosa más cercana al cielo que podemos conocer.

POR UNA RAZÓN

La mayoría del tiempo, en matrimonios bastante estables, la decepción se presenta por razones «defensivas». En otras palabras, el cónyuge deshonesto a menudo miente no por razones malvadas, sino para protegerse a sí mismo. Los temores son lo que conducen a la decepción. Esto no excusa la mentira, pero sí complica la situación. Para que los cónyuges puedan decir la verdad completa, tienen primero que superar sus temores.

Aquí hay algunos temores comunes:
- Temor de acercarse y ser conocidos
- Temor de abandono y pérdida de amor si se dan a conocer
- Temor de ser controlados y poseídos si se dan a conocer
- Temor de ser visto como una persona «mala» y no lo suficientemente buena si dan a conocer alguna parte de ellos
- Temor de sus propios deseos, necesidades y sentimientos

Este libro no va a tratar con todos tus temores. Hemos escrito otros libros acerca de ese tema, *Cambios que curan* y *Hiding from love* [Esconderse del Amor]. Pero sí te diremos que para vivir una vida de total sinceridad tendrás que resolver los problemas profundos que se presenten en el camino.

Lo que puedes hacer en tu matrimonio es hacer un compromiso total entre ustedes dos para:

- 1. Tener suficiente cortesía para decir la verdad. Promete que nunca castigarás a tu pareja por ser sincera. Esto no significa que no habrá consecuencias, pero el castigo, la vergüenza y la condena no deberían de ser parte de esas consecuencias.
- 2. Darse el uno al otro total libertad para cuestionar y confirmar cosas el uno con el otro. No te ofendas por la necesidad de tu cónyuge de tener que entender ciertas cosas que no encajan. No contestes defensivamente: «¿Qué? ¿No confías en mí?».

- 3. Vigílense el uno al otro cuando ves a tu pareja siendo deshonesta. Esto incluso puede ser inofensivo y divertido, pero manténganse sinceros el uno al otro.
- 4. Conviértete en un socio en la vida de tu pareja para sanar los temores subyacentes de ser sincero. Si el problema de tu pareja es el abandono, por ejemplo, muéstrale que no la vas a tratar como la persona que la abandonó en el pasado.
- 5. Toma responsabilidad por tu propia deshonestidad y los temores subyacentes, y comprométete a resolverlos. Conviértete en una persona de la verdad, y encuentra a otra persona aparte de tu pareja que te haga responsable. Busca a un amigo que te pueda decir la verdad cuando tienes miedo de escucharla.
- 6. Usa el discernimiento. Aunque la sinceridad total es lo ideal, no toda relación está lista para el conocimiento completo o para ser conocida. Algunas verdades no están listas para ser resueltas aún. Algunas personas son demasiado frágiles o se encuentran en circunstancias especiales y necesitan ayuda para solucionar ciertas cosas, o el momento no es el correcto. Usa la sabiduría para saber que lo puede soportar tu relación y para lo que no está preparada. Busca otros recursos, tales como la consejería, el tiempo u otras personas, que se pueden necesitar para que funcione la sinceridad.

Si ustedes han de desarrollar una relación fuerte, háganse un compromiso el uno al otro de sinceridad total. Pero recuerden, la sinceridad debe acompañarse con suficiente gentileza para escuchar y ocuparse de la verdad que esta trae. Dios siempre nos pide que seamos sinceros

> *La sinceridad debe acompañarse con suficiente gentileza para escuchar y ocuparse de la verdad que esta trae.*

con él debido a la gracia que tiene él por nosotros, así que tienes que ser capaz de tratar y aceptar la verdad expresada a ti también. Hablen acerca de cómo este valor puede convertirse en el cimiento de todo lo que hacen juntos, y luego protéjanse contra la decepción y crezcan en sinceridad. Esto les recompensará muchas veces.

Capítulo 9
Valor cuatro
Fidelidad

Considera las siguientes palabras:

- Confianza
- Confianza en sí mismo
- Seguridad
- Convicción
- Fidelidad
- Verdad
- Certeza
- Permanencia
- Descanso

Ahora pon estas palabras en el contexto de un matrimonio:

- Confíen el uno en el otro
- Tengan confianza en sí mismos
- Estén seguros del carácter y la fiabilidad del otro
- Tengan convicción de su habilidad de confiar el uno en el otro
- Estén seguros de la fidelidad del otro
- Sean sinceros el uno con el otro
- Tengan certeza el uno del otro

- Sean constantes el uno para el otro
- Descansen el uno en el otro

Todas estas palabras dan una pista de lo que es la fidelidad. *Un cónyuge fiel es uno en el que se puede confiar, depender y creer, y uno en quien se puede descansar.*

Nuestra noción de la fidelidad en el matrimonio es a menudo demasiado superficial. Casi siempre la consideramos solamente en el dominio físico. Sin embargo, en muchos matrimonios los cónyuges son físicamente fieles pero no emocionalmente. Son fieles con sus cuerpos, pero no con sus corazones. No pueden depender el uno del otro de las maneras recién enumeradas. Existe poca confianza, poca certeza, poca seguridad. Especialmente en los círculos religiosos, la gente piensa que si no están durmiendo con otra persona que no sea su pareja, están siendo fieles.

> *Nuestra noción de la fidelidad en el matrimonio es a menudo demasiado superficial.*

Pero la fidelidad significa ser confiado en todos los aspectos, no solamente el sexual; ser confiado en cuestiones del corazón así como en las del cuerpo. Serle fiel a tu pareja significa que se puede depender de ti para que hagas lo que prometiste, para que cumplas con lo que tu pareja te encomendó. Significa que tu cónyuge puede estar seguro de que cumplirás con lo que prometiste. Podría ser mantenerse sexualmente fiel, ¡pero también puede ser hacer tareas del hogar fielmente! Podría ser mantenerse dentro del presupuesto mensual y llegar a casa cuando dices que lo vas a hacer. Podría ser intercambiar sentimientos sin miedo de represalia o condena.

Una de las palabras que la Biblia usa para confianza (la palabra hebrea *batach*) significa tener tanta confianza en sí mismo que puedes ser «descuidado». En otras palabras, no tienes porqué preocuparte. Estás tan «ocupado de» que no tienes que cuidarte de ti mismo. Confías que lo que se prometió será cumplido. Los niños se recogerán de la guardería. La leche se comprará. El pago se hará. La cita se cumplirá. Puedes descansar con el conocimiento de que lo que tiene que hacerse se hará. Esta es la imagen hermosa de la fidelidad.

LO QUE DISTANCIA A LAS PERSONAS

La fidelidad, por supuesto, también significa que no te apartarás de la persona que amas. El adulterio físico significa entregarte sexualmente a otra persona. Pero puedes cometer adulterio emocional también; puedes tener una «aventura del corazón». Una aventura del corazón significa tomar aspectos de ti mismo e intencionalmente mantenerlos lejos del matrimonio.

Esto no significa que no puedes tener profundas, sanadoras y compasivas relaciones emocionales con otra personas. Nosotros profundamente creemos en el poder de los amigos para sanar, sustentar y apoyar. A veces, de hecho, necesitas a otros para que te ayuden a encontrar la plenitud para ser capaz de acercarte a tu pareja. Un amigo, un consejero o un grupo de apoyo te puede ayudar a sentirte más seguro y a aprender a confiar más, y esto se transfiere a tu matrimonio.

De lo que estamos hablando aquí es de cuando usas otras cosas de la vida, sean o no las relaciones, para evitar a tu pareja. La presión del trabajo mantiene alguna parte de ti separada de tu pareja. Un pasatiempo toma más tiempo y más energía que tu matrimonio. O una adicción se vuelve más importante que la persona con quien estás comprometido.

Los «objetos» de la infidelidad son varios. Algunos son personas, algunos no. Pero sea lo que sea estos interfieren con la relación entre tú y tu cónyuge. Alguna parte de ti evita la relación. No nos estamos refiriendo a las situaciones en las cuales eres incapaz de llevar ciertas situaciones a la intimidad

matrimonial o en las cuales la relación no es lo suficientemente segura para ciertos aspectos de tu personalidad. Esta
dinámica se trata de intencionalmente separarse uno mismo
en dos personas, una de las cuales no está conectada al matrimonio.

Esto ocurre comúnmente en un matrimonio donde hay
un conflicto o una necesidad para crecer y uno de los cónyuges no está enfrentando esa necesidad. Para evitar el conflicto
y la pareja, este cónyuge usa alguna relación «externa».

Leigh y Charlie habían estado casados por diez años. La
mayoría de las personas hubieran dicho que ellos tenían un
«buen matrimonio». Se llevaban bien con otras parejas y eran
los amigos favoritos de todos. Ambos eran personas diverti-
das e interesantes.

Pero una dinámica los separó y los mantuvo así por varios años. Leigh controlaba y criticaba a Charlie, por lo que
éste evitaba a Leigh. Esta combinación los estaba separando
a un nivel profundo.

La «separación» vino del control que tenía Leigh sobre
Charlie. Cuando ella se sentía insegura, le comenzaba a recordar todas las cosas que no había hecho, o le decía las maneras en que creía que él podía ser una persona mejor.

El «alejamiento» provino de Charlie. Debido a que sentía
mucha vergüenza y temor a la crítica, no podía ir directamente adonde ella y hablarle. Se ponía o defensivo o decía que
estaba de acuerdo con ella solo para después alejarse emocionalmente. Ella creía que las cosas andaban bien cuando él decía que «se esforzaría más», se sentía escuchada y entendida
cuando le decía que estaba de acuerdo acerca de lo «malo»
que era. Esto la calmaba al sentirse falsamente segura.

La verdad era que Charlie estaba regresando a una adicción, acudía a dos fuentes de gratificación para obtener lo que
no obtenía de Leigh: a la pornografía en revistas, videos, y en
el Internet. Y coqueteaba con algunas mujeres atractivas en el
trabajo.

Charlie encontraba alivio en estos escapes. Leigh estaba disgustada con él; sus relaciones fantasiosas no lo estaban ayudando. Él fantaseaba acerca de las mujeres en las revistas, acerca de cómo lo amaban y lo adoraban y la manera en que él las emocionaba. Se sentía tan bien cuando las mujeres en su trabajo elevaban su ego y lo hacían creer que era maravilloso. Entonces, en lo profundo de su corazón, comenzaba a resentir a Leigh por fallar en no verlo de la misma manera en que lo veían estas mujeres. ¿Por qué no lo apreciaba ella de la misma manera que lo hacia el resto de la gente?

En realidad, Charlie era infiel. Llevó su corazón a una adicción para ocuparse con lo que debería de solucionar directamente con Leigh, tenía una doble vida. Trataba de complacerla externamente, pero interiormente llevaba sus necesidades y deseos a su vida de fantasía. Estaba separado, y esto evitaba que la pareja resolviera sus problemas.

Cuando finalmente llegaron a buscar consejería, ambos tuvieron que enfrentar su infidelidad. Leigh no era fiel con lo que se le había encomendado, el corazón de Charlie. Como vimos previamente, Charlie no era fiel hacia Leigh porque llevó a su corazón fuera de la relación hacia sus adicciones. Leigh tenía que aprender a ser más segura de sí misma y no tan condenadora. Charlie tenía que aprender a resolver sus problemas directamente y a curar su infidelidad.

SIN EXCUSAS

Muchas veces uno de los cónyuges, como Charlie, justificarán la infidelidad con la falta de seguridad de la otra persona. «Bueno, si ella no hubiera sido tan crítica, no hubiera tenido que recurrir a otra persona para encontrar amor». O, una esposa que tuvo una aventura amorosa dirá, «Bueno no hubiera ocurrido si él hubiera cumplido con mis necesidades».

Nada está más lejos de la verdad. Un acto de infidelidad es algo que una persona hace, no dos. Como dice la Biblia acerca de Dios, «si somos infieles, él sigue siendo fiel, ya que no puede negarse a sí mismo» (2 Timoteo 2:13). Dios no nos es infiel si no lo amamos correctamente. Él se mantiene fiel sin importar lo que nosotros hagamos. El matrimonio requiere esto también. No permitas que los fracasos en el amor de tu pareja sean una excusa para la infidelidad.

Para resumir, comprométanse el uno al otro, no permitan que nada interfiera con su relación. Sean dignos de confianza, fiables, fieles sexual y emocionalmente. (Pocas cosas son tan devastadoras en la vida para todas las personas involucradas que la infidelidad matrimonial. Si una aventura amorosa aparenta valer la pena, corre como el viento y busca a un amigo en el que confíes para que te haga entrar en razón. Si estás a punto de comenzar una aventura amorosa, estás a punto de destruir a muchas personas, y necesitas ser rescatado. Ver Proverbios 2:16-19; 5:3-20; 6:23-35).

> *No permitas que los fracasos en el amor de tu pareja sean una excusa para la infidelidad.*

Si luchas con querer llevar alguna parte de ti mismo a alguien o a algo que no es tu pareja, descubre el porqué. Tus acciones pueden ser buenas; tu pareja no se puede identificar con todas tus facetas. Los diferentes intereses y aspectos de la identidad personal previenen que los cónyuges se puedan identificar por completo el uno con el otro. Una persona no puede ser todo lo que necesitas en esta vida. Los amigos se pueden identificar con algún aspecto de tu personalidad mejor que tu pareja. Esto está bien. Por ejemplo, puede ser que te guste esquiar, pero tu cónyuge lo odia. Busca algunos amigos con quienes esquiar mientras tu pareja participa de las actividades que disfruta y tú no. Un círculo de amigos puede completar tu vida.

Lo que no está bien es usar alguna codicia para mantenerte separado y distraído para integrar tu corazón a tu compromiso. La duplicidad es alejar tu corazón del matrimonio y llevarlo a otro lado. Esto es la infidelidad, en el amor o de hecho. Como dice Dios: «pero el que se mantenga firme hasta el fin será salvo».

En el próximo capítulo veremos los valores que unen al resto de los valores.

Capítulo 10
Valor cinco
Compasión y perdón

Yo (Dr. Cloud) estaba presentando un seminario y le pedí a la audiencia de parejas casadas que hicieran una pausa y pensaran en su cónyuge. Les dije que pensaran en todas las cosas maravillosas que aman de su pareja y que se concentraran en lo increíble que es esa persona y en lo mucho que la aman. «Consideras las características maravillosas que admiras y que te atrajeron a esa persona. Permite que esos sentimientos te llenen», les dije.

Entonces, después de que se sentían todos emocionados y enamorados de nuevo, le pedí a cada persona que se volviera hacia su cónyuge, al que idealizaba en ese momento, y repitieran después de mí: «Cariño, soy un pecador. Te fallaré y te heriré».

Se podía percibir lo desconcertados que se sentían todos. En solo un momento, pasaron de lo ideal hacia lo real. Algunos comenzaron a reírse a medida que fueron entendiendo.

Algunos se sintieron aún más cerca el uno del otro. Algunos me miraron confundidos como sin saber qué hacer con mi invitación.

> *Podemos esperar fracasos de hasta las mejores personas en nuestras vidas... Ningún fracaso es mayor que la gracia.*

Pero esa es la realidad. La persona a quien más amas

y a quien le has comprometido tu vida es un ser imperfecto. Está garantizado que esta persona te herirá y te fallará de muchas maneras, algunas serias y otras no. Puedes esperar que surgirán los fracasos. Como dice la Biblia:

«No hay nadie tan justo que haga el bien y nunca peque» (Eclesiastés 7:20). Y «Todo el que comete pecado quebranta la ley; de hecho, el pecado es trasgresión de la ley» (1 Juan 3:4). Podemos esperar fracasos de hasta las mejores personas en nuestras vidas.

Así que la pregunta se convierte en «¿Entonces qué?» ¿Qué haces cuando tu pareja falla de alguna manera o es menos de lo que quieres que sea? ¿Qué pasa cuando ella tiene una debilidad o un fracaso? ¿Qué tal una incapacidad para hacer algo? ¿Qué sucede cuando él trae a la relación una pena sin sanar de su niñez?

Aparte de la negación, solo hay unas cuantas opciones. Puedes hacer a la persona sentirse mal por sus imperfecciones, o la puedes amar. La Biblia dice: «el amor cubre multitud de pecados» (1 Pedro 4:8). Nada en una relación tiene que destruirla permanentemente si está presente el perdón. Ningún fracaso es mayor que la gracia. No existe ningún dolor que no pueda sanarse. Pero, para que se cumplan estos milagros, tiene que existir compasión y bondad.

¿Qué significa eso? Me gusta la manera en que la Biblia describe la compasión de Dios: «agacharse o inclinarse en amabilidad frente a un inferior» (Diccionario de hebreo y griego de Strong). Que Dios tenga compasión de nuestro espíritu quebrantado o pecado es sin duda hacer concesiones a un inferior. Pero necesitamos tener la misma actitud hacia un cónyuge por dos razones:

Primero, perdonas lo que es inferior para el estándar ideal. Te humillas para identificarte con tu ser amado, quien está experimentando la vida de una manera que es menos de lo que tú o incluso él, le gustaría tener. Cedes a todas las exigencias para que tu pareja sea algo que no es en este momento.

Segundo, si tu pareja está en dolor o está fracasando, tú no eres moralmente superior pero estás en una posición más firme en ese momento para ayudarla. Dios nunca usa la posición superior para herir, sino siempre para ayudar. Como lo explica Pablo: «Por lo tanto, como escogidos de Dios, santos y amados, revístanse de afecto entrañable y de bondad, humildad, amabilidad, y paciencia, de modo que se toleran unos a otros y se perdonen si alguno tiene queja contra otro. Así como el Señor los perdonó, perdonen también ustedes. Por encima de todo, vístanse de amor, que es el vínculo perfecto» (Colosenses 3:12-14).

¡Qué imagen! «Revístanse de afecto entrañable y de bondad, humildad, amabilidad, y paciencia». ¿Qué si te «revistieras» con estas cualidades cada vez que tu pareja fracasara o se sintiera mal? Creo que veríamos muchos más matrimonios sanados.

> La dureza de corazón, mucho más que el fracaso, es la verdadera asesina de la relación.

Pero eso no es la naturaleza humana. El estilo humano es endurecer nuestros corazones cuando estamos dolidos u ofendidos.

Charlaba con un amigo recientemente quien había ofendido a su esposa de una manera relativamente insignificante. No obstante, para ella no era para nada insignificante. Como resultado, ella no le habló por varios días. Finalmente él le preguntó cuándo lo perdonaría. «¿Será antes del próximo mes? ¿Antes de Navidad? Nada más déjamelo saber para estar listo». Ella finalmente se rindió y comenzó a reírse, y las cosas estuvieron bien de nuevo, vio lo innecesario que había sido «su dureza de corazón» para la ofensa.

La dureza de corazón, mucho más que el fracaso, es la verdadera asesina de la relación. Como dijo Jesús, el fracaso no es la causa del divorcio, pero la dureza de corazón lo es (ver Mateo 19:8). Por eso es que la Biblia coloca la compasión en tan alto valor.

La compasión consiste de varias cosas.

1. UNA IDENTIFICACIÓN CON EL PECADO Y EL FRACASO

Asegúrate de que tienes una actitud de humildad hacia los fracasos de tu pareja. Si tú crees que estás por sobre el pecado, tienes un problema serio. Si estás bien familiarizado con tus propios pecados, tendrás mucha más benevolencia para los de tu pareja.

2. UNA IDENTIFICACIÓN CON LA DEBILIDAD

La invulnerabilidad es una de las principales causas de los corazones endurecidos. Si te estás manteniendo alejado de tus propias penas y vulnerabilidades, tampoco serás capaz de identificarte con las penas de tu pareja. La Biblia nos dice que nosotros consolamos a otros por la misma empatía que hemos recibido para nuestros propios problemas (2 Corintios 1:4). Ocúpate de tus propias penas y dolores, y tendrás más empatía por tu pareja.

¡No te enojes con tu pareja por su debilidad! Es la peor cosa que puedes hacer. Es usar tu fortaleza en ese aspecto para destruir. Si has hecho eso, si has juzgado la debilidad o incapacidad de tu pareja, deja este libro a un lado y ve a disculparte, si no por el bien de ella, entonces por el tuyo (ver Santiago 2:13).

Identifícate con la debilidad o incapacidad de tu pareja como si fuera la tuya. Conviértete en un compañero en el proceso de sanidad, no en un juez u obstáculo. Únete a tu pareja para sanarla y fortalecerla en cualquier aspecto que ella se haya lesionado.

3. UNA DISPOSICIÓN A VOLVERSE VULNERABLE DE NUEVO

Algunas veces la gente crea protección de la niñez que dice, en efecto: «Nunca permitiré que alguien me haga daño de nuevo». Entonces ellos llevan esa estrategia al matrimonio. Considerando que puede haber sido útil anteriormente, esta estrategia los aleja de tener intimidad ahora. Cuando estés herido, si tu pareja está verdaderamente arrepentida y se puede confiar en ella, ábrete de nuevo. Sé vulnerable una vez más. Esto es lo que Dios hace con nosotros.

4. UNA DISPOSICIÓN A ARREPENTIRSE

El perdón y la ternura vienen de la parte herida. Sin embargo, para que esto sea útil para el futuro de la relación, la persona que falló tiene que reconocer su falta y mostrar un verdadero cambio de actitud. Sin eso, abrirse a esa persona no tiene sentido. Nos abrimos a la gente cuando ellos muestran que son dignos de confianza. Esto no significa que ellos serán perfectos, sin embargo, significa que ellos realmente quieren intentarlo.

La compasión, la ternura y el perdón aseguran algo muy importante. Estas cualidades aseguran que la gente imperfecta puede experimentar el amor y una relación durante mucho tiempo. Revístanse con estas cualidades.

Capítulo 11
Valor seis
Santidad

Dudo que la marca *Victoria's Secret* venga a la mente cuando piensas acerca de la santidad. Por el contrario, probablemente pienses en algo aburrido y no muy romántico. Dudo que santidad suene a diversión. Santidad suena para muchos de nosotros como algo difícil y aburrido, algo como alguna vieja experiencia de nuestra niñez en la iglesia.

En realidad, la santidad es atractiva para un matrimonio. Una persona santa es alguien que es «inocente». La Biblia define la santidad como ser no solamente religioso, sino también ser una persona orientada a la realidad. Ser santo significa ser puro e inocente. Debido a que Dios es santo, su realidad es la máxima realidad; en la medida que nosotros no somos santos, nos encontramos lejos de la realidad de la vida misma. La ecuación es que Dios es vida y la máxima realidad y, por lo tanto, para nosotros ser profano es un alejamiento de la máxima realidad de la vida.

> *La Biblia define la santidad como ser no solamente religioso, sino también ser una persona orientada a la realidad.*

Si cada matrimonio valorara la santidad, estaría presente lo siguiente:

- Confesión y apropiación de los problemas en cada individuo
- Estímulo implacable hacia el crecimiento y el desarrollo
- Abandono de todo lo que interfiera con el amor
- Renuncia de todo lo que obstruya la verdad
- Pureza de corazón donde no se permite crecer nada tóxico

¡Esta sería una muy buena lista de metas que debería tener para sus clientes cualquier consejero matrimonial! Si un consejero matrimonial puede lograr que la pareja confiese y se haga cargo de sus problemas y traten de deshacerse por ellos mismos de todo lo que interfiera con el amor, tendrá éxito en sanar el matrimonio. ¡Que maravilloso sería si cada matrimonio hiciera eso por sí solo!

Kate y David habían enfrentado una época difícil en su matrimonio. Ella finalmente había decidido que había tenido suficiente con el trato de él.

Él vacilaba entre el retraimiento emocional y las explosiones de cólera. Además, estaba tomando licor cada vez más. Finalmente, luego de que David se pasó de tragos y provocó un gran escándalo, ella lo echó de la casa. Le dijo que podía regresar cuando él enfrentara sus problemas.

Como sucede muchas veces en situaciones de crisis como esta, David llamó a un consejero. Yo (Dr. Cloud) accedí a atenderlos juntos. No me tomó mucho tiempo darme cuenta de que David necesitaba madurar en algunos aspectos importantes si quería mantener su relación con Kate, o con alguien más, en ese aspecto. Cuando era amenazado, David se volvía sarcástico, indirecto y se enojaba. Tenía también una tendencia a encontrar un escape en el alcohol o en la diversión cuando estaba cerca del sufrimiento o agravio. Le hice ver cuáles creía yo eran las cosas que necesitaría cambiar para que su matrimonio funcionara.

David se dispuso a trabajar consigo mismo con entusiasmo. No obstante, mientras lo hacía, me pareció que había gato encerrado, y lo mismo le ocurrió a Kate. Cada vez que David declaraba algún tipo de

> *Hasta que la «santidad» fue importante para él aparte de lo que ella quería de él, no fue realmente santo.*

«victoria», presionaba a Kate para que lo aceptara de nuevo y le permitiera regresar. En resumen, se volvió claro que estaba corrigiendo sus errores para recuperarla de nuevo.

Le dije a David en términos firmes que no le recomendaría a Kate que le permitiera regresar hasta que me convenciera de que estaba interesado en ser mejor para su propio bien y no solo por ella. Hasta que la «santidad» fue importante para él aparte de lo que ella quería de él, no fue realmente santo. También le dije que podría regresar con ella cuando ya no estuviera exigiendo volver a la casa.

David realmente se deprimió. Fue cuando inició su trabajo realmente sincero. Yo le había quitado su meta y motivación para el cambio, solamente quería cambiar para tener a su esposa de nuevo. En realidad, no es una mala motivación, pero no es suficiente ni debería ser la principal. La razón principal para madurar tiene que ser que uno está «hambriento de rectitud», no para alguien más, sino para uno mismo. Al final, esta es la única manera en que alguien tendrá vida, cuando tenga hambre de ella y la busque por todos los medios.

Poco a poco, comencé a ver el cambio en David. Ya no era accionado hacia el cambio por las demandas de Kate. Comenzó a darse cuenta de que crecer hacia el tipo de persona que Dios quería que fuera, era lo mejor. La santidad comenzó a tener un valor diferente, aparte de «regresar a la casa». La búsqueda de santidad de David se volvió más intensa que la relación. Se estaba liberando del control de Kate porque estaba cambiando para él mismo y no para ella. Estaba siendo santo por el bien de la santidad, no como resultado de ser presionado por asuntos externos o por tratar de tenerla de nuevo.

Entonces comenzó a suceder, como es lo usual. Conforme David se convirtió en una persona realista, Kate se sintió atraída a él de nuevo, y lo extrañaba, vio que él estaba poniendo su propio crecimiento primero, incluso antes de quererla. Su compromiso a estar bien, a ser santo, fue acaparando el tiempo y su energía comenzó a permitirle a ella confiar en él, al ser el tipo de persona a la que podría darle su corazón de nuevo. Ellos volvieron a vivir juntos y están bien.

> *En el matrimonio, la santidad es cualquier cosa menos aburrida.*

No confundas la santidad con alguna imagen religiosa. Buscar la santidad significa que tú y tu pareja buscan ser el tipo de gente que produzca verdadero amor y vida. Te vuelves pleno, digno de confianza, sincero, fiel y amoroso. En el matrimonio, la santidad es cualquier cosa menos aburrida. Es la clase de pureza y honradez de donde fluyen los más profundos tipos de pasiones.

Así que, quítate tu bata de coro y sé santo.

Parte tres

Resolver conflictos en el matrimonio

Capítulo 12

Tres son una multitud
Proteger tu matrimonio de intrusos

Denise estaba desanimada, algo que le ocurría cada año por esta época. Se acercaba el aniversario 23 suyo y de Roy. Cada año, sus amigos se lo mencionaban amablemente, les preguntaban cuáles eran los planes y los felicitaban por su longevidad como pareja. Y ellos harían algo especial para conmemorar su unión.

Por su naturaleza sentimental y reflexiva, conforme se acercaba el día Denise pensaría acerca de los años de matrimonio con Roy. Y se entristecería al pensar acerca de qué había ocurrido en su unión a lo largo de los años. Se había vuelto menos una unión y más un almacén para muchas actividades e intereses. Tantas cosas habían llegado a sus vidas, muchas de ellas buenas: hijos, carreras profesionales, amigos e iglesia. Sin embargo, la relación de la pareja giraba más alrededor de cosas y personas que de ellos mismos. Dentro de su ocupada y satisfactoria vida, Denise con frecuencia se sentía sola y distante.

No siempre fue así. Durante los primeros años de su relación, ella y Roy hablaban durante horas. Había estado muy involucrado en las alegrías, sufrimientos y el ánimo el uno del otro. Ella pensaba que había encontrado el alma gemela por la que había orado toda su vida. No obstante, conforme el ser padres, el trabajo y la vida habían tomado más de su tiempo y energía, la relación interpersonal se opacó. No era lo que muchas parejas reportan como una disminución de intensidad conforme el tiempo transcurre. Se trataba más de que ella sintiera que ellos no estaban cerca uno del otro, excepto cuando otras personas o cosas estaban en la habitación. Para Denise, este aniversario era una triste conmemoración a una aparente vida plena que contenía un vacío inexplicable.

LO EXTERIOR AFECTA LO INTERIOR

La situación de Denise ilustra un aspecto importante de los límites en el matrimonio: la unión misma del matrimonio necesita protección de forma activa. Dios dispuso que en una pareja ambas partes inviertan de forma continua en su cariño del uno por el otro. Las parejas necesitan trabajar para mantener su amor estable y a salvo.

Muchas cosas compiten por tu amor, como veremos en esta sección. No puedes asumir que la fuerte conexión que tenías al principio de tu matrimonio simplemente siempre «estará allí». Otras fuerzas pueden interponerse entre tú y tu pareja y reducir tu relación. Como enseñó Jesús, Dios mismo forjó tu matrimonio: «Por tanto, lo que Dios ha unido, que no lo separe el hombre» (Marcos 10:9). Como un banco protege su dinero, cada cónyuge tiene que vigilar y proteger la base del matrimonio: el amor.

El matrimonio requiere diferentes tipos de límites para sobrevivir. Nosotros necesitamos establecer límites en nuestras necesidades, deseos y demandas individuales. Necesitamos decir no a nuestros cónyuges y también tener límites entre el matrimonio y el mundo exterior para conservar lo que tenemos. El mundo exterior afecta de manera profunda la forma en que funciona un matrimonio. Las presiones, tentaciones y hasta las buenas oportunidades genuinas que llegan del mundo exterior, son ilimitadas. Como administradores del pacto matrimonial, necesitan saber cómo estructurar su relación de manera que lo exterior no controle lo que está dentro.

Aquí están algunos «intrusos» que pueden debilitar el vínculo matrimonial:

- Trabajo
- Hijos
- Pasatiempos e intereses externos
- Televisión
- Parientes políticos
- Iglesia
- Internet
- Complicación económica
- Amigos
- Adicciones
- Aventuras amorosas

Muchos de estos «intrusos» no son malos en sí mismos. Sin embargo, cuando intervienen entre el amor de una pareja, pueden ser destructivos. Necesitarás trabajar para proteger tu matrimonio. Antes de entrar en más detalles acerca de estos «intrusos» necesitamos discutir qué lleva el problema de intrusos al primer plano.

Un matrimonio solo es tan fuerte como lo que cueste protegerlo. En otras palabras, valoras aquello en lo que tú inviertes. Si has invertido tiempo, esfuerzo y sacrificio en resguardar tu matrimonio de otras influencias, tus probabilidades de tener un matrimonio firme mejoran. Si la vida simplemente ha «pasado» en tu matrimonio, tendrás un vínculo más frágil. Al igual que el hombre que vendió todo lo que tenía por la perla de gran valor (Mateo 13:45-46), aquellos que estiman el gran valor de su matrimonio pagarán un alto precio para resguardarlo.

> Un matrimonio solo es tan fuerte como lo que cueste protegerlo.

PORQUÉ DOS Y NO TRES

El matrimonio es un club exclusivo. Es un convenio de dos personas, que deja fuera a todos los demás. Es por esto que los votos matrimoniales con frecuencia incluyen la frase, «dejarán a los demás». El matrimonio significa un lugar seguro para el alma de alguien; las terceras personas pueden llegar a ser perjudiciales para esta seguridad.

TRIANGULACIÓN

Con frecuencia nuestro amor se divide en otras partes. Este problema, llamado triangulación, es uno de los mayores enemigos de los buenos matrimonios. La triangulación ocurre cuando un cónyuge introduce una tercera persona por una malsana razón. Un «triángulo» se crea cuando, por ejemplo, una esposa (Persona A) va a un amigo (Persona C) por algo que ella debe ir a su esposo (Persona B). O en el entorno familiar, un hermano (Persona A) te llama a ti (Persona C) para hablar acerca de los «problemas de mamá», sin hablar primero con Mamá (Persona B).

Aquí están algunos ejemplos de triangulación que ocurren en el matrimonio:

- Una esposa le cuenta a su mejor amiga sobre su infelicidad con su esposo, sin embargo, no le deja saber a él sus sentimientos.
- Un esposo le confía a su secretaria que su esposa no lo comprende.
- Un cónyuge hace de su hijo un confidente, llegando a tener más cercanía con el hijo que con su pareja.
- Un esposo está más involucrado con sus padres que con su esposa.

En todos estos ejemplos, un cónyuge está llevando una parte de sí mismo lejos de su compañero y trayéndola a una fuente externa. Esto no solo es doloroso, sino también injusto. Va en contra de lo que Dios intentó desarrollar en el matrimonio: la misteriosa unidad que trae a la pareja más cerca el uno del otro de la forma más profunda que haya existido. La triangulación traiciona la confianza y fractura la unión.

Es por esto que Dios es tan inflexible en cuanto a las relaciones sinceras y directas. Él odia la decepción y la tortuosidad de la triangulación. El chisme, por ejemplo, es una forma de triangulación. La persona que chismea (Persona A) cuenta algo sobre la Persona B a la persona C a espaldas de la Persona B, y «un chismoso divide a los buenos amigos» (Proverbios 16:28). Dios nos dice que hablemos la verdad con amor (Efesios 4:15).

Si resultas ser la Persona C, aquella en medio de dos cónyuges, puedes pensar que estás ayudando a la pareja. En verdad, todos necesitamos personas que confíen en nosotros. Sin embargo, si estás en medio de dos personas que se están distanciando, tú estás siendo destructivo a pesar de tus buenas intenciones. Puedes necesitar decirle a la persona que viene a ti, «Kathleen, estos son problemas hirientes entre tú y Dan. Me duele tu lucha y quiero apoyarte pero si no vas primero a él con estos asuntos, siento que solo sirvo para el chisme y la decepción. ¿Hablarás con él sobre esto, y entonces me dejarás saber cómo te puedo ayudar?». Recuerda que «el de labios mentirosos disimula su odio, y el que propaga calumnias es un necio» (Proverbios 10:18). No seas ni la persona en medio ni la que sales de tu matrimonio de manera insegura.

El amor marital requiere mucha seguridad para que la intimidad crezca. El matrimonio resalta los aspectos más vulnerables y frágiles de nosotros. Y estos aspectos vulnerables necesitan un ambiente cálido, lleno de gracia y seguro en el cual crecer. Si una tercera persona amenaza esto, esos aspectos frágiles no pueden ser lo suficientemente seguros para surgir, conectarse y desarrollarse. Una esposa que tiene problemas para aprender a confiar en otros, por ejemplo, tendrá gran dificultad para aceptar a su esposo si él es más amable con otras personas que con ella o si comenta con amigos lo que ella habla con él en privado.

Además, el matrimonio está diseñado para hacernos madurar. Vivir en tal intimidad con otra persona durante tanto tiempo, nos ayuda a salir de nuestro aislamiento y egocentrismo. No obstante, se necesita mucho trabajo para crecer en este contexto. Puedes ser auténtico con tus colegas y amigos, pero si quieres saber realmente cómo es una persona, la primera para preguntarle es al cónyuge. La verdadera exclusividad del matrimonio es como un horno: hay mucho calor, y no siempre puedes escapar cuando te gustaría hacerlo. No obstante, este calor te puede ayudar a crecer también. El calor, o la presión de vivir tan íntimamente con alguien más, pueden ayudarnos a enfrentar nuestras debilidades y a ocuparnos de ellas.

Piensa acerca de la gran cantidad de trabajo que se necesita para mantener una conexión solícita para toda la vida. Este esfuerzo sería imposible con la complejidad de tres personas involucradas. ¡El único que puede hacerlo es la Trinidad!

RENUNCIAR ES PROTEGER

A la mayoría de nosotros nos gustaría evitar tener que decir no en la vida. Esto funciona, causa ansiedad, y puede ofender a la gente. No obstante, la realidad establece que para decir sí a mantener un matrimonio unido, tendrás que decir no a muchas otras cosas. Una vida de «si» a todo lo demás resulta en un «no» a tu matrimonio. Simplemente no tienes el tiempo, los recursos o la energía para hacer todo lo que quieres hacer.

El matrimonio involucra mucho más que dos personas que se aman tratando de mantener vivo el amor. Quiere decir hacer un trabajo fuerte en renunciar o dejar atrás otras cosas. Esto no es fácil. Muchos recién casados con frecuencia se desaniman al darse cuenta de que constantemente tienen que decir no a muchas cosas para mantener su matrimonio.

> *Matrimonio significa hacer un trabajo fuerte en renunciar o dejar atrás otras cosas.*

Cuando estaba soltera, a Linda le fascinaba participar en muchas cosas. Tenía su carrera, amigos, viajes, cenas, deportes y clases. Hacía malabarismos con todo. Cuando ella y Tony se enamoraron y se casaron, intentó mantener todas estas cosas y que Tony la acompañara. Aunque él había sido menos activo cuando era soltero, valientemente asistió. Finalmente él dijo: «No me gusta hacer todo lo que tú haces, pero tampoco me gusta quedarme solo en casa todo el tiempo». El dilema de Tony comenzó en el proceso de establecer límites.

Linda pasó un tiempo difícil al tener que frenar algunas actividades. Se sintió restringida por el matrimonio. Incluso guardaba resentimiento hacia Tony por esto. Sin embargo, cuando notó que no lograban coincidir y que su intimidad estaba siendo afectada, comenzó a sentirse mejor con respecto a los compromisos que estaba haciendo. Sin embargo, como ella lo presenta, «pensé que el matrimonio sería como la vida de soltera, solo que te llevas a tu esposo contigo». Ella no consideró el tiempo que se lleva el simple hecho de mantener una conexión. Estaba aprendiendo que el matrimonio conlleva la renuncia a cierta libertad para obtener crecimiento. Afortunadamente, Linda tuvo el carácter para valorar a Tony y renunciar a cosas que no eran tan importantes.

Las parejas necesitan normalizar la disciplina de la renuncia y hacerla una parte del diario vivir. «Necesito consultarlo con mi cónyuge» y «No, nosotros necesitamos pasar un tiempo juntos» son dos de las mejores cosas que cualquier persona casada puede decir para proteger su unión de intrusos. Todos los problemas de «intrusos» son finalmente causados ya sea por agregar al matrimonio algo erróneo (personas inapropiadas o malas influencias), o por quitarle las cosas buenas (intimidad y sinceridad), o ambas.

CUANDO LO EXTERNO NO ES UN INTRUSO

Alguna gente se siente claustrofóbica cuando leen que ellos deben mantener a los extraños fuera de su matrimonio. Les puede preocupar que, aunque quieren que su cónyuge sea su relación más cercana, ellos necesitan más que él o ella en la vida. Ellos pueden temer una pérdida de libertad. O pudieran tener en cuenta que su cónyuge no es seguro para ciertos aspectos o emociones de su alma, de modo que se preguntan si tener límites en el matrimonio condena esa parte de su alma a estar exclusivamente encadenado para siempre a ese cónyuge inseguro.

Algunas veces ellos se preocupan de que sus relaciones y actividades externas sean «malas» y deben evitarse. Por ejemplo, un esposo dependiente y controlador podría insistir en que su esposa no se reúna con sus amigos. Ella podría pensar que tener amigos es un acto de deslealtad para su matrimonio, en lugar de pensar que su esposo la está dominando.

Cuando hablamos de mantener fuera a los intrusos, no estamos diciendo que el matrimonio es una unidad autónoma en la que cada cónyuge satisface toda necesidad emocional del otro. El matrimonio no fue diseñado para ser la fuente de toda vida para nosotros. Esto sería idolatría. Dios y sus recursos son nuestra fuente de vida: «Él es anterior a todas las cosas, que por medio de él forman un todo coherente» (Colosenses 1:17). El vínculo matrimonial es una de las muchas vías de sustento de Dios para nosotros, junto con su propio amor, la Biblia y las relaciones en la iglesia.

La relación matrimonial es un acuerdo entre dos adultos. Ellos unen sus vidas para hacer juntos una vida más significativa y fructífera. El matrimonio no está diseñado para reparar la ineficacia de sus cónyuges, aunque puede ser con seguridad un importante agente sanador. No está diseñado para proveer todo lo que nuestras familias de origen no nos dieron. Ni está diseñado para ser el único lugar al cual recurrir para hallar consuelo, ayuda, confianza o madurez. Ser el único apoyo para otra persona pondrá una carga imposible sobre cada cónyuge.

Los matrimonios que intentan esto generalmente acaban en una dinámica de padre-hijo. Un cónyuge demanda que el otro funcione como la mamá o el papá que nunca tuvo. El otro valientemente intenta hacer eso, entonces acaba sintiéndose agotado y resentido. Entonces el cónyuge «niño» se siente abandonado y desengañado. O ambos son cónyuges «padres» cada uno de manera diferente. Por ejemplo, una esposa será el único contacto emocional al que su esposo acudirá. A su vez, él hace todas las decisiones financieras y de negocios. A ella le molesta la necesidad y resistencia de él a asistir a otros lugares. Él desearía que ella ayudara en la toma de decisiones y tomara un curso de contabilidad en la universidad local. De cualquier manera, el matrimonio simplemente no tiene todos los recursos que una pareja necesita.

Leí hace muchos años que a Ruth, la esposa de Billy Graham, se le preguntó: «¿Cómo había sido su matrimonio tan exitoso?». Ella respondió: «Porque él juega golf, y yo juego bridge (juego de naipes)». Ruth Bell Graham entendía el valor de las fuentes de vida externas para que un matrimonio prospere.

> *El matrimonio simplemente no tiene todos los recursos que una pareja necesita.*

Aunque estas necesidades son legítimas, Dios las planeó para ser satisfechas en muchas otras maneras, no para que cada cónyuge hiciera el papel de padre para el otro. Jesús se refirió a esto cuando dijo: «Pues mi hermano, mi hermana y mi madre son los que hacen la voluntad de mi Padre que está en el cielo» (Mateo 12:50). Nosotros podemos recibir el amor, la formación o aprobación que necesitamos de aquellos que tienen en sus corazones los intereses y valores de Dios.

Los cónyuges no son siempre los más seguros para consultar sobre algunos aspectos del alma. Por ejemplo, un esposo puede ser muy paternal cuando su esposa se siente débil y sola. Sin embargo, podría retroceder y distanciarse de ella cuando está enojada o frustrada. Esto plantea un gran problema, así como todas nuestras partes necesitan estar conectadas a una relación. Aquellas partes enojadas, tanto como las débiles y solitarias, necesitan una relación que los sane y los haga crecer. Debido a esta realidad, necesitamos relaciones de afuera que puedan ocuparse de aquello con lo que el cónyuge no pueda o no podrá.

UNA PALABRA DE PRECAUCIÓN

Todos los buenos matrimonios necesitan apoyo externo, por lo tanto necesitamos buscar las fuentes correctas y apropiadas. Estas deben ser personas que sean no solo seguras, sino cuya influencia sobre nosotros fortalezca el vínculo matrimonial. Encuentra personas que estén «para» tu matrimonio y que quieran ayudarles a crecer juntos. Evita a aquellos que juegan el juego de «pobre de ti, casado con esa mala persona». Esto no ayuda a un matrimonio. Aun más, evita a aquellos que les gustaría ser destructivos para el vínculo con la excusa de ser útiles a ti. De modo que muchos asuntos comienzan con este panorama. Una esposa encuentra a un compañero de trabajo que realmente la comprende de una manera en que no lo puede hacer su esposo. Ella se siente mejor, sin embargo, su matrimonio está más débil. Sus fuentes de amor no solo deben ayudarte a ti, sino también ayudarte a amar a tu compañero.

EL INTRUSO COMO UN SÍNTOMA DE PROBLEMAS MA-TRIMONIALES

Recientemente, yo (Dr. Townsend) hablaba con una ocupada pareja, Jerry y Marcia, quienes sentían que su matrimonio se estaba escabullendo de ellos. Tenían una agenda completamente llena, con muchas actividades, y estaban viendo más conflictos y distanciamiento entre ellos. Jerry sentía que se alejaba cada vez más del itinerario de Marcia. Ella, sin embargo, veía el problema como todas aquellas cosas externas que los estaban acosando. Se sentía como víctima de ellos. «¿Dónde está el tiempo? preguntaría ella. «Con trabajos, hijos y todo lo demás, no podemos alejarnos de todo esto».

Después de conversar con amigos que tenían visión, Marcia se dio cuenta de que ella había estado ocupada desde que su madre falleció el año anterior. Fue incapaz de llorar de manera adecuada su mayor pérdida y lo había sobrellevado al permitir con el tiempo que intrusos se interpusieran entre ella y Jerry.

Con frecuencia el intruso no es el problema. El intruso es el resultado, o el síntoma, de otro problema en el matrimonio. El problema real tiene que ver más con tu relación o tu carácter. A veces algo se rompe en la conexión. Por ejemplo, un cónyuge no es cariñoso, o es muy crítico o hiriente hacia el otro. El cónyuge herido se involucra entonces en actividades fuera del matrimonio. O el cónyuge ocupado necesita lidiar con cierta inmadurez de su propio ser.

> *Con frecuencia el intruso es el resultado o el síntoma, de otro problema en el matrimonio.*

En el caso de Marcia, al permitir intrusos dentro del matrimonio tenía muy poco que ver con su esposo y mucho con sí misma. Según lo ilustraremos, la propia naturaleza del matrimonio ayuda a permitir que los intrusos entren al vínculo para trastornarlo.

Debido a que la naturaleza aborrece el vacío, alguna distancia (o vacío) en el vínculo matrimonial convenientemente se llena con ocupaciones.

Cuando un matrimonio tiene conflictos o heridas, tendemos a ocuparnos con otras personas y actividades. La ocupación es menos dolorosa que enfrentar día tras día algunos problemas en el amor aparentemente sin solución. Muchas parejas hacen unos pocos intentos para resolver los problemas en la intimidad con responsabilidad, entonces se rinden y encuentran alternativas para el vacío que sienten en el matrimonio. La actividad es como anestesia a las deficiencias y penas en la conexión. Sin embargo, el problema no desaparece. Se presenta de otras maneras encubiertas, tales como cólera, sarcasmo y falta de disponibilidad emocional.

Muchas parejas programan salidas por las noches y viajes fuera como la solución del problema. Estas actividades son muy importantes para cultivar un matrimonio. No obstante, muchas parejas se han decepcionado en las salidas nocturnas y de vacaciones cuando ellos malinterpretan los problemas subyacentes. Las cosas continúan brotando, por lo que las salidas deben ser constantemente cambiadas de fecha, o la salida de noche en sí misma es superficial, forzada o distante debido a los conflictos sin resolver en el matrimonio y siendo estas necesarias, sin embargo, son soluciones insuficientes para proteger al matrimonio.

Cuando te vuelves consciente de esta situación en tu matrimonio, necesitas sacar a la luz el problema verdadero y lidiar con él.

LA INTIMIDAD PUEDE FOMENTAR INTRUSOS EN EL MATRIMONIO

La naturaleza de la intimidad emocional en sí misma puede hacer vulnerable a un matrimonio a las influencias externas. Cuando somos íntimos, experimentamos las características negativas de alguien junto con las positivas. No «conocemos» realmente a nuestros cónyuges hasta que conocemos sus defectos, debilidades, pecados e imperfecciones. Cuando la gente pasa mucho tiempo junta, el contexto de seguridad provoca retroceso en ellos. En otras palabras, ellos se relajan, se sienten más dependientes y actúan con debilidad, como niños pequeños estrechados en los brazos de su madre para seguridad.

Las parejas no solo retroceden, sino que también están más expuestas. Es difícil esconder los defectos de alguien en un matrimonio durante mucho tiempo, y como tal, es difícil vivir con los rasgos negativos. Tanto el esposo controlador como la esposa insegura o el cónyuge crítico causan conflicto y fricción en una relación.

La intimidad, entonces, provoca dos amenazas que dejan al matrimonio abierto a intrusos. La primera amenaza está dentro de nosotros mismos. Cuando notamos nuestra vulnerabilidad y exposición nos asustamos. Este miedo puede tener muchas causas, tales como las siguientes:

- Miedo al rechazo por nuestros defectos por parte de nuestro cónyuge
- Miedo al aumento de nuestra propia necesidad y dependencia
- Miedo a nuestros incómodos sentimientos que aparecen cada vez más
- Culpabilidad de que estamos agotando a nuestro cónyuge con nuestros problemas

Muchas personas se distancian emocionalmente entre sí cuando tienen estos miedos. Ellos pueden cerrarse y alejarse, por ejemplo. O pueden sentirse culpables y condenados. Esta distancia puede causar un incumplimiento en la relación de confianza. Cuando se permite que este incumplimiento continúe, los intrusos tienen una oportunidad para interponerse entre el amor de la pareja. Por ejemplo, una esposa puede temer que su esposo rechace sus sentimientos. Entonces se llega a involucrar demasiado en hacer el papel de mamá con sus amigas. Aunque siempre pensando, hasta cierto punto, que quiere «venir a casa» al amor que ella sintió al principio por su esposo.

La segunda amenaza no es interna, sin embargo, habita en la relación matrimonial en sí. Cuando la intimidad hace su trabajo, y, por ejemplo, las debilidades de la esposa quedan al descubierto para el cónyuge, el esposo puede realmente distanciarse. Lo que sucedería es que el aumento de sinceridad logra el aumento de la gracia, la compasión y el perdón mientras que el amor del esposo ha crecido junto con la relación. Sin embargo, por muchas razones, un esposo podría no ser capaz de manejar ese aspecto de su esposa. Aquí hay algunos aspectos que pueden provocar distanciamiento:

- Heridas: tu compañero quiere que seas una persona más fuerte
- Defectos: tu cónyuge está decepcionado de tus imperfecciones
- Pecados: tu compañero es incapaz de tolerar vivir con un pecador
- Sentimientos negativos: tu cónyuge solo quiere emociones positivas
- Aspectos de sí mismo: tu compañero recuerda sus propias faltas a través de ti

Entonces, mientras el esposo reacciona a los problemas de su esposa, se retira emocionalmente. De nuevo aparece el vacío. Y de nuevo trabajo, hijos u otras personas intervienen.

Por lo tanto, algunas veces el cónyuge vulnerable se distanciará primero, un enfoque más o menos tipo «te dejaré antes de que tú me dejes a mi». Y algunas veces el otro cónyuge verdaderamente se alejará del compañero expuesto. De cualquier modo, el resultado es una amenaza a la integridad de la conexión.

LLENAR EL VACÍO

Cuando las parejas se encuentran a sí mismas con el problema de la intimidad, lo mejor para ellos es tomar responsabilidad por el asunto y comenzar a reconectarse. Por ejemplo, la esposa que ha reaccionado contra su propia vulnerabilidad puede necesitar admitir su temor de que su esposo conozca los aspectos feos de ella y su ansiedad de que pudiera desconectarse de ella. Esto puede ganar el afecto del esposo hacia ella, o incluso aclarar que eso en realidad estaba «solo en su mente».

Conozco una pareja que llegó a involucrarse en exceso con la iglesia y con otras actividades. La esposa pensaba que después de todos estos años ya no era una persona interesante y que las ocupaciones distraerían a su esposo para que no se aburriera de ella. Tomó el riesgo y se lo confesó a él: «Me he mantenido ocupada con otras cosas porque pensé que ya no te interesaba».

Él estaba sorprendido y triste. «No me siento así para nada, y he extrañado nuestros momentos juntos».

En situaciones donde el esposo se ha distanciado porque no puede tolerar algunos aspectos de su compañera, él necesitaría confesar sus temores de identificación con el fracaso de su esposa, o de tener un espíritu condenatorio. La esposa necesitaría permitirle a su esposo saber cuánto le duele su distanciamiento y cómo lo pueden resolver.

Tomemos otro ejemplo, una esposa puede hallar repulsivo el enojo de su esposo porque le recuerda su propia rabia subyacente, puede necesitar tomar responsabilidad para lidiar con sus propios sentimientos de enojo de manera segura; su esposo puede necesitar dejarle saber cuán solitario y falto de amor se siente cuando ella se aleja durante los arranques de cólera (a menos que permanecer junto a él no sea seguro o hasta peligroso para ella).

Algunos cónyuges se distancian porque tienen límites insatisfactorios. El alejarse llega a ser el único límite con que cuentan. Ellos no pueden estar en relación con los fracasos de su compañero. Cuando necesitan estar conectados y aun establecer límites con algún problema, se dan cuenta que no pueden mantenerse conectados. O si se conectan, no pueden afrontar el problema. Estos cónyuges necesitan llegar a ser al mismo tiempo cariñosos y sinceros.

Con frecuencia es útil, por ejemplo, para una pareja señalarse el uno al otro cuando alguno sienta que el amor y la verdad no están presentes. Si puedes decir que tienes temor de decir la verdad, hazle saber a tu cónyuge que estás asustado y que primero quieres hablar acerca del temor antes de contar la verdad. También, si notas que tu cónyuge realmente no está presente emocionalmente, indícale que parece estar distante de ti, e invítale a que te deje saber lo que está pasando.

DESCONOCER TUS LÍMITES

Dale y Margaret son amigos míos. Dale es el optimista energético que le encanta estar involucrado en toda clase de grupos de iglesia y cívicos, entrena a todos los equipos deportivos de sus hijos y verdaderamente disfruta tanto su trabajo que lo hace por largas horas. Margaret, por otra parte, es máster en administración de empresas que siente que debe andar tras Dale limpiando siempre sus desastres. Cuando él se excede con los compromisos, ella le ayuda a decidir a cuál renunciar y a cuál asistir. Cuando él se excede con los gastos, ella se las arregla para sacarlos del problema. No obstante aunque ella ve esto como parte de su matrimonio, está preocupada por la poca prioridad que percibe departe de su esposo. «Dale es una persona muy cariñosa y ama la vida», me dijo. «De

> A menudo, las parejas tienen problemas con intrusos porque uno o ambos de los cónyuges simplemente no está consciente de su propio tiempo, energía e inversión de recursos.

hecho, ve la vida como una gran aventura. Sin embargo, nunca regresa a nosotros como pareja».

A menudo, las parejas tienen problemas con intrusos porque uno o ambos de los cónyuges simplemente no están conscientes de su propio tiempo, energía e inversión de recursos. Ellos en realidad piensan que en algún momento podrán controlar los ímpetus en casa. Intentan sinceramente hablar, hacer citas y mantenerse involucrados con su cónyuge, pero no en este momento. Y con mucha frecuencia, las oportunidades no llegan, o al menos no con la suficiente frecuencia. Ganan los intrusos y pierden las parejas.

El problema por lo general tiene que ver con la incapacidad «ilimitada» del cónyuge para ver cómo sus acciones tienen consecuencias. Alguien más está siempre allí para recoger los pedazos, comenzando tal vez con un padre, luego los amigos, luego los compañeros de trabajo o un cónyuge. La falta de preocupación acerca de los problemas matrimoniales viene de la falta de preocupación acerca de *cualquier cosa*. Este cónyuge ha vivido con redes humanas de protección y está seguro y confiado en que, ya sea 1) nada malo llegará si él no se hace cargo de sus responsabilidades; o 2) si ocurre algo malo, a nadie le importará; o 3) si alguien se irrita por eso, alguien más lo sacará del apuro y todo será perdonado. Es una vida llena de finales felices, sin embargo, no está basada en la realidad.

Cuando Margaret le comunicó a Dale sus sentimientos, él se sorprendió. Pensaba que ella sentía la misma alegría que él al estar involucrado en tantas actividades. Y cuando ella le dijo: «Te amo, pero ya no te voy a apoyar más en cosas que nos separan, como tu exceso de participación en comités y trabajo», él se resintió. No obstante, al dejar ella de rescatarlo, él finalmente fue capaz de experimentar las consecuencias de todas estas distracciones. Cuando tuvo que enfrentar a gente disgustada y con fechas límite vencidas, se volvió más realista. Al mismo tiempo, vio lo mucho que Margaret había estado haciendo por él. Dale comenzó a apreciarla, e incluso se sintió triste por todo el tiempo que había perdido al permitir que otras cosas se interpusieran entre ellos, comenzó a responder al látigo de la realidad y al incentivo de amor por Margaret.

DAR POR SENTADO EL MATRIMONIO

Permitir a los intrusos entrar al matrimonio sucede cuando uno o ambos cónyuges no son conscientes de la fragilidad del matrimonio. Ellos adoptan con frecuencia la mentalidad de que no está sucediendo ninguna crisis, así que todo está bien. Y ellos serán propensos a la crisis o a los inevitables problemas de trabajo, cuidar a los hijos, iglesia y amigos. La pareja puede también sentirse segura uno del otro y entonces asumir que están bien.

Esta es una perspectiva inmadura en el matrimonio. Es un poco parecido a lo que siente una niña pequeña con respecto a sus padres, está segura y convencida en el sentido de que ellos siempre estarán allí no importa lo que haga, y siempre estarán disponibles cuando ella vuelva a ellos por ayuda y amor. Esto está bien que lo sienta un niño pequeño. No obstante, para una pareja casada, esto puede ser un problema.

Puede pasar mucho tiempo en los matrimonios antes de que se sienta la influencia de intrusos. Si ambos cónyuges son personas activas y estructuradas, ellos pueden alejarse sin una señal perceptible, pasando de una profunda conexión entre ambos a una entumecida. Pueden despertarse un día sintiendo que ya no están dentro del corazón el uno del otro y que otras cosas se han apoderado de sus corazones. Los casos más tristes son aquellos en que los cónyuges se vuelven conscientes de esto y piensan: *No es tan malo de esta manera, continuemos así.*

La realidad es que el matrimonio es solo tan bueno como la inversión que las personas hagan en él. Dios ha diseñado la vida de manera que nosotros podemos ir en dos direcciones: hacia adelante en el proceso de madurez o hacia atrás huyendo del mismo. No podemos permanecer igual. Y el matrimonio refleja esta realidad.

> *El matrimonio es solo tan bueno como la inversión que las personas hagan en él.*

La conexión ya sea que se profundice, haciendo que el corazón de cada cónyuge se abra el uno al otro, o se puede comenzar a deteriorar, al mantenerse herméticos el uno con el otro.

Nosotros no creemos en un problema matrimonial que «sale de la nada». Así que muchas veces un cónyuge dirá: «Todo estaba bien, y entonces él comenzó a ser abusivo», o, «Pensaba que estábamos bien hasta que me enteré sobre la aventura amorosa». Esto no sucedería si el matrimonio fuera un lugar para la inversión emocional continua, el riesgo, la vulnerabilidad y la sinceridad. Y en retrospectiva, muchas parejas dirán: «Ahora vemos las señales que antes pasamos por alto». Estas señales generalmente tienen que ver con cosas como:

- Aumento en el retiro de la necesidad
- Las parejas simplemente se alejan de forma resignada de las diferencias sin resolver
- La preferencia a resolver con otros las necesidades que solía resolver el matrimonio
- Intereses y relaciones de las que no hablamos con el cónyuge

No confundas una falta de crisis como una señal de que el matrimonio está firme. Las parejas necesitan chequear con regularidad el uno al otro y hacer las preguntas difíciles, como: «¿Cómo te sientes con respecto a nosotros?» y «¿Qué estoy haciendo que te duela o te moleste?». Piensa cómo te sentirías si tu examen físico anual con tu médico consistiera solo en una conversación sobre deportes acompañada de una taza de café.

PROBLEMAS PARA ESTABLECER LÍMITES A OTROS

Cindy y Wade estuvieron casados solo por unos pocos años, sin embargo, Cindy comenzó a sentir que estaba de más.

> No confundas una falta de crisis como una señal de que el matrimonio está firme.

Sabía que Wade la amaba, no obstante parecía estar dominado por las necesidades, crisis y caprichos de otros. Si su jefe le pedía trabajar horas extra o su iglesia le solicitaba dirigir el comité de misiones, Wade difícilmente diría que no a ninguno.

Parte de la razón por la que Cindy se enamoró de Wade fue por su sensibilidad y disposición a estar allí para ella y para otros. Se veía tan diferente a los hombres egocéntricos con los que había salido antes. Sin embargo, ahora estaba tan distante. ¡Con lo feliz que fue con él! Y tampoco Wade se veía feliz con la situación. Cuando alguien solicitaba su tiempo, suspiraba, movía su cabeza, la miraba con culpabilidad y luego accedía. Como lo describe ella: «Wade pertenecía a todo el mundo. Así que por omisión, no me pertenecía a mí». Al no decir no a otros, Wade pasivamente le estaba diciendo no a Cindy.

Aunque ellos hablaron sobre esto, se hizo evidente que Wade tenía una gran dificultad en establecer límites con los demás. Algunas veces sentía que decepcionaba a las personas. Otras veces tenía miedo de su disgusto y le preocupaba que lo abandonaran. No obstante, estaba atormentado por su amor y obligaciones por Cindy. Era un hombre dividido (Santiago 1:8) y sin descanso. Por una parte, se sentía culpable y temeroso de decepcionar a los demás. Pero por otra, sentía lo mismo de decepcionar a su esposa.

Cindy vacilaba entre el resentimiento a Wade, los sentimientos de culpabilidad por enojarse con una persona tan buena y los sentimientos de sentirse separada de él. Ella se encontraría reprendiéndolo con frases como: «los hijos del zapatero no tienen zapatos». O trataría de ser más compasiva y paciente. O, simplemente se sentiría como si ellos estuvieran flotando aparte, con todas los obligaciones de Wade en medio de ellos. Sentía que él, como la iglesia en Éfeso, había olvidado su primer amor (Apocalipsis 2:4).

Afortunadamente, Wade *era* un hombre de buen corazón que quería, sobre todo, ser un buen esposo por lo que se ocupó de su temor a las respuestas de otros. Se dio cuenta de que el problema no era todas esas personas demandantes en su vida, sino su propia necesidad de aprobación y su gran temor a perder el amor. Se volvió más sincero con la gente acerca de sus limitaciones reales, y enfrentó a quienes demandaban demasiado de él. En resumen, Wade comenzó a convertirse en un hombre veraz. Esto fue muy difícil para él, aunque alguna gente lo criticó y lo llamaron egoísta. Tuvo que enfrentar sus temores de abandono y sus preocupaciones acerca de lidiar con el enojo de los demás. No obstante, se aferró a Dios, a Cindy y a muchos amigos íntimos, quienes se mantuvieron a su lado mientras se ocupó de los límites. Gradualmente eliminó los intrusos entre él y Cindy.

La historia de Wade y Cindy es común. El problema no es igual al de Dale y Margaret que expusimos antes, en el que Dale sencillamente amaba la alegría de estar con otros, sin tener idea del costo o pena para Margaret. Wade no disfrutaba los intrusos y cedió a ellos a regañadientes. Se sentía sin libertad para decidir.

En estas situaciones, el cónyuge que es excluido se convierte en el mal menor. En otras palabras, la persona sin límites puede ser menos temerosa de defraudar a su cónyuge que al jefe o a otros. Esto es porque con frecuencia se siente más seguro con ella y sabe que no lo dejará. Sin embargo, esto es un error fatal en la percepción de seguridad. Nosotros deberíamos ser capaces de confiar en un cónyuge seguro y relajarnos en su amor. No obstante, la seguridad nunca fue entendida como una racionalización para descuidar la obligación de amor.

Vivir en gracia incondicional nunca es una excusa para ser irresponsable o hiriente. Como enseña la Biblia: «Entonces, ¿qué? ¿Vamos a pecar porque no estamos ya bajo la ley sino bajo la gracia? ¡De ninguna manera!» (Romanos 6:15). Dar por sentado que un cónyuge «siempre estará allí para nosotros» es, hasta cierto punto, colocar cargas sobre las capacidades de ese cónyuge para amar y confiar de nuevo en nosotros.

> Vivir en gracia incondicional nunca es una excusa para ser irresponsable o hiriente.

Si el temor y la culpa son la razón de que tu matrimonio se haya infestado con intrusos, necesitas hacer dos cosas. Por un lado, abstente de gruñir y amenazar a tu cónyuge codependiente. Si no te abstienes, te arriesgas a convertirte, en su mente, en parte de ese grupo de personas que él de manera secreta resiente y odia por ser tan demandantes.

Por otra parte, aléjate de la tendencia a ignorar el problema y confía en que este se irá. La mejor solución siempre es amar y sin embargo no socorrer una conducta del cónyuge. Puede que necesites decirle a tu cónyuge: «Siento mucho cuán destrozado te sientes por el trabajo, la iglesia y yo. Te extraño y siento que estas cosas se interpongan entre nosotros. Espero puedas solucionar tu problema, y yo te ayudaré. Sin embargo, no seré más una parte del problema. Si continúas permitiendo ser arrastrado lejos, yo buscaré otras fuentes apropiadas de apoyo, como amigos y grupos. No obstante, déjame saber si quieres trabajar en tus límites, y yo haré todo lo que pueda».

Necesitas mantener una posición de amor sin rescate y de confianza sin gruñir. Entonces, tus propios límites solidarios proveen esperanza para que tu cónyuge desarrolle su propio sentido de sí mismo y sus límites.

INCAPACIDAD DE VIVIR CON DIFERENCIAS

Algo que siempre escuchamos de las parejas en las cenas o en momentos de reflexión es que sienten angustia por las diferencias entre ellos. Dirán: «No veo cómo terminamos juntos; somos diametralmente opuestos». Estos extremos polares pueden cubrir toda la gama, desde teología hasta política, desde carreras profesionales hasta sexo, desde familia hasta finanzas, desde intimidad hasta entretenimiento.

Algunas parejas serán receptivas a la manera en que ellos han permitido que otras cosas se interpongan entre sí. «Somos tan diferentes, así que vivimos en dos mundos diferentes», dirán ellos. «Yo tengo mis amigos y actividades, y él tiene las suyas. Nosotros no nos relacionamos mucho». El tener amigos y actividades por separado no es una señal de alerta, sin embargo, la tendencia a estar más involucrados en ellos que en el matrimonio *es* una señal de alerta. El matrimonio se diseñó para ser el hogar de nuestros sentimientos y almas.

Esta no es la misma situación que discutimos previamente en la sección titulada «Cuando lo externo no es un intruso». Allí nos enfocamos en la realidad de que todas las uniones de amor necesitan fuentes externas para crecer. En esta sección, el tema no es acerca de la necesidad de influencias externas, sino acerca de dirigirse hacia el exterior porque dos personas son diferentes.

En realidad, es una percepción totalmente equivocada. Ser diferente no debería ser un problema en el matrimonio. De hecho, debería ser un beneficio. Cuando tu compañero tiene un punto de

> Ser diferente no debería ser un problema en el matrimonio. De hecho, debería ser un beneficio.

vista diferente al tuyo en cuanto a la crianza de los hijos o el mobiliario de la casa, estás siendo enriquecido. Tu mundo se está ampliando. Ya no estás atado a un mundo creado por ti mismo, lo cual es una prisión que no estaba en los planes de Dios para nosotros. Eres obligado a escuchar, a relacionarte y a tomar en cuenta los sentimientos y opiniones de otro ser humano en algunos asuntos en los que tú estás completamente seguro que tienes la razón. Si esto no es la solución para la arrogancia humana, ¡entonces qué es!

La Biblia enseña que necesitamos estas diferencias. Pablo habla de los diferentes dones espirituales que Dios reparte a la gente: «Si todo el cuerpo fuera ojo, ¿qué sería del oído? Si todo el cuerpo fuera oído, ¿qué sería del olfato? En realidad, Dios colocó cada miembro del cuerpo como mejor le pareció» (1 Corintios 12:17-18).

Además, la capacidad de una pareja para lidiar con las diferencias es una señal de su madurez. Los hijos demandan que los demás estén de acuerdo con ellos. Las parejas inmaduras hacen lo mismo. Un esposo llama a su esposa «egoísta» y tiene una rabieta cuando su esposa no ve las cosas a su manera. O una esposa se desanima cuando las cosas no son perfectas y con resignación renuncia «nunca estaremos de acuerdo en nada». Tales cónyuges no serán capaces de vivir con la tensión de que la otra persona no cambiará su forma de pensar, y que se volverán presa de los intrusos que estarán de acuerdo con nuestra opinión, especialmente en relación con los puntos malos de nuestro cónyuge.

Los adultos, sin embargo, intentan comprender los puntos de vista de otros, mientras se agarran de su propia realidad. Ellos enfáticamente aprecian los sentimientos del otro y luego negocian un acuerdo, usando amor, sacrificio, valores y principios. Las diferencias no crean los problemas de intrusos. Es la inmadurez la que lo hace. Aunque los cónyuges poseen sus propias debilidades y problemas, lo que solía volverlos locos, por lo general se vuelve una fuente de alegría para ellos.

> *Las diferencias no crean los problemas de intrusos. Es la inmadurez la que lo hace.*

Hace muchos años conocí a una pareja en la que la esposa es sumamente emocional y caprichosa. Yo me divierto viendo el espectáculo, pero no espero una conversación formal con ella. No sé si la próxima cosa que ella diga tenga algo que ver con lo que se está discutiendo. Este carácter lógico obsesivo, solía volver loco a su esposo. Él decía: «Aquí vas de nuevo», en un tono de voz crítico. Ahora, luego de mucha madurez y humildad de su parte, la ve como una persona espontánea y fascinante, no está en estado de negación. Está enamorado.

ELUDIR EL CONFLICTO

Ya que ustedes no son dos clones, sus diferencias garantizan el conflicto en el matrimonio. Dos personas que se interesan mucho por la manera cómo se debe vivir la vida tratarán de resolver las diferencias. Sin embargo, algunas personas temen al conflicto más que otras. Pueden haber crecido en hogares en los que el conflicto nunca se experimentó como algo bueno. Como dijo un amigo mío: «Cuando nosotros veíamos a mis padres discutir, ellos nos decían "Eso no fue una pelea; fue una discusión". ¡La discusión más encolerizada que yo haya visto alguna vez!». Estas personas entonces con frecuencia odiarán el conflicto, como si este significara que el amor se acabó. No pueden sentirse conectados mientras estén presentes los desacuerdos y las diferencias. Por lo tanto, ellos evitan el conflicto a toda costa, para no perder el amor. Son vulnerables a los intrusos, aunque otras personas y actividades pueden ayudar a mantener la distancia entre ellos mismos y los conflictos subyacentes en sus matrimonios.

Estaremos discutiendo acerca del conflicto en los siguientes dos capítulos, pero te dejaremos entrar al principio aquí: Haz del conflicto tu aliado, no tu enemigo. Es el hierro que afila tu matrimonio (Proverbios 27:17).

LOS INTRUSOS MISMOS

Luego de establecer los principios subyacentes en los asuntos de intrusos, queremos ocuparnos de algunos intrusos que debilitan el vínculo matrimonial y proveer maneras de protegernos de ellos. Tu matrimonio puede que no esté contaminado, o pudiera tener todo esto. De cualquier manera, recuerda que los intrusos son un fruto, no la raíz, de un problema real. Ocúpate de la causa, y el intruso dejará de separarte.

Esta no es una lista completa de intrusos, ya que el tiempo y el espacio no lo permitirían. Existen otros, tales como los padres, la televisión, la Internet, los deportes y las compras. Todos estos necesitan ser evaluados en cuanto a cómo se ajustan dentro del matrimonio, cómo afectan al cónyuge menos involucrado y cómo negociar y comprometerse de manera que ambas personas puedan amar y madurar.

TRABAJO

Todo el mundo está familiarizado con el problema estereotípico del esposo adicto al trabajo cuya esposa siente que ama más a su trabajo que a ella. La mayoría de las veces otros problemas, además de un enamoramiento de la carrera están presentes. Aquí están algunos ejemplos de los asuntos que podrían intervenir:

- *Problemas de acoplamiento.* La incapacidad de un esposo para relacionarse emocionalmente puede causar que se refugie en el trabajo, donde se siente más competente. Una esposa podría necesitar ocuparse de ayudar a su esposo a reconocer el problema y a que se conecte a los niveles de sensibilidad.
- *Exigencia de elogios.* Un esposo puede ser egocéntrico y desear la afirmación del trabajo por sobre la confrontación de su cónyuge. Una esposa puede necesitar ayudarle a él a experimentar el amor por sobre la admiración y a que renuncie a la demanda de ser elogiado todo el tiempo.
- *Falta de seguridad.* Una esposa puede experimentar dolor en su matrimonio y recluirse en el trabajo en

busca de relaciones más positivas. Esta pareja puede necesitar ayuda para hacer el matrimonio lo suficientemente seguro para resistir el conflicto.

- *Falta de libertad.* Un esposo puede ser controlador, y la única manera en que una esposa puede obtener algo de libertad es alejándose. El puede necesitar ocuparse de respetar los límites de su esposa y ella por su parte, de ser más directa en cuanto a sus necesidades.

En todos estos casos, la respuesta no es renunciar al trabajo, sino lidiar con los problemas de carácter y relacionales.

AMIGOS

Es común para las parejas sentir que los amigos se han interpuesto entre ellos, incluso los «inofensivos» platónicos. Una esposa puede «volver a la vida» cuando sus amigos están cerca y lucir aburrida cuando solo su esposo está presente.

O un esposo puede estar siempre buscando oportunidades para que ellos se reúnan con sus amigos y evitar las situaciones personalizadas. O puede haber un cuestionable mejor amigo que parece estar en medio de la pareja. Los problemas subyacentes podrían ser los siguientes:

- *Superficialidad.* Un cónyuge es más «general» que «profundo». Eso significa, que él se relaciona bien en niveles superficiales, sin embargo, teme la cercanía que viene con la intimidad. Puede necesitar ayuda en su temor a ser abandonado o herido.
- *Heridas en el matrimonio.* Un cónyuge puede haber experimentado rechazo de su pareja en sus aspectos más profundos. Por ejemplo, su esposo puede criticar las debilidades, fragilidades, enojos y necesidades de su esposa. De manera que los amigos se convierten en el apoyo para ella en estos aspectos. El esposo puede

necesitar ocuparse en la aceptación total de ella, sin embargo, permitirle la libertad de invertir también en amigos para su propio crecimiento.

- *Rechazo del cónyuge.* Un cónyuge egocéntrico puede descubrir que su pareja no es perfecta y darse por vencido, invirtiendo en otros. Aquí la pareja tiene que lidiar con lamentables demandas perfeccionistas y ocuparse de hacerle la vida «lo suficientemente buena» a su cónyuge, incluso si no es el ideal.

- *Contar secretos a los amigos.* Algunas veces un cónyuge se siente herido porque su pareja mantiene llamadas telefónicas y conversaciones secretas. En la relación ideal, los cónyuges no deberían tener secretos serios en el matrimonio. Entre más profunda sea la relación, mayor será la capacidad de soportar las realidades de cada cónyuge. No obstante, algunos matrimonios más frágiles pueden usar entornos saludables tales como consejería pastoral o un terapeuta hasta que el matrimonio sea lo suficientemente fuerte para lidiar con lo que exista entre ellos.

> *Mientras las parejas se ocupen de sus problemas, los amigos no son un problema de límites, sino un regalo que los acerca más.*

Una vez más, los amigos son un tesoro en cualquier matrimonio. Mientras las parejas se ocupen de sus problemas, los amigos no son un problema de límites, sino un regalo que los acerca más.

NIÑOS

Los hijos son intrusos intrínsecos en un matrimonio. Ellos necesitan mucho y con mucha frecuencia de una pareja. Sin embargo, la pareja que pone la crianza de los hijos por sobre su matrimonio tiene un problema. Aquí están algunos asuntos subyacentes:

- *Esconder los conflictos de intimidad tras los hijos.* La pareja tiene problemas con el acercamiento o el control, sin embargo, ninguno de los cónyuges quiere ocuparse de ellos. Tú nunca le das a los niños suficiente tiempo (¡tan solo pregúntales a ellos!). De esta manera, la relación se centra en los hijos en lugar de en el matrimonio. Estas parejas necesitan exponer sus conflictos el uno con el otro de una manera confiada y trabajar a través de ellos.
- *Sobreidentificarse con los hijos.* Algunos cónyuges sienten una culpa y responsabilidad desmedida por las vidas de sus hijos, y pasan por momentos muy difíciles para dejarlos ir. Ellos piensan que el cónyuge puede manejar la desatención, y se exceden en la participación de la crianza de los hijos. Ellos necesitan conceder espacio y tiempo apropiado con los hijos según la edad, una acción que permite a los hijos separarse y a la pareja acercarse el uno al otro. (Para más información sobre este tema, vea *Límites para nuestros hijos* y *Raising Great Kids* [Criar hijos estupendos]).
- *Establecer mejores límites para los hijos que para el cónyuge.* Con frecuencia un cónyuge sentirá: «Si ella no escucha mi opinión, al menos los hijos lo harán». Y él se excederá en participar con sus hijos porque ellos pondrán cuidado a sus palabras. Esta pareja necesita ocuparse en el respeto de los límites el uno del otro y ayudarlo a sentir tanto amor como libertad.
- *Malas interpretaciones en cuanto a la crianza de los hijos y el matrimonio.* Alguna gente simplemente nunca ha pensado sobre el hecho de que criar a los hijos es temporal y el matrimonio es permanente. Un amigo me dijo una vez: «Nosotros estamos en una cultura centrada en los hijos, y yo quiero se vuelva más centrada en la familia». Las parejas puede que necesiten ajustar sus valores apropiadamente.

AVENTURAS AMOROSAS

El intruso más doloroso, una aventura amorosa, ha sido las campanas fúnebres para muchos matrimonios problemáticos. Sin embargo, creemos que, como en los otros casos, la aventura amorosa es un síntoma trágico de otros problemas, tales como los siguientes:

- *Vacío en el matrimonio.* Algunos cónyuges tienen aventuras para conectarse con alguien cuando no logran conectarse con su pareja.
- *Exigencias para ser tratado como perfecto.* A veces un cónyuge con tendencias narcisistas rechazará el reflejo de sus imperfecciones por parte de su pareja y buscará a alguien que lo trate con cariño y lo admire.
- *Cuestiones de víctima-perpetrador-rescatador.* Un cónyuge tomará el papel de víctima indefensa, y el otro será el perpetrador rapaz. Entonces la víctima buscará afuera un rescatador para que la proteja del malvado, eso es hasta que el rescatador comience a dar señales de ser imperfecto también.
- *Problemas de límites.* Un cónyuge será incapaz de establecer límites en el matrimonio. La aventura amorosa se convierte en la única manera en que le ha dicho no a su pareja. En otras palabras, es la única cosa desobediente que ha hecho en el matrimonio.

Estos ejemplos indican problemas serios en un matrimonio. No creemos en el divorcio automático por causa de las aventuras amorosas. Dios simplemente permite el divorcio, pero no lo exige, en casos de adulterio (Mateo 5:32). En casos donde el cónyuge está realmente arrepentido, ha renunciado a la aventura amorosa, y toma en serio el proceso de crecimiento para

> Criar a los hijos es temporal y el matrimonio es permanente.

un largo recorrido, a veces la aventura sirve como una llamada para despertar a la madurez. Hemos visto muchos casos en los que la aventura ha llevado a una intimidad y fortaleza mayor en el matrimonio.

Aun cuando te ocupes de proteger a tu matrimonio de intrusos, todavía tendrás conflictos. El capítulo siguiente te ayudará a lidiar satisfactoriamente con los diferentes tipos de conflictos que enfrentan los matrimonios.

Capítulo 13
Seis clases de conflictos

Los conflictos no son todos iguales. Las reglas son diferentes para los diferentes tipos de conflicto. Si uno de ustedes llega a casa tarde sin llamar, por ejemplo, entonces la confesión y la disculpa siguen en orden. Sin embargo, si ustedes no se ponen de acuerdo en dónde ir a comer, ¡nadie debe postrarse como si hubiese cometido un pecado grave!

No obstante, nos topamos con parejas que hacen exactamente eso. Sienten que cada conflicto tiene un lado correcto y otro equivocado, y en lugar de tratar de resolver el problema, discuten sobre cuál de ellos tiene razón. Es impresionante cuán creativo se puede volver alguien para defender la «razón» de su posición cuando la conversación pudo haber sido acerca de ¡cómo la pareja pasará las vacaciones! En la mayoría de los conflictos no existe uno que tiene la razón y otro equivocado. Sin embargo, algunos cónyuges pueden sonar como un par de abogados en la corte.

En este capítulo queremos ayudarte a distinguir qué clase de conflicto estás enfrentando. Entonces pudieras estar mejor preparado para encontrar una solución aceptable para ambos y para la relación en sí. Veamos la lista de conflictos maritales comunes y luego examinemos cada tipo.

- Pecado de uno de los cónyuges
- Inmadurez o quebrantamiento de una persona
- Sentimientos heridos que no son culpa de nadie

- Deseos opuestos
- Los deseos de una persona frente a las necesidades de la relación
- Problemas conocidos contra los desconocidos

CONFLICTO #1: PECADO DE UNO DE LOS CÓNYUGES

En esta simple perspectiva, hay un culpable. Alguien ha hecho algo mal. Un cónyuge ha pecado contra el otro. Hay una infracción real, no imaginaria. Y existe abundancia de aspectos en los que podemos pecar: pecado sexual, explosiones de enojo, pérdida de autocontrol, impaciencia, actitudes de crítica, juzgar a los demás, gastar de manera descontrolada el dinero familiar (robo), mentira o decepción, abuso de drogas, conducta controladora, conducta emocionalmente injuriosa (insultar o subestimar), abuso de poder, orgullo, egoísmo, codicia, celos, envidia y vanidad.

La primera cosa para considerar al enfrentar el conflicto que viene del pecado de un individuo es la actitud del cónyuge que confronta el pecado. Incluso lo mejor que la gente puede hacer es lo que la Biblia llama «quedarse corto de la gloria de Dios». La mejor cosa que cualquiera puede hacer al enfrentar el pecado de un cónyuge es demostrar la misma actitud que Dios tiene hacia alguien que peca: «Más bien, sean bondadosos y compasivos unos con otros, y perdónense mutuamente, así como Dios los perdonó a ustedes en Cristo» (Efesios 4:32).

Jessica y Reggie vinieron a consejería porque ella descubrió que él estuvo mirando pornografía en la Internet. Al principio ella estaba muy herida. Se sentía traicionada. Entonces sintió que algo tenía que estar mal con ella, sino él no tendría que estar viendo fotos de otras mujeres. Sin embargo, luego del caos inicial por tal descubrimiento, ella mostró una gracia extraordinaria en una de nuestras sesiones.

—¿Cómo te sientes acerca de esto? –yo (Dr. Cloud) le pregunté a ella, conociendo su dolor y sentimientos de traición.

—Supongo que ya he superado todo el dolor —dijo ella.

—¿Cómo lo lograste?

—Solamente comencé a pensar en él —respondió—. Cuando vi el tipo de atadura en la que estaba inmiscuida y cuán mal se sentía de sí mismo, pensé acerca de qué lo estaba llevando a eso. Me lamenté por él y por la vergüenza que sentía. Yo solo quiero que tú le ayudes a encontrar la razón que lo lleva a hacer esto. Sé que tampoco soy perfecta. No quiero que haga esto, sin embargo, supongo que he comenzado a comprender su dolor.

Reggie comenzó a llorar. La gracia que su esposa le demostró era muy diferente a lo que alguna vez hubiese recibido en su vida, y mucho más diferente de cómo respondió a sí mismo. Se volvió hacia ella, lloró en sus brazos, y dijo: «Siento haberte herido de este modo».

De aquí en adelante, Reggie fue un tipo diferente. Aprovechó el trabajo de terapia y recuperación con pasión, viéndolo como un proyecto que tiene que hacer para no perder la gracia que ha estado dando. Recordé el versículo acerca de la gracia de Dios que nos dice que es su bondad la que nos lleva al arrepentimiento (Romanos 2:4).

Jessica ofreció las dos cosas más importantes con respecto a la actitud que la Biblia sugiere para lidiar con el pecado de alguien más: humildad y gracia. No abordó el pecado de su esposo con la idea de que era alguien «mejor que él». Como lo expone Pablo: «Hermanos, si alguien es sorprendido en pecado, ustedes que son espirituales deben restaurarlo con una actitud humilde. Pero cuídese cada uno, porque también puede ser tentado. Ayúdense unos a otros a llevar sus cargas, y así cumplirán la ley de Cristo» (Gálatas 6:1-2).

Jessica no se enseñoreó sobre Reggie, diciéndole que este era su problema y no el de ella. Se identificó con la mutua posición que ambos tenían ante Dios como pecadores. Se dio cuenta que tampoco era perfecta, y entonces le dio a su esposo el mismo tipo de gracia que ella recibía de Dios. Lo restauró amablemente vigilándose a sí misma y sus propias actitudes para asegurarse que permanecía humilde. Esto probó ser un aspecto importante para el propio arrepentimiento de Reggie.

Al mismo tiempo, ella no minimizó el pecado. Esta es una de las cosas más difíciles para alguna gente. Estas personas sienten que si van a estar llenos de gracia y humildad, no pueden ser severos con el pecado. Sin embargo, un amigo mío una vez dijo: «Trata suave a la persona y duro al problema». Esto fue lo que Jessica hizo, fue sincera, llamó pecado a la pornografía por Intenet, y habló de su dolor y traición, pero no permitió que el pecado de Reggie se fuera sin ser confrontado. Tomó una postura de acuerdo a sus valores, justo como lo hablamos en el capítulo 5. Las parejas necesitan tomar una fuerte postura contra cualquier cosa que viole sus valores. La pornografía va en contra de varios valores: fidelidad, sinceridad, santidad, amor a Dios y amor al prójimo.

No minimices el pecado de tu cónyuge, y pídele a él o ella no minimizar el tuyo. Finalmente, esto será lo mejor para ambos y para la relación. Sé severo con el problema, pero recuerda cómo Dios es contigo, trata suave a la persona. Al igual que Jesús, enfrenta el pecado tanto con gracia como con verdad.

> *Las parejas necesitan tomar una postura fuerte contra cualquier cosa que viole sus valores.*

El proceso se puede ver de esta forma:

- 1. Observa tu propia actitud. Libérate a ti mismo de juzgar a los demás, de la condenación, de la vergüenza o del orgullo. Mira la viga en tu propio ojo, muestra misericordia, e identifícate con tu cónyuge como compañero pecador.

- 2. Habla directamente del asunto. Hazle saber a tu cónyuge que conoces lo que esta sucediendo, y dile que lo que está haciendo no es correcto. Si el pecado es contra ti, dile cómo te sientes. Habla sobre el dolor y cómo te afecta a ti y a cualquier otra persona que esté involucrada. No lo avergüences a él, no obstante, sé sincero. Utiliza las declaraciones de «Yo».

- 3. Un cónyuge amante de los límites reconocerá el error y se disculpará. Acepta su disculpa; ofrece tu perdón. Reafirma tu amor y aceptación.

- 4. Cuando las emociones no son fuertes, habla sobre el problema para ver si existe alguna otra ayuda que él podría necesitar. Aunque él haya confesado y esté arrepentido, asuntos subyacentes pudieran necesitar ayuda de afuera. Ofrece tu apoyo y ayuda para resolver el problema.

- 5. Acuerden un plan de seguimiento. «Si vuelvo a notar algo, ¿cómo quieres que te ayude? ¿qué quieres que yo haga?». De esta manera te conviertes en un miembro de equipo para ocuparte del problema y no en un policía. Puede que quieras hablar con él acerca de buscar también otros recursos para el problema, tales como amigos para que lo ayuden a mantenerse responsable. El asunto importante es que ustedes estén juntos como un equipo para pelear un nuevo acontecimiento.

CONFLICTO #2: INMADUREZ O QUEBRANTAMIENTO DE UNA PERSONA

Jerry estaba frustrado con su esposa Genie. Ellos decidieron, al principio de su matrimonio, que era importante que ella estuviera en casa con los hijos, de manera que habían dividido sus deberes. Él trabajaba fuerte para proveer económicamente a la familia, ella tenía la responsabilidad de hacerse cargo del hogar. No obstante, Genie no estaba «trabajando como debía». Muchas cosas no se estaban cumpliendo. Por ejemplo, Jerry esperaba que ella limpiara la casa, lavara la ropa y tuviese la comida lista cuando regresara de su trabajo. Sin embargo, él llegaba a una casa desordenada, donde la ropa estaba sucia y no había comida. Además, ella estaba cansada cuando él regresaba a casa, y cada vez más las responsabilidades de la crianza de los hijos recaía sobre sus hombros.

Jerry le gruñía a Genie para que hiciera más, y ella se enojaba con él y le decía que estaba haciendo todo lo que podía. Él no lograba entender porqué ella no podía hacer más y le decía: «¡Porque así es la vida! Solo tienes que disponerte y hacerlo. Yo también estoy trabajando fuerte». Ella no se sentía muy aliviada con el «consejo» de él. Alternaba entre sentirse mal y sentir resentimiento hacia él por presionarla.

Finalmente, decidieron buscar consejería.

Luego de hablar con ellos durante un rato, me quedó claro que Genie tenía serios problemas y que Jerry tenía serios defectos para la empatía y la comprensión. Me compadecía por él en que estaba llevando una carga mayor a la que habían acordado. Sin embargo, la manera en que estaba tratando a su esposa estaba fuera de lugar. En realidad, su conducta haría más difícil la superación para ella.

Genie estaba deprimida. Esta era la primera realidad con la que ellos tenían que trabajar. El solo hecho de hacer mayor esfuerzo no iba a solucionar su depresión. Hasta que ella se ocupara de su depresión, le faltaría energía y concentración. Además, ella no tenía el estilo de carácter para manejar su hogar de la manera en que ambos deseaban.

Se necesitaba la madurez en ambas partes. Primero, Jerry tenía que «entenderlo». Tuve que hacer varias cosas con él. Él tenía que aprender cómo aceptar la realidad de quién era Genie, con la depresión y la desorganización incluida. Tenía que aprender que estaba casado con toda ella, con sus debilidades incluidas. Y tenía que aprender qué significa amor incondicional. Yo tenía que prepararlo en las realidades de la depresión y también en las verdaderas incapacidades de Genie. Ella no tenía la capacidad de «simplemente superarlo» ni tenía la capacidad para simplemente «volverse organizada». Ambas eran limitaciones reales que él tendría que aceptar y amarla a ella en medio de esto.

Segundo, Jerry tenía que aprender a no ser su crítico, sino a apoyarla y encontrar maneras de cómo trabajar con ella. Esto incluía renunciar a algunas cosas que él quería y que ella no podía hacer. Renunciar a las expectativas no era fácil para él, no obstante, estaba abierto a otras posibilidades y dispuesto a aprender ¡aunque frustrado! Esto ayudó cuando él miró algunas de sus propias incapacidades y pudo sentir empatía e identificarse con las de ella. Él tenía algunas fallas en su propia vida. Yo le ayudé a ver que ella no era diferente.

Y Genie tenía que aceptarse a sí misma, había luchado con el hecho de que tenía un problema. No había enfrentado la realidad de su incapacidad. La comprensión de esto es un paso importante para solucionar cualquier cosa. Ella había estado atascada en los «deberías». Había estado diciendo: «Yo *debería* ser capaz de hacer más. No *debería* ser tan desorganizada», todavía estaba protestando por la realidad de quién era ella. Tenía que llegar al punto de decir: «Me gustaría no estar deprimida y ser más organizada. Sin embargo, la realidad es que aquí es donde me encuentro. La pregunta ahora es: siendo esta la realidad, ¿qué voy a hacer al respecto?».

Una vez que Genie reconoció esto, pudo comenzar a cambiar. Una vez que enfrentó su incapacidad, pudo ponerse a trabajar. Nosotros desarrollamos el siguiente plan.

1. Ocúpate de la *depresión*. Genie vio su vieja depresión como un problema verdadero y comenzó un tratamiento para esto. Tomó medicamentos y buscó consejería. En cuestión de meses, ella vio un importante progreso. Tenía mucho más energía y concentración para enfrentar y resolver algunos otros de sus problemas.

2. Ajústate a la *realidad*. Tanto Jerry como Genie tenían que

reorganizar sus vidas. Ellos tenían que renunciar a algunos de sus ambiciosos planes por un tiempo hasta que sus problemas mejoraran. En su plan original habían incluido dos personas que funcionaran completamente, y no lo lograron, al menos por algún tiempo. Por lo tanto, acordaron reducir lo que querían hasta llegar a un mejor acuerdo.

3. Ocúpate *de la desorganización*. Genie vio que su falta de organización era un problema serio y que una resolución más de Año Nuevo no la iba a hacer a ella más disciplinada. Ella se unió a un grupo de responsabilidad con amigos que le ayudaron a dar algunos pasos hacia la organización. Les pidió que la vigilaran y se aseguraran de que había cumplido con los planes acordados. Le pidió a una mujer mayor de su iglesia que la ayudara a adquirir algunas habilidades que nunca había aprendido. Hacer compromisos a ciertos horarios y trabajos era nuevo para ella, sin embargo muy útil. Pronto logró cumplir con su trabajo y sentirse mucho mejor con respecto a la vida.

Jerry y Genie lo hicieron muy bien. Ella se ocupó de su depresión y comenzó a hacerse cargo de la casa de manera aceptable para que ambos lograran sus metas como familia. Y Jerry se volvió una persona mucho más compasiva y servicial. (Secretamente, parte de mi pensaba que Dios los había unido para ayudar a Jerry a volverse más flexible, ¡aunque mantengo tales meditaciones teológicas improbables para mi mismo!). Estaba orgulloso de ellos.

Su historia nos enseña algunas lecciones valiosas para lidiar con el conflicto que produce la incapacidad de uno de los cónyuges. Todos nosotros fallaremos en satisfacer las demandas de la

> *La mayoría de la gente se casa ignorando totalmente los defectos de su cónyuge.*

vida. Este es un concepto difícil de entender para algunas personas. La mayoría de la gente se casa ignorando totalmente los defectos de su cónyuge. De hecho, parte de «enamorarse» es idealizar a una persona imperfecta, sin ver siquiera dónde él o ella es insuficiente dentro de ese ideal. Sin embargo, en toda relación, finalmente surge la realidad. Cuando sucede, es importante enfrentarla de las siguientes maneras útiles.

1. ACEPTAR LA REALIDAD

Acepta la realidad en cuanto a ti mismo y tu cónyuge. Ninguno de los dos estará preparado para algunas de las realidades que la vida trae. Tú no tendrás la capacidad emocional para enfrentar algunas tensiones de la manera en que te gustaría. O no tendrás la habilidad que se necesita para ser un adulto maduro. Cuando esto suceda, no te sorprendas. A continuación algunos aspectos donde las personas comunes encuentran que tienen quebrantamientos del pasado o inmadurez donde no están preparados para actuar como a ellos o a su cónyuge le gustaría:

- Capacidades relacionales para acercarse, comunicarse o mantener intimidad
- Capacidades para la crianza de los hijos
- Problemas emocionales del pasado o de su familia de origen
- Falta de estructura, autodisciplina o de concluir lo iniciado
- Incapacidad financiera para producir o manejar dinero
- Dificultades sexuales producto del temor, traumas anteriores, vergüenza u otros factores emocionales
- No completar la formación de «dualidad» e identidad de la que hablamos en el capítulo 4
- No haber abandonado por completo su hogar y convertirse en un adulto listo para el matrimonio

Ninguno de estos son «pecados». Son aspectos en los que estás inmaduro y necesitas crecer. Si uno de ustedes da a entender que estos son pecados, o exiges que no estén presentes porque tú quieres un cónyuge «ideal», entonces estás prolongando el problema. Acepta la realidad.

2. COMUNICA TU APOYO A TU CÓNYUGE

No crecemos cuando somos juzgados, regañados, condenados, resentidos o sujetos a algunas otras faltas de misericordia. Todos necesitamos sentir que alguien está de nuestro lado y nos apoya. Permite que tu cónyuge sepa que eres su más grande partidario y reafírmale tu amor incondicional absoluto y aceptación tal como él o ella es. Como nos dice 1 Tesalonicenses 5:14: «... estimulen a los desanimados, ayuden a los débiles y sean pacientes con todos». Deja saber a tu cónyuge que su debilidad o incapacidad es algo en lo que puede contar con tu apoyo y paciencia.

3. ENFRENTA LOS ASUNTOS COMO VERDADEROS PROBLEMAS

A pesar de que no deseamos ser personas que damos poco apoyo o que carecemos de gracia, también queremos ser sinceros en cuanto a los problemas. No hubiese sido verdadero amor de parte de Jerry ignorar la depresión de Genie o su vida desorganizada. Parte del amor, recuerda, es la sinceridad y esto requiere santidad y madurez departe de cada uno. De manera que, en donde tu cónyuge no esté maduro, déjaselo saber.

Se directo. Dile lo que tú ves como un problema. Déjale saber a tu cónyuge cómo te sientes y cómo esto te afecta. Sin embargo, sé cuidadoso para mantenerte alejado de avergonzar y de condenar: «Comprendo tu dificultad, Genie. Realmente lo entiendo. Sin embargo, al mismo tiempo, me gustaría que fuéramos capaces de hacer algunas cosas juntos de nuevo. Me siento solo. Quiero que busques tratamiento para tu depresión, de este modo podemos volver a divertirnos».

Este tipo de comunicación puede ser motivador, no condenatorio. No obstante, asegúrate de que ambos están claros de que existe una necesidad de crecer.

4. RECONOCE TUS PROBLEMAS

Si eres el que ha sido confrontado con su inmadurez, reconócelo. Sé un «amante de los límites». Sé el tipo de hombre o mujer sabia que ama recibir comentarios y hacer caso. No seas defensivo, y trata de aprender lo que la persona que te observa todos los días está aprendiendo de ti. (Hablaremos más acerca de cómo ser un amante de los límites en el próximo capítulo). No luches contra la verdad ni contra el problema mismo.

5. PREPARA UN PLAN

Genie y Jerry diseñaron un plan para ocuparse de sus problemas de inmadurez. Recibieron ayuda de otros. Tú tendrás que hacer lo mismo también, no importa quién seas. Necesitamos ayuda, tutoría, apoyo y enseñanza. Nadie crece por sí solo.

Algunos necesitan terapia. Otros necesitan consejería financiera. Aun otros necesitan apoyo o auxilio de grupo. Algunos necesitan sistemas de responsabilidad. No obstante, asegúrate de que tu inmadurez o insatisfacción no te gobierne. Supéralo al proponerte a lidiar con él. Dedica recursos, tiempo y energía al problema.

6. HAZLO MUTUO

Guárdate de poner a un cónyuge etiqueta de «la persona problema». Esto nunca es cierto. Solo porque Genie tenía los problemas más evidentes no significaba que ella era la única que tenía que madurar. Ninguno de ustedes es una persona completa todavía; ambos están aun creciendo. Guárdate de quien es el más práctico visto como «el que está bien». Dios dice que ustedes son igual antes sus ojos, y ustedes también deberían ser iguales entre sí.

Por lo general, uno de ustedes dos ha crecido más en el aspecto *relacional*, como expresar los sentimientos y confrontar los problemas, y el otro en el aspecto *funcional* de la vida, como avanzar

> *Dios dice que ustedes son igual antes sus ojos, y ustedes también deberían ser iguales entre sí.*

en la carrera profesional y hacer que las cosas se hagan. Ayúdense el uno al otro en sus aspectos débiles. Recuerda: ustedes ahora son uno. Y si uno de ustedes sufre, igual le sucede al otro. Como nos dice Pablo, ustedes dos están juntos en esto:

> Así mismo el esposo debe amar a su esposa como a su propio cuerpo. El que ama a su esposa se ama a sí mismo, pues nadie ha odiado jamás a su propio cuerpo; al contrario, lo alimenta y lo cuida, así como Cristo hace con la iglesia, porque somos miembros de su cuerpo. «Por eso dejará el hombre a su padre y a su madre, y se unirá a su esposa, y los dos llegarán a ser un solo cuerpo». Esto es un misterio profundo; yo me refiero a Cristo y a la iglesia. En todo caso, cada uno de ustedes ame también a su esposa como a sí mismo, y que la esposa respete a su esposo (Efesios 5:28-33).

Aquí no hay «uno que sea el mejor». Cada uno de ustedes ama al otro como parte de sí mismo. Ustedes son uno. Ambos tienen necesidad de crecer. La igualdad y la reciprocidad pueden resolver muchos problemas si ustedes trabajan como un equipo. Ya no son individuos de la misma manera que los solteros. Haz que tanto la igualdad como los problemas sean mutuos, de manera que se ayuden el uno al otro.

CONFLICTO #3: SENTIMIENTOS HERIDOS QUE NO SON CULPA DE NADIE

George llegó a casa del trabajo y la encontró vacía. Él pensaba que Mary estaría allí, ya que eran más de las 6:00 p.m. Por lo general, ella estaba en casa al final de la tarde. Estaba sorprendido, sin embargo, no pensó mucho en el asunto. Se puso a leer el periódico y a ver el noticiero.

Cuando ella llegó, estaba emocionada de verlo. Se acercó a él y le dio un gran beso. Él le sonrió levemente. Pensando que simplemente él había tenido un día difícil, ella lo dejó pasar.

Más tarde, en la cena, George no estaba muy comunicativo. Tomó su plato y se fue a ver televisión. Ella terminó de comer y comenzó a hacer algunas tareas. George se fue a su habitación, y cuando ella llegó, estaba dormido.

A estas alturas, ella pensó que algo andaba mal, así que lo despertó. Al principio, él estaba defensivo, y luego se le humedecieron los ojos. Finalmente, le dijo que se sentía triste y solo.

—¿Por qué? —Mary quiso saber, al percibir que esto tenía algo que ver con ella.

—Bueno, yo llegué a casa para verte, y tú te habías ido. Llegaste mucho rato después. Me ignoraste.

—¿Qué quieres decir? –no era tarde cuando yo llegué. Y además, andaba trayendo las camisas que querías cambiar.

—¡Qué bien! Y simplemente olvidar que yo existo mientras estás fuera entreteniéndote en una de tus expediciones a las tiendas. Estoy seguro que también encontraste mucho más qué hacer.

—¡Muy bien! La próxima vez compra tus propias camisas.

Mary regresó a la sala de estar y vio una película hasta muy tarde. George se fue a dormir. Ninguno se sentía bien con respecto a lo ocurrido.

Lo sucedido era un patrón familiar en su relación:
* Uno de ellos se sentía herido
* La persona herida se expresa como si la otra persona hubiese pecado contra él
* La parte acusada se vuelve defensiva
* Ellos «van a corte» a defender su inocencia
* Ellos terminan distanciados
* El problema nunca se resuelve, y ellos continúan, «olvidando» lo sucedido al día siguiente

Lamentablemente, este patrón sucede en muchas relaciones. En realidad, ni George ni Mary cometieron una trasgresión. Sin embargo, George estaba herido. Esta herida no era culpa de nadie. Para ella no era un pecado hacer los mandados, no se había comprometido a estar en casa para encontrarse con él a cierta hora. Tampoco George había hecho algo para «tener sus sentimientos heridos». Simplemente había ocurrido.

> *Lo importante es que aprendemos cómo lidiar con la clase de heridas en donde nadie está realmente «equivocado».*

Mientras crecía, George fue un niño solo, nunca tenía a alguien en casa al regresar de la escuela. Por lo tanto, era muy sensible a los sentimientos de abandono y a sentirse ignorado. Mary no había hecho nada «malo», no obstante, George igual estaba herido.

Esto es común. Debido a que todos tenemos heridas y cosas a las que somos sensibles, las cosas insignificantes nos pueden afectar. Lo importante es que aprendemos cómo lidiar con la clase de heridas en donde nadie está realmente «equivocado». Aquí hay algunos consejos:

1. CUANDO ESTÉS HERIDO, ADMÍTELO

Conócete a ti mismo lo suficientemente bien para saber cuando algo te molesta, y confiesa tus sentimientos. George realmente no observó lo que ocurría dentro de él. No ignores cómo te sientes. Averigua qué te molesta. Si no sabes lo que es, al menos reconoce que es «algo».

2. COMUNICAR

Dile a tu cónyuge que estás herido por algo que hizo. No lo culpes como si hubiese pecado. A diferencia de George, aprópiate de la herida como si viniera de dentro de ti. Di que tú sabes que es tu problema, que tan solo quieres que tu cónyuge te comprenda. La noche de esta pareja hubiera sido diferente si George hubiera dicho: «Sé que no hiciste nada malo. Sin embargo, más temprano cuando llegué a casa y no estabas aquí, me sentí solo y triste. Esto me recordó muchos sentimientos que solía tener de niño».

De nuevo, usa declaraciones de «Yo» y habla sobre tus propios sentimientos, asegurándote que no suenas como si estuvieras culpando a tu cónyuge.

3. ENFATIZAR

Si tú estás en el lado opuesto del herido, muestra empatía por los sentimientos de tu cónyuge. Reconoce que al dar cariño y ofrecer empatía no estás diciendo que es tu «culpa». Si te puedes identificar con los sentimientos de tu cónyuge, ofrece también: «Sé cómo te sientes. Puedo entender porqué te sientes tan mal. A mí tampoco me gusta sentirme solo».

Sé un agente sanador para la herida del pasado. Cuando ofreces comprensión en lugar de minimizar los sentimientos de tu cónyuge, estás haciendo lo opuesto a lo que hizo la persona que causó la herida original y te vuelves parte de la sanidad en lugar de parte del problema.

4. IDENTIFICAR PATRONES Y PLAN

Conoce qué te hiere. Entonces puedes anticipar las cosas que te pueden herir en el futuro. Y cuando esto suceda, puedes tomar precauciones para responder favorablemente o, aun mejor, evitar del todo la herida. Si ves venir situaciones, puedes elaborar un plan de manera que no logren herirte.

El otro día hablé con una pareja que estaban haciendo planes para unas agitadas semanas. Ellos sabían que la esposa era propensa a imponer sus sentimientos y dar por sentado cuando las cosas se hacían más difíciles. Ellos hablaron por adelantado sobre cómo se sentiría ella y tomaron precauciones para asegurarse de que no ocurriera. Una era para que ella diera una señal de advertencia anticipada. «Si comienzas a sentir imposiciones o a dar por sentado, déjame saber inmediatamente», le dijo él.

5. MANTENTE EN UNA FUNCIÓN SANADORA

Todos somos responsables por las heridas que llevamos dentro. Si te has dado cuenta de un tema repetitivo de dolor, llámalo un problema y busca ayuda. Haz algo para buscar sanidad en ese aspecto y que así deje de interferir en tu vida. Eso es parte de llegar a ser una persona completa y curada.

6. GUÁRDATE DE «IR A CORTE»

Lo que hicieron George y Mary es lo que mantiene a las parejas atascadas. Ellos trataron de descubrir quién estaba «equivocado». Por supuesto, nunca lo lograron, porque ninguno lo estaba. Valoren los sentimientos uno del otro porque lo que tu cónyuge está sintiendo es auténtico y válido para él o ella. Recuerda, no necesitas ganar ni tener la razón. No estás en una corte, y no hay un juez ni un jurado. Lo importante es que sus corazones se conecten con la empatía para quienquiera que esté herido.

El matrimonio es un lugar donde las viejas heridas son pisoteadas. Esto es inevitable. Sin embargo, las viejas heridas pueden sanar a medida que respondes a tu cónyuge de manera diferente de lo que él ha respondido en su «pasado». Conviértete en un agente sanador, con empatía, comprensión, sin estar a la defensiva y brindando cuidado.

CONFLICTO #4: DESEOS OPUESTOS

Piense en los siguientes inevitables conflictos:

> *Sus diferencias son parte de lo que los unió. Ustedes se complementan uno al otro.*

- A una persona le gusta las películas de aventuras, a la otra las comedias románticas
- Una quiere gastar dinero en asuntos de la casa, la otra quiere ahorrar para el futuro
- A una le gusta la iglesia que se enfoca en la adoración contemporánea, a la otra le gusta la liturgia tradicional
- A una le gusta salir, la otra quiere quedarse en casa
- Una quiere más hijos, la otra no quiere más

Dondequiera que tengas dos personas, tendrás deseos opuestos. Es una de las cosas que hace a una relación ser lo que es. Dos personas diferentes traen sus diferencias a la mesa. De hecho, sus diferencias son parte de lo que los unió. Ustedes se complementan uno al otro, como lo mencionamos en un capítulo anterior.

Normalmente, dos personas flexibles desarrollan un patrón de dar y recibir, y las diferencias se negocian. Sin embargo, algunas veces ellos dan con un punto muerto. Unos pocos principios pueden ayudar:

1. EVITA MORALIZAR TU PREFERENCIA

Yo estaba trabajando con una pareja que difería en la forma en que les gustaba a ellos pasar el «tiempo libre». A Joe le gustaba pasar el tiempo libre tranquilo, holgazaneando alrededor de la casa, jugaba con los niños o veía deportes por televisión. Algunas veces, los sábados por la tarde tomaba una siesta.

Susan era una persona más emprendedora. Le gustaba hacer proyectos en la casa cuando tenía tiempo libre. Sin embargo, luego de organizar la casa y «trabajar en proyectos» mientras Joe estaba descansando, ella comenzó a enojarse porque él no le ayudaba.

Pronto la discusión siguió. Ella sentía que él estaba siendo «perezoso», y él, por su parte, sentía que ella era «compulsiva». Ellos «irían a corte». Susan moralizaba su posición, al pensar que el trabajo era bueno y la TV mala. Él «debería» estar ayudando. Él se sentía firme en cuanto a su decisión, al decir que el trabajaba muy fuerte toda la semana y merecía un descanso.

Aunque esta no era una cuestión acerca de lo bueno y lo malo, cada uno justificará estar en la cima de la moral. Y no llegarán a ningún lado.

Fui capaz de mostrarles que estas eran cuestiones de «preferencia», no de bien y mal. Los humanos tendemos a ver lo que preferimos como bueno, especialmente si una de las preferencias tiene apariencia como de calidad moral para esto, como trabajar y llevar a cabo algo. Para algunos cónyuges, las relaciones podrían estar en la cima de la moral, mientras que el cónyuge puede preferir la soledad.

Asegúrate que entiendes que tu deseo no es más alto que el de tu cónyuge. No trates de ganar haciendo los tuyos buenos y los de él o ella malos. Estas son preferencias, no leyes.

2. IDENTIFÍCATE Y COMPRENDE LA IMPORTANCIA DE LOS DESEOS DE TU CÓNYUGE

Evita menospreciar lo que tu pareja quiere. Aléjate de declaraciones que hagan parecer que lo que ella o él quiere, es menos importante que lo que tú quieres. Sus deseos son tan reales para él o ella como los tuyos son para ti. Valora sus deseos como verdaderos y buenos.

Si a ella le gustan las películas que tienen más drama que acción, decir que no quieres ir a «cursis películas para chicas» no es amable. Mejor di: «De acuerdo, veo porqué quieres ir a ver esa película. Parece como que tiene muchas cosas significativas para ti».

3. ATIENDE LOS DESEOS DE TU CÓNYUGE ANTES DE ATENDER LOS TUYOS

Pablo nos da un gran consejo: «No hagan nada por egoísmo o vanidad; más bien, con humildad consideren a los demás cono superiores a ustedes mismos. Cada uno debe velar no sólo por sus propios intereses sino también por los intereses de los demás» (Filipenses 2:3-4). Si estás tratando de asegurarte de que su cónyuge obtenga primero lo que él o ella quiere, tus argumentos serán sobre a quién le corresponde admitir ese día, ¡no quién lo logra a su manera!

Busca asegurar que tu cónyuge logre satisfacer sus deseos antes de satisfacer los tuyos, y evitarás la mayoría de las discusiones. En realidad, esto no va a suceder con frecuencia, no obstante, lo importante es tu actitud.

Permite a tu cónyuge escoger el carro o la película o la vacación esta vez. Siempre habrá una próxima.

4. SI ES NECESARIO, LLEVA LA CUENTA DE LAS TUYAS, LAS MÍAS Y LAS NUESTRAS

Trabajé con una pareja que siempre discutía acerca de cómo pasaban el tiempo y cómo gastaban su dinero. Finalmente les dije que habían dos tipos de relaciones en el mundo: aquellas que funcionaban por amor y las que funcionaban por las reglas. Las relaciones por amor no requieren reglas, porque estas parejas viven por la Regla de oro, de hacer a otros como quieren que hagan con ellos. Sin embargo, las parejas que no funcionan por amor tienen que tener reglas. Puesto que estas dos personas no se amaban, les hice algunas reglas.

Les dije que hicieran dos columnas en una hoja de papel y llevaran la cuenta de cuánto tiempo y dinero tenían para gastar. Averiguaran de quién era el «turno» para decidir a su manera esa noche o ese dólar. Luego debían alternar. Uno podía elegir el restaurante o la película una noche, y la próxima vez le tocaría al otro. Uno podía gastar los primeros cien dólares, y luego lo haría el otro. Y así sucesivamente.

Al principio estaban ofendidos. «No somos niños. No necesitamos reglas tontas como esa», protestaron ambos. No obstante, yo definitivamente no estaba de acuerdo.

«¡Oh, sí los son!» dije. «Ustedes están actuando como niños. Cada uno quiere las cosas a su manera. Así que los voy a guiar y asegurar de que todo sea justo. La próxima semana me traen el reporte».

Ellos finalmente estuvieron de acuerdo, aunque estaban avergonzados por su nivel de madurez. Sin embargo, el sistema funcionó. Se acostumbraron a recordar que dos personas participan en los recursos finitos como tiempo y dinero. Simplemente hay demasiado por recorrer, y ellos tienen que aprender a convivir.

Este sistema es valioso para parejas con personalidades diferentes que escogen patrones sin sentido. ¿Recuerdas la historia de apertura del libro? Steve era más enérgico que Stephanie y obtenía que las cosas se hicieran más a su manera porque ella era más flexible. Ellos habían escogido un patrón de la persona fuerte que dominaba la mayor parte del tiempo. Finalmente, esto se volvió destructivo.

Si mantienes una cuenta, evitarás que el cónyuge pasivo se convierta en un perdedor perpetuo. El más firme finalmente logrará límites.

5. NO DEFINAS UNA DECISIÓN DE «YO» COMO UNA DE «NOSOTROS»

Algunos cónyuges que disfrutan la «unidad» definen lo que ellos quieren como si fuera para la *relación*, cuando realmente es para *ellos mismos*. Pueden elegir pasar todo el tiempo libre haciendo cosas juntos, pensando que es una decisión de «nosotros» cuando en realidad es una decisión «mía». Lo que ellos deben decir es: «Elijo pasar mi tiempo asignado contigo, y eso tiene que quitarse de mi cuenta».

Tales personas se sienten defraudadas cuando su cónyuge

quiere hacer algo por sí mismo. Se sienten como si ellos son los que siempre dan a la relación y como si la otra persona está siendo egoísta. Esto no es cierto. Ellos no están «dando» a la relación; ellos están tomando decisiones personales que incluyen a la otra persona porque a ellos no les gusta hacer cosas solos o aparte de la relación.

Asegúrate de que cuando quieres que tu cónyuge haga algo de «nosotros», él o ella realmente quieren hacerlo también. Si no, y él o ella lo secundan, recuerda que es por ti y no por ambos. Inclúyelo en tu propia columna.

6. ASEGÚRATE DE QUE LAS DECISIONES DE «NOSO-TROS» SON ACORDADAS

Estén seguros de que ambos aprueban las actividades que son realmente para ustedes dos. Conversé recientemente con una pareja que había vivido durante tres años en una casa grande que ella finalmente admitió que no le gustaba y que la odiaba. Él estaba estupefacto. Pensaba que ambos querían y amaban la enorme casa, aunque esta le quitó dinero a la familia para hacer otras cosas.

La esposa al principio lo secundó y no dijo lo que pensaba. A él realmente le hubiera importado, sin embargo, pensó que definitivamente era algo de «nosotros», estaba consternado de que ella había apoyado en la forma en que lo hizo.

Cuando uno de los dos tiene que sacrificarse por algo, estén seguros de que ambos están sintonizados con lo que quieren y que concuerdan en ello. De lo contrario, asegúrate de que con gusto cedes a la otra persona y que no cargarás un rencor o una deuda emocional.

7. CUESTIONA TUS PREFERENCIAS

Algunas de las cosas en las que tomas fuertes posturas puede que no sean deseos verdaderos. La preferencia de Susan por trabajar en la casa terminó en que no era un deseo real. Examinamos su deseo más a fondo y descubrimos que era algo realmente neurótico. En realidad, a ella no le gustaba estar ocupada, sin embargo, simplemente *tenía* que estar ocupada. Se ponía muy ansiosa si no estaba haciendo algo.

Trabajamos con la ansiedad de Susan. Ella tenía que aprender a relajarse y a no presionar a todos los que estaban a su alrededor hacia la misma compulsión que ella sentía. Con el tiempo ella cambió y ya no prefería estar trabajando siempre. Curamos su «adicción al trabajo».

Otros descubren lo mismo acerca del dinero. Un hombre que aconsejé estaba teniendo problemas en su matrimonio debido a su gasto del dinero. Él compraba carros caros y otras cosas costosas que dejaba a su familia sin capacidad de comprar otras cosas que hubieran sido mejores para ellos. Al final, estas compras no eran tampoco lo que el hombre realmente quería. Fueron impulsadas por su deseo de probarle a los demás que él era exitoso; fueron motivadas por su ego. A medida que maduró, sus deseos cambiaron, y él gastaba más dinero en cosas que la familia quería.

Como nos dice Santiago, nosotros a veces queremos cosas por motivos erróneos (Santiago 4:3). Dios quiere concedernos nuestros verdaderos deseos, sin embargo, algunas veces lo que queremos no son nuestros verdaderos deseos. Surgen de otros motivos que no son aquellos de nuestro corazón. Estos falsos deseos tratan de llenar los vacíos y de ocultar sentimientos de inseguridad.

El deseo de gastar el tiempo de alguna manera puede ser similar. Algunos hombres son impulsados a competir en deportes, por ejemplo, para disimular los sentimientos de inseguridad. Ellos tienen que mejorar su juego de golf o su tiempo en el próximo maratón. O trabajar más tiempo y más fuerte para hacer más dinero. Aun otros, hacen lo mismo con la iglesia. Tratan de salir de su culpa o de cualquier otro sentimiento sin resolver haciendo trabajo social. Estas cosas, hechas por motivos impuros, casi siempre le roban el tiempo a la familia.

El punto es que un rato en la iglesia puede ser por un motivo impuro y no originado en un deseo verdadero. Puede ser solamente alguien que compulsivamente pasa el tiempo en la iglesia para disimular los sentimientos de inseguridad, y pudiera no ser del todo un trabajo verdadero. Cuando evaluamos nuestros motivos y obtenemos los verdaderos deseos, algunas veces hallamos tiempo que no sabíamos que teníamos.

Revisa los motivos para tus deseos. Pudieras encontrar más realización duradera en dar a la relación en lugar de en tus «placeres».

8. EXPANDE TU MENTE Y MADURA

Si lo intentas, puedes descubrir que a ti en realidad te gustan las comedias románticas o la comida china o una vacación en las montañas. En lugar de pelear por hacer todo a tu manera, cede a la preferencia de tu cónyuge como una experiencia de aprendizaje y concesiones. Ahora no te gusta porque puede que nunca lo has intentado. ¡Tu cónyuge puede saber algo que tú no!

Las relaciones pueden hacerte crecer y ser más flexible si tú se lo permites. Intenta ver la actividad a través de los ojos de tu cónyuge, y aprenderás a disfrutar algo que nunca hubieras creído posible. A la gente le gusta la ópera por una razón; intenta descubrir cuál es. El viejo adagio: «no lo critiques hasta haberlo probado», puede aplicarse a ti. Y asegúrate de intentarlo más de una vez.

CONFLICTO #5: LOS DESEOS DE UNA PERSONA FREN- TE A LAS NECESIDADES DE LA RELACIÓN

Algunas veces el deseo de uno de los cónyuges entra en conflicto con las necesidades de la relación. Mamá quiere regresar a la escuela, sin embargo, la pareja necesita el tiempo o el dinero. Papá quiere trasladarse para una promoción, pero trastornaría a la familia. Un cónyuge ha estado trabajando fuerte durante una temporada y quiere disfrutar de un tiempo o un dinero para sí mismo. A primera vista, este deseo de un miembro de la familia puede ser visto como egoísmo porque le costará algo a la relación o a la familia.

La regla aquí es que no hay regla. Si existiera una, sería encontrar equilibrio a largo plazo. Ninguna relación

> La regla aquí es que no hay regla.

sobrevivirá si todos los miembros no logran satisfacer algunas de sus necesidades; o viceversa, ninguna relación prosperará si los miembros logran satisfacer sus necesidades y es la relación la que siempre sufre. Es bueno para una relación a veces «servir» a sus miembros.

El otro día hablé con una familia cuya madre ha descubierto en su edad media que ella tiene un talento particular. Ejercer este talento como carrera le cuesta al resto de la familia. Todos ellos tienen que ayudar y tensar la cuerda mientras ella invierte tiempo y dinero persiguiendo su sueño. No obstante, es un esfuerzo de equipo. Todos están juntos en esto. El esposo está más emocionado por lo que ella está haciendo, que por su propio trabajo. Es algo maravilloso de ver.

Esto funciona porque esta mujer ha dado mucho a su familia a lo largo de los años. Ha probado que ella se puede sacrificar por el matrimonio y por la familia. Ahora la familia está sacrificándose por el crecimiento de ella. Es un justo equilibrio para todo mundo.

El problema aparece cuando el matrimonio siempre sirve a un miembro y nunca a otros. Asegúrate de que durante el largo viaje el matrimonio vaya a un segundo plano a veces para cada cónyuge y que cada cónyuge haya aprendido que el matrimonio es más importante que sus deseos individuales.

> Al final, conforme crece cada cónyuge se beneficia el matrimonio. Sin embargo, mantenlo en equilibrio, asegurándote de que el matrimonio se beneficie primero.

Matrimonio significa ceder algunos «derechos» individuales por el bien del matrimonio. No obstante, a veces el matrimonio devuelve el favor y se sacrifica por el individuo. Al final, conforme crece cada cónyuge se beneficia el matrimonio. Sin embargo, mantenlo en equilibrio, asegurándote de que el matrimonio se beneficie primero.

Aquí están algunos ejemplos:

- Recuerda que el matrimonio es primero. Da lo mejor a la relación antes que a los deseos individuales. Gana equidad para gastar luego.
- Sé claro en cuanto a lo que quieres. No desees de forma pasiva. Habla claro a tu cónyuge.
- Entusiásmate con lo que tu cónyuge quiere para sí mismo de forma individual. Ustedes son «uno», y también es para ti, aunque ahora parezca que esto es solo «para él o ella».
- Asegúrate de que tus deseos individuales que fueron eliminados de la relación a través del largo viaje no están desequilibrados en relación a lo que tu cónyuge tiene.
- Tan pronto como sea posible, elabora planes a largo plazo para cosas individuales que deban quitar del matrimonio. De esta forma pueden planificar juntos para el sacrificio, y que no sea espontáneo. Las peticiones inmediatas se sienten más como exigencias.

CONFLICTO #6: PROBLEMAS CONOCIDOS CONTRA LOS DESCONOCIDOS

La negación ha recibido una mala reputación. Ciertamente, esto puede ser peligroso. Cuando estamos en negación acerca de un problema, esto nos puede destruir. Y algunos sistemas de negación son muy estratégicos e intencionales. La gente con problemas importantes, por ejemplo, hacen muchas maniobras para continuar ignorando su problema. Esta clase de negación necesita ser atacada.

No obstante, otra clase de negación no es intencional. Es la característica humana de ser «inconscientes». Alguna gente no está «en negación», sino que tiene un «punto débil». Todos tenemos aspectos de nuestra personalidad y carácter que no conocemos. Como dijo el rey David: «¿Quién está consciente de sus propios errores? *¡Perdóname aquellos de los que no estoy consciente!* Libra además, a tu siervo de pecar a sabiendas; no permitas que tales pecados me dominen. Así estaré libre de culpa y de multiplicar mis pecados» (Salmo 19:12-13, itálica añadida). David sabía que había cosas acerca de sí mismo que él no conocía.

> *En el matrimonio, tu cónyuge puede saber más acerca de ti de lo que tú sabes. El truco para crecer es hacerse socios de este conocimiento secreto.*

En el matrimonio, tu cónyuge puede saber más acerca de ti de lo que tú sabes. El truco para crecer es hacerse socios de este conocimiento secreto. Sin embargo, existe una diferencia entre problemas conocidos y desconocidos, y ellos deben ser manejados de forma diferente.

CONFLICTO EN LOS PROBLEMAS CONOCIDOS

- Si previamente han hablado acerca de cierto patrón, lleguen a un acuerdo sobre qué harán si ese patrón se presenta de nuevo. Concuerden en que la persona con el problema es responsable por él una vez que lo conoce, y cada parte sabe qué esperar si vuelve a suceder. Para algunos, esto puede significar: «No te lo voy a decir de nuevo. Simplemente voy a hacer cumplir la consecuencia que acordamos». En principio, la persona sabe que ella tiene el problema y debe ocuparse de él. Si han hablado acerca de las tardanzas de uno de los cónyuges, por ejemplo, entonces estarás de acuerdo por adelantado que si el cónyuge llega de nuevo tarde, será dejado atrás. O si uno gasta mucho dinero de nuevo, tendrá que pagarlo trabajando.
- Si han hablado antes y quieren ayudarse el uno al otro, entonces se usará la confrontación no para controlar,

sino para hacer al otro consciente. «No logro ver cuando estoy haciendo eso. Por favor, déjame saberlo». Entonces la confrontación es un intento para sanar, no para controlar el problema.

- Si sabes acerca del problema, el plan para corregirlo es tu responsabilidad. Estás a cargo de tus propios asuntos de carácter. No culpes a tu cónyuge de ninguna manera por algo que tú ya conoces acerca de ti mismo.
- Si es un problema de tu cónyuge y él lo sabe, no se lo permitas. Si lo haces, eres parte del problema. Continúa con las consecuencias que ustedes acordaron.

CONFLICTOS EN LOS PROBLEMAS DESCONOCIDOS

- Pónganse de acuerdo el uno con el otro en que ambos tienen permiso para decirse lo que notan de cada uno. Si ustedes son compañeros en el descubrimiento, entonces experimentarán esto como trabajo de equipo y no de control.
- Cuando te confronten, sé abierto. No te pongas a la defensiva. Acepta los comentarios, al menos accede a mirarte a ti mismo y ver si eso es cierto.
- Busca observaciones de otros también. Si tus amigos te dicen lo mismo que tu cónyuge, lo creerás más.
- Pide a tu cónyuge que te muestre cada vez que esto suceda para que así tú puedas identificar el patrón. Tendemos a pensar que un error o problema es un «acontecimiento único» si no sabemos que esto es cierto en nosotros. Detectarlo en ti mismo una y otra vez te convencerá poco a poco.
- Sean gentiles el uno con el otro. En aspectos que son nuevos descubrimientos para tu cónyuge, el cambio no será inmediato. Dale tiempo.

En el próximo capítulo nos ocuparemos del proceso de cómo resolver conflictos con un cónyuge que apoya la idea de los límites.

Capítulo 14

Resolución de conflictos con un cónyuge partidario de los límites

Shellie y yo (Dr. Cloud) tuvimos una sesión difícil. Era su primera cita, y yo no sabía qué esperar. Ella había dicho en su primera conversación telefónica que quería venir para «hablar sobre algunas cosas». Yo no quería entrar en todos los detalles por teléfono, por lo que hicimos una cita. Cuando ella llegó, estaba muy dolida.

«Él simplemente no entiende lo mucho que estoy herida», dijo, refiriéndose a su esposo, Robbie. «He hablado con él antes acerca de ambas cosas, sin embargo, no ha surtido efecto. Pienso que esto necesita una seria intervención».

La «intervención» de la que Shellie hablaba tenía que ver con el problema con la bebida que tenía Robbie, pero también estaba preocupada por la adicción de él al trabajo. Pocos años antes, él había iniciado una cadena de tiendas de venta al detalle que llegaron a ser muy exitosas. Sin embargo, el éxito trajo mucho más trabajo de lo que él había prometido. Ella estaba muy preocupada con la cantidad de tiempo que pasaba lejos de la familia.

A medida que escuchaba a Shellie, me preguntaba qué sería yo capaz de hacer por la relación, ya que ella se escuchaba tan desesperada. Sonaba como si Robbie no estuviera dispuesto a cambiar nada por ella. Sin embargo, puesto que esto era un problema de relación, le dije que también quería hablar con él.

Al principio ella pareció reacia a aceptar que yo me reuniera con Robbie. Cuando la cuestioné, dijo que sabía que finalmente nos teníamos que reunir con él, pero que ella esperaba que yo la pudiera ayudar a sentirse mejor «antes de iniciar todo eso».

Cuando le pregunté qué era «todo eso», ella explicó que no creía que Robbie estaría muy abierto a sus quejas. Temía que él ni siquiera participara del todo en la consejería. Por eso es que pensaba que la única manera sería con una mediación.

Le dije que entendía sus temores, pero que yo realmente no quería trabajar en la relación sin él, a menos que de hecho supiéramos que no estaba dispuesto a hacerlo. Así que ella accedió a hablar con él e invitarlo a nuestra próxima sesión.

Pocos días después, cuando llegué al salón de espera, ella estaba sentada allí con Robbie. Los invité a pasar a mi oficina.

Vigorizándome a mí mismo para enfrentar sus fuertes reacciones hacia alguien que plantea problemas, me aventuré al desagradable pero familiar territorio de confrontar a alguien con algo que esa persona no quiere oír.

Comencé con una pregunta: «Robbie, ¿te dijo Shellie por qué yo te pedí venir?».

Lo que vino luego fue una sorpresa. «Si, ella me lo dijo. Y estoy muy agradecido de que estemos haciendo esto. Yo he estado preocupado durante bastante tiempo. Pienso que estoy muy atrapado en el trabajo, y necesito ayuda para tener más equilibrio. Shellie piensa también que yo estoy tomando demasiado, sin embargo, no sé si eso es cierto o no. Pero haré cualquier cosa que usted me diga. Realmente queremos salir de este caos».

Podía sentirme a mí mismo logrando interiorizar. Me había preparado para la negativa de Robbie. Fue tan refrescante escucharlo decir: «Tengo un problema. Por favor ayúdeme».

Sabía que las cosas iban a caminar sin tanto problema, como había imaginado Shellie.

De hecho, primero teníamos que trabajar con el temor de Shellie a la confrontación y su expectativa de que si ella tenía problemas con Robbie, algo malo sucedería. Lo que ocurrió fue todo lo contrario. Él estaba realmente feliz de ocuparse de esto y tomó muy en serio todo lo que le dije. Estaba abierto a las sugerencias y realmente trabajó para cambiar. Y conforme demostró que el cambio era verdadero, Shellie hizo lo mismo. Muchas veces salí de nuestras sesiones deseando que todas las parejas con las que trabajo fueran como ellos dos.

AMANTE DE LOS LÍMITES

¿Qué me gustaba de Shellie y Robbie? ¿Tenían ellos problemas sencillos? En absoluto. De hecho, Robbie tenía una depresión significativa que influenciaba mucho su conducta. Estaba pasando por mucho dolor y también por muchos cambios que tenía que hacer en cuanto a cómo manejaba el estrés, el temor al fracaso, el tratar de complacer a su padre, y otros asuntos. No me gustaban Shellie y Robbie porque sus asuntos de consejería fueran sencillos. Me gustaban porque el *proceso* era sencillo. ¿Cuál es la diferencia? La respuesta se obtiene en el mismo crecimiento humano.

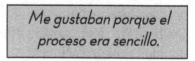

> Me gustaban porque el proceso era sencillo.

En cualquier situación que requiera cambio, aparecen inmediatamente dos asuntos importantes.

- 1. El asunto con el que hay que trabajar
- 2. La capacidad de la persona para lidiar con el asunto

Si el número 2 es bueno, entonces en la mayoría de los casos, el número 1 no será un problema. Esto es a lo que me refiero cuando digo que los problemas eran serios pero el proceso sencillo. Robbie y Shellie tenían que hacer cambios difíciles, sin embargo el proceso de lograr que vieran y enfrentaran los problemas fue sencillo. Ambos estaban abiertos a los comentarios y a la verdad acerca de sí mismos. Los más grandes problemas que ellos tenían que enfrentar estaban siempre en la categoría número 1: «el asunto con el que hay que trabajar».

Con algunas parejas, la categoría número 2 es un problema más grande que la categoría número 1. Ellos no están dispuestos a las observaciones, no ven en qué están equivocados, no les gustan los límites de ningún tipo y culpan a cualquier otro por sus problemas. A estas personas las llamamos «resistentes al límite», y nos encargaremos de ellos en el próximo capítulo. No obstante, a las personas que tienen la capacidad de aceptar sugerencias y escuchan, las llamamos «amantes de los límites». Eso eran Shellie y Robbie. Ellos recibían con agrado las observaciones.

> En la historia de ayuda a las personas desde los tiempos bíblicos hasta ahora, existen dos tipos de personas en el mundo: los que escuchan las sugerencias y los que no.

En la historia de ayuda a las personas desde los tiempos bíblicos hasta ahora, existen dos tipos de personas en el mundo: los que escuchan las sugerencias y los que no. La psiquiatría moderna llama a quienes no escuchan las sugerencias y que no logran ver sus problemas «trastornos de carácter». Muchas veces los profesionales no esperan mayor cambio de tales personas. (Nosotros no estamos de acuerdo. Hemos visto muchos cambios en personas que inicialmente eran resistentes). Aquellos que escuchan las sugerencias, los «amantes de los límites», se caracterizan por muchos rasgos:

- Están abiertos a todo comentario y a la corrección de parte de otros y adquieren entendimiento como resultado de la confrontación o las observaciones (Proverbios 15:32).

- Ellos no se ponen a la defensiva cuando sus cónyuges intercambian sugerencias.
- Se apropian de sus propios problemas, decisiones, sentimientos, actitudes y conductas.
- Tienen la capacidad de verse a sí mismos y observar su propia conducta.
- Valoran los tesoros de su cónyuge.
- Ven a su cónyuge como un individuo, aparte de ellos mismos, con experiencias propias.
- Dan a su cónyuge la libertad de ser diferente a ellos.
- Respetan la libertad y el espacio de su cónyuge.
- Ven su propia necesidad de crecimiento y cambio.

Todos estos rasgos muestran que alguien está abierto a la verdad, a la libertad del otro, a la responsabilidad y al amor. Antes de que sigas leyendo, podría ser bueno echar un vistazo a estos rasgos el uno con el otro y ver en dónde se encuentran. Todo mundo necesita mejorar, y probablemente tú no eres perfecto en todas ellas. Sin embargo, si tienes

> *En cualquier parte en que dos personas estén reunidas, habrá conflicto.*

una actitud de franqueza, un deseo de que tanto tú como tu cónyuge experimenten libertad y amor, entonces serán capaces de discutir los problemas y ayudarse el uno al otro. Si ambos son amantes de los límites, solo tienen un problema cuando tienen un conflicto, ¡no dos! Esta es realmente una buena noticia.

La otra buena noticia es que tener el primer problema tampoco es malo. El conflicto es normal. Si no tuvieras conflicto, ¡uno de los dos sería innecesario dentro de la relación! En cualquier parte en que dos personas estén reunidas, habrá conflicto. Pero esto no es malo. El conflicto solo significa que dos cosas opuestas la una con la otra, se reúnen y no se ponen de acuerdo de inmediato. La parte divertida es trabajar cuidadosamente en esto.

UNA ESTRATEGIA GENERAL

En el capítulo anterior discutimos las seis clases diferentes de conflictos, dando numerosos ejemplos. Hay un patrón para lo que hemos sugerido, un proceso para lidiar con conflictos de todo tipo. Este involucra las características de carácter y las intervenciones que hemos discutido a lo largo del libro. Para todo tipo de conflicto, la Biblia sugiere el siguiente camino previsible una y otra vez:

1. OBSERVACIÓN

No puedes resolver un problema que no ves. Uno de ustedes tiene que notar el problema primero y verlo como un problema o conflicto.

2. CONFRONTACIÓN

No puedes resolver un problema del cual no hablas. Discútanlo sinceramente el uno con el otro. Como dice Pablo: «Por lo tanto, dejando la mentira, hable cada uno a su prójimo con la verdad, porque todos somos miembros de un mismo cuerpo» (Efesios 4:25). No obstante, habla la verdad con amor mientras le dejas saber a tu cónyuge lo que está mal.

3. APROPIARSE, DOLERSE Y DISCULPARSE

Si tú eres el problema, o al menos parte de él, reconócelo. Si has sido herido, aprópiate de tu dolor y comunícalo. Si eres el que está provocando el dolor, entonces confiésalo y discúlpate. Si eres la parte herida, perdona además de expresar tu dolor.

4. ARREPENTIMIENTO

Una vez que veas tu parte en algo, arrepiéntete. Cambia tus opiniones acerca del problema y cambia de dirección. En resumen, detente. Comprométete a cambiar.

5. PARTICIPACIÓN EN EL PROCESO

Los problemas no se van inmediatamente. Involúcrate en cualquier proceso que sea necesario para cambiar. Pudiera ser consejería o algún otro tipo de ayuda organizada, pero comprométete y mantente involucrado.

6. REEXAMINACIÓN

Cuenta con algún sistema de reexaminación. Solo porque has enfrentado algo no significa que eso se ha ido para siempre. Consigue comprobaciones de aquellos a quienes has hecho responsables por ti mismo. Y luego continúa siendo reexaminado por otras cosas también.

Si tienes un cónyuge amante de los límites y tú lo eres también, realmente eres afortunado. Esto significa que eres abierto a la verdad, a la responsabilidad, a la libertad y al amor. Y si ambos son abiertos a tales cosas, Dios les ayudará a encontrarlas. ¡Sigan así!

Recuerda, sin embargo, que el conflicto puede aun ser doloroso incluso si ambos están abiertos a las observaciones. Las cosas negativas duelen, y perder cosas también duele. Por lo tanto recuerda las reglas básicas de toda comunicación:

- 1. Escucha y busca entender al otro antes de buscar ser entendido. Convierte en una misión tratar de realmente entender lo que tu cónyuge siente, quiere o desea.
- 2. Identifícate activamente y usa el método de escuchar de manera reflexiva para dejar saber a la otra persona que tú entiendes. «Así que realmente te duele cuando yo hago eso. Comprendo». O utiliza declaraciones que les deje saber a ellos que tú sabes. Escuchar de forma

activa realmente confirma a alguien que tú estás escuchando y tomando en serio como se siente él o ella.
- 3. No minimices o desestimes lo que la otra persona está sintiendo o diciendo. No te defiendas. Solo escucha.
- 4. Aclara para asegurarte de que entiendes. Pregunta.
- 5. Usa declaraciones de «Yo» que demuestren que estás tomando responsabilidad por lo que sientes y quieres. «Cuando estás tarde, comienzo a sentir que no me gusta». Esto es mucho mejor que decir: «Me haces sentir tan desengañada». La última es echar la culpa, y la anterior es comunicar los sentimientos.

Sobre todo, no temas al conflicto. Siempre hay una muerte antes de la resurrección y un conflicto antes de una intimidad más profunda. Experiméntalo amablemente, y lo más probable es que hallarás mayor intimidad con tu cónyuge.

Ahora veamos cómo se ve un conflicto con alguien que no es tan abierto.

Capítulo 15

Resolución de conflictos con un cónyuge resistente a los límites

Durante muchos años, yo (Dr. Towsend) había sido amigo de Michael y Sharon. La ventaja de una amistad longeva es que puedes observar el carácter del esposo y de la esposa a través de muchas circunstancias. Con el paso del tiempo, aprendí mucho acerca de Michael y Sharon y acerca de los límites en el matrimonio.

Ellos dos eran personas comprensivas y de buen corazón que se amaban profundamente el uno al otro. Michael era dueño de un negocio exitoso, y Sharon trabajaba medio tiempo y pasaba el resto de tiempo en sus funciones de mamá. El panorama lucía casi perfecto, excepto por un problema crónico que vi agotarse entre ellos a lo largo de los años. El problema era el dinero: nunca había suficiente.

Michael recibía buenos ingresos, lo que estaba subvencionado por el trabajo de Sharon. Sin embargo, cada vez que nos reuníamos, él estaba siempre con demasiado trabajo, y ellos estaban siempre atrasados con los pagos de sus servicios y de tarjetas de crédito.

«Es mi culpa», me explicaba él con un tono de culpabilidad. «Me gusta ver feliz a Sharon, y es difícil para mi dejarla decepcionada cuando desea algo». Este «algo» incluía muebles caros, joyas, ropa y vacaciones. Las cosas bonitas hacían feliz a Sharon, y eso hacía feliz a Michael.

Cuando ella se excedía, él le preguntaría acerca del asunto. Sharon diría: «Pero nosotros realmente necesitamos esto». Y Michael aceptaría, imaginando que ella tenía razón.

Finalmente, ellos acabaron en un gran problema económico y casi pierden su casa. Atravesaron los problemas que acompañan el estar cerca de una bancarrota, tales como conflictos de uno con el otro. Mientras trabajaban con esta difícil etapa, Michael y yo nos reunimos para almorzar juntos, y le pregunté cómo iban las cosas.

«Bueno, para mí las luces han comenzado a encenderse», contestó él.

«¿Respecto a qué?

Michael hizo una pausa por un momento. «Nuestra crisis financiera me hizo ver muchas cosas, y una de las más alarmantes ha sido cómo veo a Sharon y a mí mismo. Siempre he sentido que mi deber como esposo era proveer suficiente dinero para mantener el ritmo de gastos de mi esposa. Esa era mi forma de amarla. Parece que nunca conseguí lo suficiente o no busqué lo suficiente, sin embargo, descubrí que era mi problema.

»Sin embargo, un día un amigo me dijo: "Michael, te estás ocupando del problema equivocado. No es que tú no proveas suficiente dinero. Tu problema es que no entiendes que a Sharon no le gusta escuchar la palabra no". Y eso ha cambiado todo. He dejado de tratar de producir más. Ahora estamos trabajando en el asunto de porqué ella odia los límites y cuán temeroso soy yo de establecerlos para ella. Esto poco a poco ha comenzado a ayudar».

Felizmente, Michael y Sharon han continuado trabajando, y han sobrepasado por mucho más este punto. Él tiene menos sensación de culpa al decir no, y ella es más capaz de aceptar límites económicos. Sin embargo, no hubiesen logrado nada si su amigo no hubiera diagnosticado el problema por él. Michael y Sharon no habían sido aliados, sino adversarios en sus finanzas. Ella se resistía a escuchar que no podía gastar cuando se le antojara. No importa cuánto más hubiera aumentado Michael sus ingresos, probablemente nunca hubiera sido capaz de continuar con el problema de personalidad de Sharon: una resistencia a aceptar límites.

LOS LÍMITES NO SON SIEMPRE BIENVENIDOS EN EL MATRIMONIO

Michael y Sharon ilustran una difícil realidad: los límites no son siempre bienvenidos en un matrimonio. No obstante, no es así como Dios lo pretendía. Él planificó los límites por unas muy buenas razones, todas las cuales benefician a una pareja. Los límites protegen el amor. Aumentan la libertad. Permiten que las personas estén separadas pero a la vez mantenerse conectadas. Definen la responsabilidad de manera que las personas saben cuáles son sus tareas. Es algo maravilloso cuando una pareja entra al proceso de establecimiento de límites como un equipo.

Este es el ideal. Los límites funcionan mejor cuando ambos cónyuges restringen sus libertades para mejorar el amor del uno por el otro. Debido a que amas a tu cónyuge y quieres mejorar su vida y crecimiento, limitas tu tendencia a ser egoísta, e incluso restringes tu derecho a ejercer libertades legítimas. No quieres usar tu libertad para herir a quien amas. Esta es la esencia de responder a los límites de tu cónyuge.

> *Los límites funcionan mejor cuando ambos cónyuges restringen sus libertades para mejorar el amor del uno por el otro.*

El amor solo puede crecer y profundizar cuando dos personas comprenden el dolor de recibir y respetar los límites de su cónyuge. Así que muchas cosas buenas se dan cuando ambos protegen los límites del otro:

- Aumentas tu capacidad de sentir compasión por las necesidades, deseos y heridas de tu cónyuge.

- Desarrollas autocontrol y paciencia.
- Te vuelves humilde y practicas la auto corrección.
- Aprecias a tu cónyuge por quien es, no por su conveniencia para ti.
- Dependes menos de las reacciones de tu cónyuge y más de tus propios valores para ser feliz.
- Aprendes acerca de cómo Dios respeta nuestros límites con él.

Sin embargo, algunas veces un cónyuge no ve los beneficios de este don de Dios. Recuerdo que luego de que se publicó nuestro libro original, *Límites*, Phil, un amigo mío que vive en la costa este, me llamó.

—Leí tu libro, —dijo.

—¿Qué te pareció?

—No me gusta.

—¿Por qué no?

—Porque yo soy el que en el matrimonio traspasa todos los límites, y eso me convierte en el chico malo.

Bromeamos acerca de su respuesta a mi libro, sin embargo, Phil estaba presentando un buen punto. Para las personas que controlan a otros o que no se adueñan de sus propias vidas, el mensaje de los límites no son una buena noticia o algo que brinde libertad. De hecho, los cónyuges controladores saben que ellos están hiriendo a alguien que aman. Saben que las cosas necesitan cambiar, y el cambio es difícil y a veces doloroso. Estos cambios pueden involucrar muchas cosas:

- Permitir que tu cónyuge te diga no
- Admitir humildemente que has estado tratando de controlar a tu cónyuge
- Someterte al proceso de Dios en cuanto al aprendizaje de límites y autocontrol
- Respetar la libertad de tu cónyuge

- Limitar la tendencia a distanciarte de tu cónyuge, a atacarlo o a hacerlo sentirse culpable
- Darte cuenta de tu impotencia para controlar realmente a alguien
- Pedir comentarios de tu cónyuge cuando traspasas los límites de él o ella

Estas tareas no son agradables, y exigen mucho esfuerzo. Por lo tanto es entendible que cualquier cónyuge perciba el establecimiento de límites como algo desagradable. Phil simplemente estaba

> *La dolorosa disciplina de los límites finalmente dará buenos resultados en nuestras vidas.*

exponiendo una realidad: aceptar límites algunas veces hiere. Identificar el dolor como dolor es realista, incluso si es el dolor producido por el crecimiento.

La dolorosa disciplina de los límites finalmente dará buenos resultados en nuestras vidas. Como Dios dice: «Ciertamente, ninguna disciplina, en el momento de recibirla, parece agradable, sino más bien penosa; sin embargo, después produce una cosecha de justicia y paz para quienes han sido entrenados por ella» (Hebreos 12:11). Y nosotros creemos que los límites son la única forma de mantener vivo el amor.

CARÁCTER ES LO QUE HACES CON EL DOLOR DE LOS LÍMITES

El problema es diferente, sin embargo, cuando un cónyuge va más allá y dice: «Ay, no me gusta esto» o «No aceptaré esto», como respuesta a un límite apropiado. Esta no es una reacción al dolor, sino una declaración de principios. Dice mucho acerca del carácter del cónyuge.

El buen carácter agradece el dolor de los límites, así como una persona con carácter quiere amar a Dios y a otros, y crecer espiritual y emocionalmente. Una persona con problemas de carácter, sin embargo, se rehúsa a aceptar su condición de una persona que algunas veces necesita corrección y límites de otros. Esta alarmante posición es la posición de un burlón, alguien que odia a quienes lo reprenden (Proverbios 9:8). Aún más espantoso es la posición de uno que esté intentando tomar el papel de Dios, que es el único en el universo que no necesita corrección.

Sin embargo, existen muchos «matrimonios desiguales», desiguales en términos de los puntos de vista de los cónyuges acerca de los límites. Es triste cuando un cónyuge encuentra que el otro no está dispuesto a llevar su carga. Todas las veces que he hablado sobre límites a lo largo de los años, la imagen que llena mi corazón de gozo es aquel en que una pareja se acerca a saludar y dice: «Nosotros estamos aquí hoy porque ambos queremos límites». Ellos están unidos en amor, verdad y búsqueda del crecimiento de Dios. El panorama opuesto que resuena en mi corazón es aquel en el que una persona casada asiste sola y dice: «Él no está interesado en límites» o «Ella no respetará mis límites».

Algunos ejemplos comunes de un «matrimonio desigual» son los siguientes:

- Un esposo le pide a su esposa que gaste menos, y ella lo culpa por no proveer suficiente dinero.
- Una esposa quiere que su esposo coopere con las tareas de la casa, y el se rehúsa.
- Un esposo no quiere asistir a una fiesta, y su esposa para castigarlo se aleja de él.
- Una esposa se niega a tener relaciones sexuales, y su esposo actúa como un mártir.
- Un esposo no está de acuerdo con los planes de su esposa para el fin de semana, y ella explota con él.
- Una esposa quiere ayuda con los hijos, y su esposo se niega a cooperar.

En estos y muchos otros casos, dos factores son importantes. Primero, un cónyuge tiene mucha responsabilidad y el otro muy poca. Segundo, el cónyuge infractor de límites se rehúsa a hacer los cambios adecuados.

CÓMO VE EL PROBLEMA EL INFRACTOR DE LÍMITES

Con frecuencia uno de los mayores problemas entre las parejas es que el cónyuge amante de los límites no acepta la perspectiva de quien se resiste a ellos. El amante de los límites no comprende que aquel que se resiste a los límites realmente no ve las cosas de la misma manera que él lo hace. Esa persona con frecuencia está sorprendida o estupefacta al saber cuán diferente piensa y siente su cónyuge sobre este asunto. Comprender su punto de vista te ayudará a hacer las cosas correctas y a evitar cometer errores en el proceso.

> *La gente que no respeta los límites de los demás tiene una actitud básica hacia la vida: debo ser capaz de hacer lo que yo quiero.*

La gente que no respeta los límites de los demás tiene una actitud básica hacia la vida: debo ser capaz de hacer lo que yo quiero. Tal como hicieron Adán y Eva, ellos protestaron por las restricciones de ser criaturas y no el Creador. Ellos exigen la libertad final como su derecho. Puedes ver esta misma actitud en los niños pequeños, que esperamos que maduren mientras crecen.

El cónyuge resistente a los límites puede ser una persona maravillosa y amorosa en circunstancias normales. La pareja puede ser atraída de manera genuina y preocuparse mucho el uno por el otro, hasta que surge el tema de los límites.

El cónyuge resistente a los límites reacciona de esta forma porque él realmente siente que el límite, cualquier límite, es irrazonable, injusto e hiriente. Así que se enfurece de que su cónyuge sea tan malo como para decirle no a él en algún aspec-

> *Los límites dicen que tú no puedes hacer siempre lo que quieres.*

to de la vida. Su petición hacia él de respetarla no desea odio ni justificación. Es normal estar enojado cuando alguien nos trata injustamente, sin embargo, es inmaduro estar enojado cuando nuestro cónyuge establece un límite con nosotros por una razón legítima.

Recuerda que el cónyuge resistente a los límites siente que él debería de ser capaz de hacer lo que quiere cada vez que quiera. Con esto como su principio de operación en la vida, él desafiará y protestará a cualquier límite hasta que comience a madurar. Los límites dicen que tú no puedes hacer siempre lo que quieres.

LA IGNORANCIA NO ES UN PROBLEMA DE PERSONALIDAD

No estamos diciendo que todos los cónyuges que traspasan los límites tienen un problema de personalidad. Muchas veces lo que parece ser egoísmo es realmente ignorancia. El cónyuge puede simplemente no saber que su conducta es hiriente o irritante para el otro. Y en esos casos de «defensa por ignorancia», el cónyuge con frecuencia responderá de forma positiva cuando escuche la verdad. De hecho, él o ella a veces sienten un gran remordimiento por causarle dolor a su cónyuge y cambiará su conducta o actitud rápidamente al quedarse sin el amor del otro.

Rick y Kim, una pareja que son mis amigos, ejemplificaron esto hace poco tiempo. Cuando Rick presentaba a Kim un problema que tenía que ver con ella, la respuesta de ella sería negar los sentimientos de él. Diría: «No, tus sentimientos no tienen sentido. Yo no hice eso», y él se quedaría callado.

Finalmente él le dijo: «No estoy esperando que estés de acuerdo conmigo. Solamente quiero que entiendas lo que estoy diciendo. Y cuando me dices que estoy equivocado, sin escucharme, me siento aislado de ti».

Kim reaccionó asombrosamente. Ella escuchó cuidadosamente y dijo: «Dime qué hacer. Veo que lo que hago te hiere, y no quiero eso». Cuando él se lo dijo, ella entendió y dijo: «Lo siento mucho, Rick. No tenía idea. ¿Me dirás cuando vuelva a hacer esto?».

Rick rompió a llorar. Sintió como si le hubieran quitado un gran peso mientras restablecía su conexión con Kim. Ella había cruzado los límites emo-

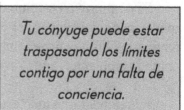

Tu cónyuge puede estar traspasando los límites contigo por una falta de conciencia.

cionales por ignorancia, no por un problema de personalidad. Y todo lo que tuvo que cambiar fue aprender de la herida de él.

Tu cónyuge puede estar traspasando los límites contigo por una falta de conciencia. Puede que no sepas si esta es la razón del problema. Si es así, recuerda que el amor es esperanza (1 Corintios 13:7). Enfoca el problema primero como si fuera un asunto de ignorancia. Muy pronto descubrirás si estás o no en lo correcto. Si tienes razón, y él o ella realmente ha traspasado los límites, puede ser que tu cónyuge te amará por decirle la verdad (Proverbios 9:8) y hará los cambios, o se resistirá a ello. Y esta resistencia es el mayor problema.

EL CÓNYUGE DE AQUEL QUE TRASPASA LOS LÍMITES NECESITA VIGILANCIA

Tome en cuenta que descubrir que tu cónyuge es un traspasador de límites no significa que él o ella es una persona peor que tú. El cónyuge con mala conducta, con un comportamiento infantil, inmaduro o controlador tiene un problema más obvio. Debido a que sus problemas son más evidentes, él o ella pueden verse muy mal ante otros, mientras tú luces muy inocente. Esta

Descubrir que tu cónyuge es un traspasador de límites no significa que él o ella es una persona peor que tú.

realidad tiene sus peligros. Ten cuidado de juzgar y condenar mientras comprendes todo esto, ya que «habrá un juicio sin compasión para el que actúe sin compasión» (Santiago 2:13).

Se compasivo en cómo piensas acerca de tu cónyuge. La mayor parte del tiempo, el compañero de un cónyuge resistente a los límites tiene también mucho de qué arrepentirse, como lo siguiente:

- Pretender que todo está bien
- No decir la verdad
- Estar ausente emocionalmente y alejado en lugar de sacar los problemas
- No dar seguimiento a las consecuencias
- Ser molestoso y no actuar responsablemente
- Ser vengativo de forma pasiva
- Tener complejo de superioridad y ser condenatorio
- Chismear acerca de su cónyuge, pero no decirle a él sus sentimientos

Puedes ver porqué puede que tengas que hacer tiempo para trabajar en el establecimiento de límites, aunque toma mucho tiempo lidiar primero con nosotros mismos.

CAUSAS DE LA RESISTENCIA A LOS LÍMITES

Antes de que te enfoques en el problema del cónyuge resistente a los límites, necesitas comprender las razones para resistirse a los límites para que te ayude a saber cómo enfocar mejor los problemas.

> *Para aceptar límites, una persona tiene que ser capaz de ver los efectos de su falta de límites en otros.*

FRACASO EN LA EMPATÍA

Para aceptar límites, una persona tiene que ser capaz de ver los efectos de su falta de límites en otros.

Cuando el esposo que está tarde para cenar nota que su conducta perturba a su familia, debería sentir remordimiento piadoso (2 Corintios 7:10) y compasión por la herida que les ha causado. El amor basado en la empatía es uno de los motivos superiores y puros para el cambio. Es realmente tratar a otros como te gustaría te trataran a ti (Mateo 7:12).

Sin embargo, algunas personas tienen dificultad en darse cuenta del efecto que producen en otros. Tienen problema en percibir emocionalmente que ellos hieren a otros. Este es un problema de compasión. Puede que hagan lo correcto, sin embargo, no pueden percibir los sentimientos de otros. Una esposa puede decir a su esposo cuán difícil es cuando él está tarde para la cena, y él puede que no comprenda porqué ella está molesta. Al igual que Mr. Spock, del viejo show de televisión Viaje a las Estrellas, estaría perplejo por el malestar de ella y desearía que fuera más «racional» y «lógica». Con frecuencia, la gente que se enfrenta con sentimientos de interpretación tiende a ser indiferente y narcisista.

Abrir el mundo de las emociones y las relaciones a este cónyuge podría ser muy útil. Él podría necesitar que se le expliquen las emociones de manera que vea los sentimientos dentro de las personas. Por ejemplo, decirle: «Me siento sola cuando te vas directo a la computadora luego de que llegas a casa», puede ser una revelación a un cónyuge con este problema. Pudiera ser que él necesite aprender a abrir sus propios sentimientos y a conectarse de manera delicada con el mundo exterior, lo cual le ayudará a recibir consuelo que luego él podrá darle a otros (2 Corintios 1:4). Por ejemplo, invitarlo a confesar su dolor de la siguiente manera puede ayudar: «Cuando no conseguiste el aumento de sueldo, parecías colapsado. Yo me hubiera sentido herido y enojado. Me gustaría saber cómo te sientes al respecto».

IRRESPONSABILIDAD

Algunos cónyuges tienen un bajo sentido de propiedad

de sus acciones. Sienten que ellos deberían ser capaces de hacer lo que quieran y no sufrir consecuencias por ello. Como un niño pequeño, no están preocupados por traspasar los límites de otros, porque ellos no ven su vida como su propio problema. Es problema de otra persona.

Este problema de personalidad es con el que los seres humanos ha luchado desde Adán y Eva: «¡Algún otro lo hizo!» Ninguno de nosotros toma responsabilidad por nuestras propias vidas con soltura; esta tiene que establecerse dentro de nosotros mediante muchas experiencias dolorosas. Y algunas personas han escapado a esta lección porque padres y amigos han permitido su conducta y los han rescatado. Detrás de un cónyuge irresponsable existe siempre una persona tipo red de protección, ya sea en el pasado o en el presente.

Por ejemplo, un esposo puede ser una persona amable, pero un pobre proveedor debido a su falta de límites. Puede ir de trabajo en trabajo, incapaz de disciplinarse a sí mismo para completar las tareas, trabajar adecuadamente, producir resultados y ser más competitivo. Esta conducta puede hacer peligrar la calidad de vida de su familia. No obstante, este individuo con frecuencia culpará al jefe, al trabajo o a otros por su fracaso, y será incapaz de aprender de esto.

Esta persona necesita ver que él es la principal causa de sus problemas. Probablemente necesitará personas compasivas pero firmes a su alrededor para que le enseñen acerca del sentido de propiedad y autocontrol. Estas personas pueden ser un grupo de vecinos, de estudio bíblico o de apoyo.

INCAPACIDAD DE RECIBIR LÍMITES Y QUEDAR LIBRE

Un cónyuge podría resistirse a los límites debido a una ruptura dentro de su propia alma.

De vez en cuando, un cónyuge podría resistirse a los límites debido a una ruptura dentro de su propia alma. Él puede que sea incapaz de recibir confrontación o consecuencias debido a la falta de integración de amor y libertad. Cuando su esposa le pide limitarse a sí mismo por su matrimonio, podría sentir que esta petición lo hace a él demasiado indefenso y vulnerable. Por lo tanto, al sentir que su propia libertad está en riesgo, él se rehúsa al límite.

Un ejemplo de esto es el esposo que viene de una familia enredada. Puede que haya tenido que luchar fuerte para ser capaz de tomar sus propias decisiones y elecciones. Algunas veces puede enojarse mucho o ser severo con su esposa. Cuando ella le pide que sea más considerado con sus sentimientos, él pudiera sentir que ella está tratando de controlarlo y enredarlo, y podría reaccionar contra ella. En este caso, el cónyuge necesita ayuda para conservar su libertad y elecciones mientras de forma libre elige responder a los límites sin poner en peligro esa libertad. Su esposa podría querer decirle: «Está bien que me digas no o que te enojes conmigo. Quiero que tengas esa libertad. Sin embargo, no toleraré el irrespeto ni la rudeza».

CONTROL DE OTROS

Algunos cónyuges se resisten a los límites debido a sus intentos de controlar, manipular o dominar a sus parejas. Son incapaces de ver a sus cónyuges con sentimientos e ideas diferentes e iguales. Más bien, ellos creen que su manera es la única manera. En lugar de resolver los problemas mutuamente, niegan y minimizan la libertad de sus cónyuges.

Un ejemplo de esto sería la esposa que sutilmente controla los intentos de su esposo de tener amigos e intereses sanos fuera. Debido a que la esposa se siente abandonada o sin amor por la lejanía

> *Las personas controladoras son dependientes de la conformidad de los demás. La gente que es libre no necesita controlar a otros.*

de su esposo, ella de forma pasiva se retrae o hace pucheros cuando él sale con sus amigos. Cuando él le recrimina que esta conducta le molesta, en lugar de reconocer el problema y tomar responsabilidad por sus tristes sentimientos y dificultades con la lejanía, ella lo culpa a él por estar distante y por no quererla.

Un ejemplo de control más agresivo sería el esposo que alza su voz, amenaza o por otra parte intimida a su esposa cuando ella no está de acuerdo. Directamente ataca su alejamiento y libertad, con la esperanza de hacer que ella acceda y se someta a sus opiniones o deseos. Lo que Dios planificó para ser una conexión amorosa es reducido a una dominación basada en el miedo.

Cuando un cónyuge es controlador, ya sea pasiva o agresivamente, necesita aprender que su negativa a reconocerlo no solo hiere a otros, sino también a él y no le permite ser libre. Las personas controladoras son dependientes de la conformidad de los demás. La gente que es libre no necesita controlar a otros. Una persona con el problema del control a veces necesita amor, confrontación y consecuencias que le ayuden a adueñarse del asunto. Por ejemplo, un esposo agresivamente controlador podría necesitar advertencias, luego consecuencias tales como distancia emocional e incluso la intervención de otros (como líderes de la iglesia y amigos) para que le ayuden a ver que la situación es destructiva y tiene que cambiar.

NEGACIÓN DE LA IMPERFECCIÓN

Los cónyuges que se rehúsan a admitir la debilidad y los fracasos pueden ser serios traspasadores de límites. Se mantienen muy comprometidos en no ser «injustos» o «malos». Luego, cuando su compañero les señala que ellos no sacaron la basura, por ejemplo, ellos tienen que recurrir a muchas opciones para proteger su «propio ser». Por ejemplo, estos cónyuges pueden

- Negar que ellos han cruzado un límite: «Yo no te grité. Nunca grito».
- Racionalizar o minimizar la ofensa: «Yo no te grité, solamente alcé mi voz. Tú estás exagerando».
- Culpar al cónyuge: «Tú me frustras tanto que yo tengo que gritar».
- Invertir el problema: «¿Pero, y qué de cuánto gritaste tú?».

En todas estas situaciones, el cónyuge trata de evitar reconocer su falta o pecado. Esta persona puede estar tratando de escapar de una conciencia severa y condenatoria. O puede que no comprenda su maldad. O pudiera tener un profundo sentido de derecho. Cualquiera que sea la causa, el cónyuge ignora cuán hiriente puede ser su traspaso de límites, y evita tomar responsabilidad por su maldad.

Piense en esto: los niños aprenden acerca de los límites por el dolor que experimentan cuando cruzan los límites. Ellos piensan: «Cuando no limpio mi cuarto, pierdo mi tiempo libre durante una semana. Necesito empezar a limpiar mi cuarto». Sin embargo, la gente que no admite sus faltas no inicia esta curva de aprendizaje. Por el contrario, ellos piensan: «Todo el mundo es tan injusto. Simplemente yo no tenía tiempo para limpiar mi cuarto (o, "No está tan desordenado, de todas maneras"), y enfrenté una consecuencia. He estado equivocado». Esta actitud hace muchísimo más lento el proceso de aprendizaje y entrenamiento sobre los límites. Con frecuencia los cónyuges con este problema necesitan ambas cosas: consecuencias cuando ellos hieren a otros y una manera segura para explorar sus aspectos que no están bien.

REPRESALIA

A veces un matrimonio puede turbarse por un cónyuge que toma venganza de una trasgresión real o percibida de su compañero. Cuando se siente ofendido, se siente justificado para más maldad: ojo por ojo. Este asunto puede causar tremendos problemas de límites.

Por ejemplo, un esposo que conozco estaba muy disgustado por los gastos excesivos de su esposa. Así que compró un bote que realmente no quería y que desde luego no podían pagar. Su justificación fue: «Bueno, tal vez ahora ella verá cómo se siente estar en quiebra». Ella no lo hizo. De hecho, ella agravó la guerra de gastos, y ellos cayeron en un profundo problema financiero. La guerra no acabó hasta que él dejó de intentar de castigarla y comenzó a lidiar con el problema en sí.

Una de las cosas más difíciles del matrimonio, o de cualquier relación, es que la venganza no es una opción. El amor, la vulnerabilidad y la intimidad siempre causan cierto dolor. Tu cónyuge no siempre manejará tus tiernos sentimientos de la manera más cuidadosa. Tú te puedes sentir justificadamente herido y enojado por el trato de él hacia ti. Sin embargo, la venganza pertenece a Dios, no a nosotros (Romanos 12:19). Lleva tus sentimientos heridos a gente y lugares donde puedas sanar, y luego aprende a resolver el problema, no a tomar venganza contra quien te hirió.

TRANSFERENCIA

La intimidad que produce el matrimonio puede revivir viejos sentimientos hacia otras relaciones importantes. La intimidad engendra emociones, y las emociones que no han sido superadas pueden aparecer en el matrimonio en formas confusas, lo que provoca problemas de límites. La condición confusa de tener sentimientos hacia un cónyuge que en realidad son hacia alguien más, es llamada *transferencia*.

Por ejemplo, Bob y Christie «tenían problemas para resolver los problemas». Cuando las cosas marchaban bien para ellos, pasaban buenos momentos y se sentían muy enamorados. Sin embargo, cada vez que Bob sacaba un tema entre ellos, ya sea finanzas, intimidad o crianza de los hijos, ella reaccionaba de forma negativa hacia él. «¡Me estás acusando y tratando de controlarme!» diría ella. Bob no era perfecto, por lo que verificaba con Christie, con sus amigos y con Dios para ver si era cierto, tendía a ser demasiado organizado, por lo que trabajaba en ese sentido. Sin embargo, Christie continuaba reaccionando negativamente a los asuntos que Bob sacaba a la luz.

Luego de mucha introspección, Christie se dio cuenta de que sus sentimientos negativos hacia Bob tenían mucho que ver con su relación con el padre sumamente crítico que tuvo. Él solía usar la culpa y el control para mantenerla en línea, y esto la había herido profundamente. Debido a que nunca superó estos sentimientos hacia su padre estos se mantenían aún dentro de su corazón en un estado perjudicial. Cuando Bob decía: «Christie, realmente me molesta que no acuestes a los niños a la hora indicada», ella se sentía como un niña pequeña siendo regañada severamente. Tomó bastante trabajo, no obstante a medida que Christie se ocupó de sus sentimientos hacia su padre pudo ver a Bob de manera más realista y recibir su confrontación de la manera amorosa con la que él lo hacía.

CONTEXTO ESPECÍFICO DE RESISTENCIA

Algunos cónyuges son empáticos, humildes, corregibles y respetuosos de los límites en todos los aspectos menos en uno. Este «pequeño aspecto» se convierte en territorio para el matrimonio de ningún hombre. Ambos cónyuges aprenden a eludirlo, mientras este tiende a acentuar peleas, estallidos de cólera y conflictos sin resolver. Por ejemplo, un esposo puede resistir límites en el ámbito sexual. Puede ser insensible sexualmente y no escuchar las necesidades y deseos de su esposa. O una esposa puede ser maravillosa en todos los aspectos excepto en que ella es crítica e irrespetuosa de su esposo en público, tal como, en las fiestas y reuniones sociales. Cuando él expresa su dolor, ella desestima sus sentimientos. Estas situaciones dependientes del contexto pueden causar un enorme problema de distancia en un, por lo demás, amoroso matrimonio.

Hablando de forma general, puede existir más de una causa para estas situaciones:

- Falta de información y experiencia. Un cónyuge simplemente puede que no tenga ni idea de cómo este aspecto afecta a la otra persona.
- El pasado hiere en ese aspecto. La esposa crítica puede haber sido avergonzada por sus padres en público y estar reaccionando en ese aspecto específico.
- Asuntos de personalidad. Este problema visible pudiera ser la señal de un problema de carácter escondido y más profundo. Entre más investigues, más patrones constantes surgen. El esposo sexualmente insensible pudiera ser egocéntrico sexualmente porque puede esconder sus necesidades en otros aspectos de su vida. Sin embargo, una persona con discernimiento puede ver que su afecto en otros ámbitos pudiera ser frívolo.

Cualquiera que sea la causa, el contexto específico como tiempo, dinero, sexo, parientes políticos, comunicación o crianza de los hijos, puede indicar una necesidad de mirar más profundamente en el matrimonio y en los corazones de ambos cónyuges. El problema actual es rara vez el problema verdadero, pero muy probablemente es el fruto del origen del problema (Mateo 7:17). Por ejemplo, el esposo pudiera tener dificultad en recibir amor y consuelo en su matrimonio y relaciones. Pudiera ser que el sexo es lo único que lo puede hacer sentir conectado a la vida. Él puede que necesite expresar en palabras sus necesidades para la relación

> *El problema actual es rara vez el problema verdadero.*

y dejar entrar personas a su corazón de otras maneras que no sean sexuales.

SI ESTO ES CARÁCTER, TIENES UN TRABAJO POR HACER

Supongamos que su cónyuge está al tanto de tus sentimientos y preocupaciones, sin embargo, ignora, minimiza o por lo demás, se resiste a tus límites. Si esta es tu situación, tienes un trabajo delante de ti. Es un trabajo difícil, pero también puede ser la cosa más productiva que hayas hecho para tu matrimonio. En esta sección queremos darte un sistema a seguir que te ayude a lidiar con el resistente problema de tu cónyuge de manera cuidadosa y sincera.

No tienes que enfocar este problema como si ustedes fueran un equipo. A esta alturas, tienes un adversario. Al igual que un niño que tiene una rabieta, tu cónyuge puede odiarte por haber entrado al mundo de los límites. Así que comprenda que en su matrimonio al enfocar este tema, lo haces por tu cuenta. En realidad, no estás solo; tienes a Dios y a tus amigos amantes de los límites. No obstante, no esperes demasiada cooperación de tu cónyuge.

Podrías verte tentado a hacer algunas cosas que no ayudarán del todo a la situación. Recuerda estas, pégalas en tu billetera y ¡NO LAS HAGAS!

- No niegues ni minimices la situación si esta es un problema importante de límites. Esconderse de la realidad no la cambia.
- No ignores la situación, con la esperanza de que mejorará. Solo el tiempo no corrige la inmadurez de carácter.
- No te vuelvas más conformista y acogedor, con la esperanza de que el amor arreglará todo. De nuevo, los asuntos de carácter demandan más que amor para madurar.
- No regañes. Repetir la misma protesta vez tras vez nunca cambia a nadie (Proverbios 21:9).

- No te sorprendas constantemente por la conducta de tu cónyuge. Esta es una señal de esperanza defensiva contra la esperanza. Cuando la gente fuera de control no tiene factores externos que les produzcan dolor, ellos generalmente siguen fuera de control. Espera que las cosas se mantengan igual hasta que tú inicies los cambios en el matrimonio.

- No culpes. Muy pocos conflictos de límites matrimoniales involucran una parte del todo inocente y otra del todo culpable. Aduéñate de tu propia parte del asunto, sacando el tronco de tu propio ojo (Mateo 7:5).

- No asumas la totalidad del problema. Si rescatas a tu cónyuge de su parte, solo empeorarás el problema (Proverbios 19:19).

TU LISTA DE COSAS POR HACER

Queremos que también tengas en mente varios principios específicos de operación. Estos te darán una forma de acercarte a tu cónyuge con gracia y verdad.

HAZ CONEXIONES ESPIRITUALES

Si lidias con un cónyuge resistente a los límites, enfrentarás conflicto. Pudiera ser que él se enoje contigo, se retraiga de ti o trate de hacerte sentir culpable. Esta lucha amenazará la intimidad que tienes con él. Tus esperanzas de satisfacer la necesidad de amor dada por Dios pudieran estar en riesgo cuando estableces límites con tu cónyuge.

> *No regañes. Repetir la misma protesta vez tras vez nunca cambia a nadie.*

Para muchos, sus cónyuges son la única conexión profunda que reside dentro de sus almas. Alguna gente confía sus corazones únicamente en sus matrimonios. Entonces, cuando sus cónyuges retiran el amor, ellos sienten desamor en su interior. Esto es porque, antes de entrar a la zona de conflicto, necesitas establecer conexiones espirituales saludables, seguras y sinceras con Dios y con otros. Amplía tu corazón para incluir a más personas aparte de tu cónyuge, y trae tus aspectos necesitados y dependientes a estas personas. Ellos te servirán como una fuente de consuelo, estímulo y fortaleza durante la tensión de negociación de los límites en tu matrimonio.

Hemos visto tantos casos en los que un cónyuge que no tenía apegos profundos trató de establecer límites con su pareja. Cuando su cónyuge rehusaba aceptar un límite, entonces cedía y a veces incluso se disculpaba con él para restablecer la relación que temía perder. ¡Qué situación más triste cuando la parte herida se disculpa con la parte hiriente simplemente para mantener la conexión!

Esto no tiene que ocurrir si tú haces el trabajo que requerirá mucho tiempo pero gratificante, de abrirte a buenos amigos que apoyarán tus límites. Un buen recurso para escoger los individuos adecuados con quienes conectarte es nuestro libro *Personas seguras*. Este describe cómo son las personas con carácter y cómo conectarse con ellas.

> *Tiene sentido que si tratas de ayudar a un cónyuge difícil para que aprenda acerca del amor y la responsabilidad, tú también crecerás en estos aspectos.*

MADURA Y RECONOCE

Dios no quiere que llegues a una relación simplemente a establecer límites en tu matrimonio. Él te quiere a *ti*. Así que, lo que sucede con frecuencia es lo que se necesita que suceda. A medida que te abres, confiesas tus necesidades y fracasos a personas amorosas, creces espiritual y emocionalmente. Las cosas buenas suceden dentro. Te ocupas de viejas heridas. Te vuelves más sincero. Tú «encuentras tu corazón». Perdonas y dejas ir cosas. Centras tu vida alrededor de Dios y su vida para ti. En resumen, creces en él (Efesios 4:15-16).

Dios no atrae con el timo de darte gato por liebre. Él simplemente usa tu necesidad en tu matrimonio para reorientarte a una cada vez mayor relación de amor con él como la fuente de tu vida. Tiene sentido que si tratas de ayudar a un cónyuge difícil para que aprenda acerca del amor y la responsabilidad, tú también crecerás en estos aspectos.

Durante el proceso pueden ocurrir muchas cosas que te pueden ayudar a prepararte para lidiar con el problema de límites con tu cónyuge:

- Podrías descubrir porqué tu cónyuge tiene este problema particular.
- Podrías enterarte porqué has tenido problemas estableciendo límites.
- Podrías aprender cómo ser más sincero y a confrontar en las relaciones seguras para prepararte para la confrontación en el matrimonio.
- Podrías aprender cómo recibir amor y apoyo cuando fallas en tus límites y necesitas gracia, estímulo y sugerencias.

Es fácil para el cónyuge de una persona controladora o irresponsable pensar: *mi mayor problema es mi cónyuge*. Mientras creas esto, estarás garantizando más sufrimiento. Sin embargo, te vuelves libre en el momento en que te das cuenta de que hasta cierto punto has contribuido al problema. Entonces has descubierto algo que puedes controlar, en lugar de a alguien más y su problema.

Este descubrimiento requerirá de exploración sincera y abierta entre tú, Dios y tu gente de confianza. Podrías darte cuenta de que eres culpable de uno o más de los puntos de «no hagas» que mencionamos previamente. Si es así, ocúpate de ellos y corrígelos en el proceso de crecimiento.

IDENTIFICA EL PROBLEMA ESPECÍFICO

Una vez que ya estás conectado y en el proceso de establecimiento de límites, necesitarás descubrir cuál es el problema específico. Esta importante parte del proceso no se puede completar de inmediato. Necesitarás conocer los siguientes aspectos:

- Cuál de tus límites está siendo traspasado: «Mi esposo llega tarde de manera repetitiva. Mi límite de llegar a tiempo está violado».
- Cómo esto te afecta a ti y a tu amor por tu cónyuge: «Me siento menospreciada y menos importante que sus otros compromisos. Esto me distancia de él».
- Ya sea o no que el problema es un patrón o un hecho ocasional: «Sucede varias veces a la semana, y ha sido así durante años».
- Porqué esto es lo suficientemente importante para arriesgar un conflicto en él: «No quiero guardarle rencor. Quiero sentirme cerca de él. Y quiero que llegue a tiempo para las comidas y reuniones familiares».

> Muchos cónyuges cometen el error de elaborar una extensa lista de peticiones de cambio para sus cónyuges.

Pudieras encontrar más difícil de lo que piensas identificar un problema específico de límites. Requiere de una cabeza fría y la capacidad de revisar muchos aspectos. Muchos cónyuges cometen el error de elaborar una extensa lista de peticiones de cambio para sus cónyuges. Podría ser desalentador para cualquiera aprender todo lo que está mal en él o ella en un solo momento.

No es de extrañar que luego de revisar lo mal que estaba su condición, Pablo pidió ser rescatado (Romanos 7:24). Es mucho mejor seleccionar y resolver un problema a la vez,

> *Cuando dos son uno en el proceso de crecimiento, muchos conflictos de límites son mucho más fácil de resolver.*

a menos que exista una situación grave, tales como drogas, abuso o alcohol, lo cual puede requerir acción drástica en conjunto.

Cuando enfrentas un problema específico, la pregunta del cambio de carácter puede aparecer. Pregúntate: «¿Le estoy pidiendo a mi cónyuge cambiar su corazón o simplemente su conducta? ¿Estoy pidiendo un cambio de carácter o un cambio de límite?». Por ejemplo, suponga que su esposa es una persona amorosa pero desorganizada. Tu casa es siempre un desastre, aunque tú cumplas con tu parte en ayudar. ¿Le pides a ella que valore más tus sentimientos y el concepto de organización, o le pides que limpie mejor la casa?

El deseo más profundo de cualquier cónyuge es que su pareja participe en el proceso de crecimiento con él, profundizando su amor y en el conocimiento el uno del otro y de Dios. La mayoría de nosotros hemos soñado y orado por este tipo de matrimonio durante toda nuestra vida de solteros. Es el estado máximo de existencia en esta tierra. Además, cuando dos son uno en el proceso de crecimiento, muchos conflictos de límites se resuelven con mayor facilidad. Un cónyuge que cree en el amor, el respeto y la libertad deseará solucionar los problemas porque ama a su cónyuge y porque cree en los valores de Dios.

Generalmente es mejor solicitar primero un cambio de actitud más profundo por varias razones:

- Resolver el asunto interno ayuda a resolver el síntoma externo. Una esposa que se preocupa por sus sentimientos de querer un hogar agradable y que ve que tiene un problema con la estructura dará pasos para resolver el problema de desorganización.

- Solicitar un cambio interno a menudo te ayuda a aprender acerca de la actitud de tu cónyuge hacia los límites. Si él o ella es amante de los límites, querrá cambiar. Si es resistente a los límites, negará, racionalizará y culpará a otros.
- Todos, incluso un cónyuge resistente a los límites, necesita ser invitado a cambiar internamente antes de ocuparse de las consecuencias. Al invitarlo a cambiar en su interior, pones la gracia antes que la verdad y lo tratas como te gustaría que te trataran a ti.

Lamentablemente, un cónyuge resistente a los límites muy probablemente se negará a tu pedido para el cambio interior. Esta es la naturaleza de la resistencia: una oposición a ver o a reconocer un problema. Cuando has pedido humildemente un cambio interno, y el cónyuge se resiste, continúa al nivel específico de comportamiento:

«Cariño, sé que piensas que estoy reaccionando de forma exagerada en cuanto a la casa. He tratado de verlo a tu manera y ocuparme de la parte que me corresponde. He conversado con amigos objetivos acerca de esto. Y supongo que tengo que discrepar con tu opinión. Por lo tanto, aunque tú pienses que estoy equivocado, realmente necesito algunos cambios en la forma en que se mantiene nuestra casa. Así que, hasta que nos pongamos de acuerdo en nuestras perspectivas sobre la casa, voy a hacer lo siguiente: haré mi parte en el gobierno de la casa, sin embargo, no financiaré los proyectos que quieres de remodelación de la casa. No obstante, espero que podamos llegar a mejores términos, a medida que discutimos esto».

> *A la gente se le hace difícil cambiar cuando sus sentimientos son negados y rechazados.*

VALORA A TU CÓNYUGE

Incluso los cónyuges resistentes necesitan saber que tú comprendes sus puntos de vista. A la gente se le hace difícil cambiar cuando sus sentimientos son negados y rechazados. Ellos se mantendrán más en lo suyo, porque más es lo que está en juego. Cuando ellos se sienten incomprendidos, no pueden confiar en que la otra persona tiene en mente los mejores intereses de ellos. Piensa cómo te sentiste la última vez que alguien quería que cambiaras y sin embargo no estaba dispuesto a ver tu punto de vista. Esto es muy parecido al niño que siente que está siendo criticado pero no escuchado.

Cuando tomas la iniciativa de mostrarle a tu cónyuge que tú comprendes, estás dando validez a su experiencia. La validación involucra muchas dimensiones:

- Los sentimientos de él o ella son importantes para ti: «Dime cuál es el problema desde tu perspectiva y cómo te sientes acerca de nuestro conflicto».
- Tú quieres entender y expresar su punto de vista: «¿Piensas que no es tan malo o que yo estoy exagerando? No quiero herirte o alejarte».
- Quieres apreciar y responder a lo que es realmente cierto respecto a su punto de vista: «Estoy de acuerdo contigo en que no digo nada respecto al problema durante semanas y luego exploto. Es cierto, y lo siento. Me ocuparé de eso».

Esta es la forma en que Dios trabaja con nosotros para cambiarnos. Nos deja saber que nuestra experiencia es valiosa. Sin embargo, él también requiere cambio. Las palabras de Jesús a la iglesia de Éfeso son un ejemplo maravilloso de estos dos aspectos. Primero, él da vali-

> *Los límites son para proteger el amor. No son para cambiar a la gente ni para maltratarla, castigarla o mostrarle sus lados malos.*

dez a todo el fuerte trabajo de ellos. Luego corrige sus errores (Apocalipsis 2:2-5). Recuerda que el cambio es difícil para cualquiera. La validación y la gracia suavizan la carga del cambio.

AMA A TU CÓNYUGE

En la resolución de conflictos acerca de límites necesitas comunicar que tu meta es estar cerca de tu cónyuge, no herirlo. Los límites son para proteger el amor. No son para cambiar a la gente ni para maltratarla, castigarla o mostrarle sus lados malos. El establecimiento de límites aumentará o reparará los sentimientos de amor que ambos tienen el uno por el otro, y necesitas expresárselo a tu cónyuge.

Un cónyuge resistente a los límites puede ser un cónyuge defensivo. Puede sentir que tú estás atacando su persona, condenándolo o haciéndolo ver como el (la) chico malo. Asume cierta responsabilidad para ayudarle a ver que tú lo necesitas y lo amas, y que el conflicto de límites es un obstáculo para el amor que quieres dar. Reparar el problema de los límites puede restablecer el amor que ambos desean.

Aquí tienes algunos ejemplos para hacer del amor una meta:

- «El gasto excesivo me distancia; quiero resolver este asunto de modo que podamos estar de nuevo cerca».
- «Cuando rechazas mis sentimientos, no siento el amor. Quiero que encontremos la solución y así volver a sentirlo de nuevo».
- «Tus coqueteos me hieren y hacen más difícil el confiar en ti. No quiero controlarte; quiero creerte de forma que vuelva a sentirme segura contigo».

Si no demuestras que estás tratando de resolver un problema para que el amor pueda reinar, te arriesgas a ser visto como un papá controlador o crítico por tu cónyuge. Demués-

trale que valoras ante todo la conexión. La meta de la enseñanza es el amor (1 Timoteo 1:5).

ESTABLECE IGUALDAD DE CONDICIONES

Aquí tienes algunas cosas difíciles: tienes que ganarte el
derecho para pedirle a tu cónyuge que cambie. Examina activamente cómo podrías estar contribuyendo al problema, y
haz cualquier cambio necesario. Esto es lo que queremos decir con establecer igualdad de
condiciones: no te coloques a
ti mismo ni como una persona perfecta ni como un juez
de tu cónyuge. Esto destruye
la motivación de él para cam-
biar, y además no es cierto. Ninguno de nosotros es perfecto,
y no tenemos el derecho de juzgarnos el uno al otro.

> *Tú necesitas hacer tus
> cambios, incluso si tu
> cónyuge no lo hace.*

Lo que es aun más difícil es que tú necesitas hacer tus
cambios, incluso si tu cónyuge no lo hace. Esto puede sonar
injusto, sin embargo, es una de las más importantes realidades de la vida. Dios quiere obrar en ti para que crezcas y ma-
dures. Él quiere que seas más parecido a él. No cuentes con
que tu cónyuge crezca antes que tú. Ora por él, ámalo, establece límites apropiados con él. Sin embargo, tu crecimiento
es entre tú y Dios.

Pam y Al ilustran este punto. Al, por una parte, daba órdenes a Pam e ignoraba su punto de vista en la toma de decisiones. Ella, por otra parte, guardaba silencio y suprimía su
amor por él. Por ejemplo, a Al no le gustaba un vestido que
Pam iba a usar para una fiesta. Él abruptamente dijo: «No me
gusta como te queda. Ponte otro». Pam accedió. Sin embargo, no le dijo a Al, más diez palabras durante la fiesta o por el
resto de la noche.

A primera vista, podríamos analizar el problema de Pam
y Al como algo tan simple como un asunto de pareja. Es decir,
si Al, fuera más amable, Pam no se retraería. O al contrario,

si Pam fuera más sincera, Al sería menos autoritario. Algo de cierto hay en esto, no obstante, esconde el hecho de que existen dos problemas aquí: Al es autoritario, y Pam se resigna. Al podría convertirse en la persona más recíproca y justa del mundo, sin embargo, esto no sería garantía de que Pam no se apartara. Ella podría aprender a ser firme, aunque esto no asegura que Al renunciará a su autoritarismo. El punto aquí es que ambos cónyuges son responsables de su cambio primero ante Dios.

Examina tu propia contribución al conflicto de los límites. Pregunta a tu cónyuge. Pregunta a amigos sinceros y de confianza. Y pídele a Dios que examine en tu corazón (Salmo 139:23-24). Haz los cambios necesarios. Ellos te ayudan a ganar el derecho a solicitar cambio. Sin embargo, a un nivel más profundo, ellos son los que te moldean a la semejanza de Dios.

> *Tú eres responsable de plantear el problema de los límites y tu pedido de cambio.*

PIDE CAMBIO

Recuerda todos los elementos previos mientras te acercas a tu cónyuge con un pedido para que respete uno de tus límites. Déjale saber acerca de tu amor y tus propias fallas. Sin embargo, sé claro y específico acerca de tu petición. Trata de no dejar espacio para malas interpretaciones:

- «Me gustaría que dejaras de subestimarme cuando estamos con amigos».
- «Quiero que tomes más iniciativa en la crianza de nuestros hijos, especialmente ayudándoles con sus tareas».
- «Necesito que te establezcas en un trabajo fijo dentro de noventa días».
- «Puesto que ahora ambos trabajamos fuera, quiero que prepares la mitad de las comidas».

Recuerda: «donde no hay ley, tampoco hay trasgresión»

(Romanos 4:15). Tú eres responsable de plantear el problema de los límites y tu pedido de cambio. Al hacerlo, has transferido algo de responsabilidad a tu cónyuge.

DEDICA TIEMPO Y PACIENCIA A TU CÓNYUGE

Esta podría ser la primera vez que has tratado el problema de los límites con tu cónyuge. O podría ser la primera vez que lo has presentado apropiadamente. Si es así, simplemente haz la petición y permite algún tiempo para observar su respuesta. Antes de establecer consecuencias, mira lo que sucede cuando lo pides correctamente, apelando al amor y a la empatía. Recuerda que durante este tiempo, estás siempre evaluándote a ti mismo, a tu cónyuge y al proceso. Al darle a él o ella tiempo para contestar, estás aprendiendo si son o no necesarias las consecuencias.

Algunos cónyuges resistentes a los límites necesitan tiempo para ajustarse a la nueva realidad de una pareja con límites. Pudiera ser que ella no está acostumbrada a tu inhibición directa, inmediata y sincera acerca de lo que no te gusta en el matrimonio. Esto es lógico, aunque hasta cierto punto tú lo has entrenado a cruzar los límites. Ahora estás cambiando las reglas, y toma tiempo adaptarse.

Tu claridad y el tiempo para adaptarse puede ser todo lo que tu cónyuge necesita. Si es así, lo has ganado, como dice la Biblia (Mateo 18:15). Ten la gracia para ver lo que el tiempo puede hacer, una vez que hayas sacado el problema a la luz entre ustedes.

ESTABLECE CONSECUENCIAS APROPIADAS

Afirmar tu límite, sin embargo, puede que no sea suficiente. Desde Adán y Eva, la humanidad ha sabido las reglas y aun así cruza la línea (Génesis 3:6). Sea lo que sea que tu cónyuge está haciendo que te hiere, los beneficios que él recibe podrían compensar con creces tus apelaciones y peticiones. Llegado a este punto, tienes que establecer consecuencias.

Una consecuencia es un efecto, o resultado, de otra acción. Necesitas establecer alguna consecuencia para la transgresión de tu cónyuge de manera que él o ella experimenten alguna molestia por su irresponsabilidad. Una consecuencia tiene que tener varias características importantes:

- *Diseñada para ayudar con la realidad y protegerte, no diseñada para controlar o cambiar a tu cónyuge.* Los límites y las consecuencias no son para poner en orden a alguien o para hacer que ellos elijan mejor. Se trata de permitir la causa y efecto apropiado, de modo que tu cónyuge experimentará el dolor de la irresponsabilidad y entonces cambiará.

- *Premeditada, y no impulsiva o establecida con cólera.* Piensa con cuidado, devotamente y con amigos, cuál podría ser una consecuencia apropiada. No se trata de ajustar cuentas. Se trata de dejar de facilitarle las cosas a tu cónyuge y de protegerte a ti mismo del mal.

- *Tan basada en la realidad como sea posible.* Quieres que la realidad sea el instructor de tu cónyuge. Por ejemplo, un esposo que se vuelve iracundo debe ser abandonado por un rato por las personas que lo rodean. Nadie quiere estar cerca de personas con rabietas. Esto es preferible a una consecuencia sin ninguna relación tal como encargarle a él que atienda a los niños una noche extra.

- *Apropiadamente severa.* Evalúa cuán crónica, destructiva y severa es la violación del límite. Por ejemplo, un cónyuge que no lava los platos pudiera necesitar preparar los alimentos por sí mismo para que capte la idea. Sin embargo, un cónyuge que está manteniendo una aventura amorosa pudiera necesitar abandonar la casa. Sea como sea, la consecuencia necesita ser lo suficientemente seria para que tenga importancia, pero no tan severa que *esta*, más que su comportamiento, se convierta en el problema.

- *Ejecutable.* Asegúrate de que esto es algo que puedas hacer y que lo harás. Tienes que estar seguro que tienes el poder y los recursos para establecer el límite. Si no le puedes decir al pastor que estás teniendo problemas en tu matrimonio, no amenaces con hacer eso.

- *Defensora de la libertad de tu cónyuge.* No establezcas una consecuencia diciendo: «Debes de», «Tienes que» o «Yo haré que tú...». Las consecuencias no son algo que haces para controlar a tu cónyuge. Son reacciones a sus decisiones. Deja que él o ella tomen sus decisiones, pero prepara tus reacciones.

- *Tan inmediata como sea posible.* Tal como los niños necesitan rápidas consecuencias, así sucede con los cónyuges. Tu cónyuge puede hacer la asociación entre su acción y los resultados si suceden relativamente rápido lo uno de lo otro.

- *Respetuosa de su papel como cónyuge.* Mantente lejos de consecuencias humillantes o excesivas tales como burlarse de él o ella o hacer comentarios sarcásticos.

- *Diseñada para ser modificada conforme tu cónyuge cambia.* Las consecuencias no tienen que ser para siempre. A medida que tu cónyuge reconoce y se arrepiente, puedes cambiar las consecuencias. No obstante, asegúrate de que el cambio realmente ha ocurrido durante un tiempo. «Lo siento» no es suficiente para abandonar la consecuencia. El otro lado de esto, sin embargo, es que pudieras tener que aumentar la severidad de la consecuencia si el comportamiento de tu cónyuge empeora. Una esposa adicta al gasto excesivo pudiera necesitar trabajar horas extra para ganar el dinero que gastó. Sin embargo, si su acción empeora, necesitaría perder sus tarjetas de crédito.

-

LÍMITE: YO QUIERO QUE TÚ	CONSECUENCIA: YO HARÉ
Seas menos desorganizada en la casa	•Confiscaré/regalaré lo que recoja que sea tuyo •Dejaré de lavar tu ropa
Termines con tu tardanza crónica	•Saldré para la reunión sin ti
Dejes de humillarme en público	•Me distanciaré emocionalmente •Abandonaré la actividad
Renuncies a tus mentiras	•Me alejaré emocionalmente para protegerme a mi mismo o te pediré que te vayas (dependiendo de la severidad) hasta que estés de acuerdo en buscar consejería
Pongas alto a tus berrinches	•Saldré de la habitación/casa por un periodo de tiempo •Me uniré a un grupo de apoyo para cónyuges furiosos •Pediré ayuda a nuestros amigos
Dejes de gastar en exceso	•Te quitaré tus tarjetas de crédito •Abriré cuentas separadas •Dejaré de pagar ciertos gastos y dejaré que tomes responsabilidad por ellos
Pongas fin a tu problema de bebida/sustancias	•Convocaré una mediación •Te pediré abandonar la casa hasta que busques tratamiento
Te ocupes de tus problemas sexuales: pornografía, prostitución, etc.	•Pondré fin a la intimidad sexual •Requeriré que te ocupes del asunto de las relaciones externas para que continúes en la casa
Acabes la aventura amorosa	•Requeriré que abandones la casa, y no regreses hasta que la aventura haya terminado y busques consejería
Detengas el abuso	•Abandonaré la casa y buscaré seguridad •Contactaré a las autoridades: policía/iglesia/consejeros

EJEMPLOS DE CONSECUENCIAS

Use el criterio anterior junto con la creatividad piadosa de ti mismo y tus amigos. Para ayudarte, aquí tienes unos cuantos ejemplos de consecuencias, junto con los problemas relacionados. Por supuesto, estos son de naturaleza general y deben adaptarse a tu propia situación.

ADVIERTE A TU CÓNYUGE

De forma apropiada advierte a tu cónyuge. Si has hecho peticiones de cambio y has dado tiempo sin ningún resultado, él o ella necesitan estar consciente de que ahora tú comenzarás a establecer límites. Esto cumple con dos propósitos. Primero, tu cónyuge tiene una oportunidad de arrepentirse antes de sufrir (Ezequiel 3:18-19). Segundo, no estás reaccionando impulsiva o secretamente, sino con misericordia y paciencia. Estás demostrando a tu cónyuge que tú no quieres ponerle trampas o castigarlo. No quieres que sufra; quieres que el problema se resuelva de manera que puedas volver a dar cabida al amor.

SE PERSEVERANTE

Un límite sin una consecuencia es fastidioso. Asegúrate de que cumples con el límite que has establecido. De otra manera, entrenas a tu cónyuge en que puede hacer lo que él quiera y que no recibirá nada peor que tan solo palabras. Como dice el refrán: «No hagas un cheque con tu boca que tus acciones no puedan convertir en dinero efectivo».

> Un límite sin una consecuencia es fastidioso.

Puedes encontrar problemas al llevarlo a cabo. Culpa, temor a perder el amor y temor de que el mejoramiento del comportamiento de tu cónyuge cause vacilación en ti. Si esto sucede, asegúrate de que estás rodeado de personas sinceras y amorosas que te apoyarán durante el proceso. Ellos pueden animarte, protegerte, garantizarte la rectitud de tu postura, y para estar contigo durante el proceso (Hebreos 12:12-13).

OBSERVA Y EVALÚA CON EL PASO DEL TIEMPO

De nuevo, deja que transcurra el tiempo antes de continuar con las consecuencias. A través de esta experiencia aprenderás a entender mejor a tu cónyuge. Algunos requieren tan solo unos pocos ejemplos para ver que la irresponsabilidad o el egoísmo son dolorosos. Otros pueden necesitar más tiempo, e incluso tú pudieras tener que cambiar las consecuencias para ajustarlas mejor a la situación. Tristemente, habrá otros que no tienen interés en el cambio.

Dios se duele contigo cuando un cónyuge continuamente se resiste a los límites de amor: «¡Jerusalén, Jerusalén, que matas a los profetas y apedreas a los que se te envían! ¡Cuántas veces quise reunir a tus hijos, como reúne la gallina a sus pollitos debajo de sus alas, pero no quisiste!» (Mateo 23:37). Cuando alguien quiere vivir una vida que no se vea afectada por los sentimientos y heridas de otros, esa conducta va contra todo lo que es verdad en cuanto a Dios. Sin embargo, Dios da a las personas gran libertad para ser egoístas e hirientes, porque esta libertad podría ser algún día la libertad a través de la cual ellos elijan los caminos de él. Como dice C. S. Lewis en *Simple cristianismo*: «Si algo es libre para ser bueno también es libre para ser malo... ¿Por qué, entonces, Dios les dio (ser humano) libre albedrío? Porque el libre albedrío, aunque hace posible la maldad, es también lo único que hace posible que valga la pena tener cualquier amor o bondad o alegría».*

> *Dios da a las personas gran libertad para ser egoísta e hiriente, porque esta libertad podría ser algún día la libertad a través de la cual ellos elijan los caminos de él.*

C. S. Lewis, *Simple cristianismo*, Macmillan, New York, 1952, p. 52 del original en inglés.

Si esta es tu situación, entiende que tus límites son más para ti que para tu cónyuge. Son para protegerte y estructurarte, y solo de forma secundaria para cambiar y motivarlo a él o ella. Lleva a cabo las consecuencias por tu propio bienestar espiritual y emocional.

OCÚPATE DE LA INTENSIFICACIÓN Y EL ENOJO

No te sorprendas o escandalices si tu cónyuge intensifica el comportamiento que te molesta a ti. Los niños hacen esto siempre para probar los límites y ver si sus padres son firmes. Tu cónyuge puede ser desordenado, más controlador o más derrochador. Debes estar preparado para esto. Advierte de nuevo, haz las consecuencias más estrictas o simplemente asegúrate de que te estás apegando a ellas consistentemente. Algunos cónyuges despiertan a la realidad después de unas cuantas intensificaciones y de probarte por mayor tiempo.

Maneja su enojo y su odio con firmeza. Muchos cónyuges desisten de un límite apropiado que ellos han establecido porque no pueden tolerar ser odiados. La experiencia los hace sentirse no queridos y malos. Esto es muy normal, puesto que todos quieren que sus cónyuges los amen. Prepárate para sentirte resentido. Asegúrate de tener a otros que te brinden amor y apoyo para reemplazar el amor que estás perdiendo (solo temporalmente, espero). No toleres el abuso o pienses que es tu trabajo calmar las rabietas. Sin embargo, deja que el odio exista. Tu cónyuge está enojado contigo por decirle no a él. Él tiene derecho a odiar tu no. Tan solo entiende de dónde viene esto, no reacciones a eso y mantente conectado a Dios y a otros. Recuerda cuánta crítica recibe Dios por hacer lo correcto. Eso le duele a él, pero nos ama y mantiene el límite (2 Corintios 12:7-10).

Conozco a un hombre cuya esposa lo odió durante meses porque él estableció un límite financiero. Le cortó sus tarjetas de crédito porque ella estaba gastando excesivamente. Su enojo lo hería, no obstante, él sabía que tenía que hacer lo correcto para ambos y para sus hijos. No obstante, temía que su necesidad por ella y su temor al enojo de ella lo hicieran comprometer su límite. Para protegerse de esto, se reunía con frecuencia con amigos de confianza para sentirse querido y sensato. Él pertenecía a:

- Una iglesia saludable
- Un grupo de crecimiento de pareja que se reunía dos veces por mes
- Consejería semanal para parejas

Y él disponía de:

- Uno o dos desayunos o almuerzos a la semana con amigos sanos
- Tiempo regular con su mejor amigo

Era una gran inversión de tiempo, sin embargo, funcionó. Pudo continuar amando a su esposa y mantener el límite mientras ella trabajaba cuidadosamente su enojo con él.

NORMALIZA LA DUDA

No te sorprendas si comienzas a cuestionarte a ti mismo. Podrías hacer esto especialmente si tu cónyuge protesta, te culpa, se enoja contigo o intensifica su resistencia.

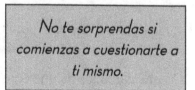

No te sorprendas si comienzas a cuestionarte a ti mismo.

Puede que dudes si el hecho de establecer límites es lo correcto. Después de todo, para ti es una nueva forma de ver las cosas, y pudieras no estarlo haciendo correctamente. También, es el amor por ella el que algunas veces hará que te preguntes cosas como

- ¿Estoy siendo injusto?
- ¿Necesita ella otra oportunidad antes de yo haga cumplir una consecuencia?

- ¿Expliqué la situación lo suficientemente claro?
- ¿Estoy exagerando mi reacción?
- ¿Existe una mejor manera aparte de los límites y las consecuencias?
- ¿Estoy secretamente tratando de castigarla a ella en lugar de hacer lo correcto?

Estas son alguna preguntas legítimas que necesitarás contestarte a ti mismo. Considéralas. Establecer límites con tu alma gemela es un esfuerzo serio. Al mismo tiempo, date cuenta que cualquier otra forma de operar en la vida está acompañada por la duda. Espéralo. Establece las preguntas, y continúa el proceso.

RENUNCIA PERMANENTEMENTE

Es triste pero necesario plantear la consecuencia extrema en el matrimonio: el divorcio. Este no arregla un matrimonio. Lo acaba. Es mucho menos que el ideal de Dios, sin embargo, él lo permite en ciertas circunstancias, tales como adulterio o deserción por un cónyuge no creyente (Mateo 5:31-32; 1 Corintios 7:15). Incluso entonces, Dios no lo manda.

> Cualquier otra forma de operar en la vida está acompañada por la duda.

Como puedes ver en este capítulo, hay muchos pasos que dar antes de que consideres un divorcio. El divorcio solo puede ser el último paso en un largo proceso que incluye oración, invitación, cambio, paciencia, consecuencias y amor.

La mejor manera de ver los límites en el matrimonio es simplemente así: ellos están *en* el matrimonio. Los límites son hechos para ser cumplidos dentro del marco de la estructura del matrimonio. (En el próximo capítulo hablaremos más sobre cómo la gente ha usado incorrectamente los límites para abandonar sus matrimonios). El divorcio lleva el problema fuera del marco del matrimonio. Desarrolla tus límites y consecuencias de forma que, finalmente, tú no seas el que se va. Más bien, constrúyelos de forma que tu rectitud y las dolorosas realidades de Dios forzará a tu cónyuge con el tiempo ya sea a ceder y cambiar, o a decidir en tu contra y en la de Dios. De esa manera, tu cónyuge tiene que ser responsable por las consecuencias de dejarte a ti, no tú por dejarlo a él.

> *La mejor manera de ver los límites en el matrimonio es simplemente así: ellos están en el matrimonio.*

Este capítulo ha tratado con algunas realidades difíciles acerca del establecimiento de límites con un cónyuge que no apoya estos límites. Sin embargo, recuerda que Dios te apoya mientras que sigas sus caminos. Él no te abandonará durante los conflictos y momentos sombríos. Agárrate de él y de tus amigos mientras estableces buenos límites para ti y para tu matrimonio: «que de día el Señor mande su amor, y de noche su canto me acompañe» (Salmo 42:8). Recuerda su amor mientras inicias el proceso de establecer límites en tu matrimonio.

No obstante, antes de que inicies ese proceso, lee el próximo capítulo para evitar los errores que algunos han cometido en el establecimiento de límites.

Parte cuatro

Desacuerdos con los límites en el matrimonio

Capítulo 16

Evitar el mal uso de los límites en el matrimonio

Yo (Dr. Townsend) tuve una curiosa experiencia mientras hablaba sobre límites en un seminario. Durante un segmento de preguntas y respuestas, una mujer se puso de pie y dijo: «Me alegro mucho sobre lo que aprendí acerca de los límites. Fui capaz de liberarme de una relación abusiva». Podías ver los movimientos de cabeza de la audiencia como aprobación mientras afirmaban al prisionero que estaba ahora fuera de la cárcel.

Más tarde ese día, un hombre se me acercó y me dijo: «Yo se que fui un esposo controlador. Sin embargo, por mucho tiempo trabajé muy fuerte con mis problemas, yendo a consejería, uniéndome a un grupo de responsabilidad y reuniéndome con mi pastor. Esa mujer que mencionó haberse liberado de una relación abusiva es mi esposa. Debido a estas ideas de límites abandonó nuestra casa y nuestros hijos, y se rehúsa a reunirse con nuestro pastor para lidiar con estos problemas». Me preguntaba qué tan fácil la audiencia hubiese concedido

> *El mal uso de los límites con frecuencia resulta en un incremento de alienación en lugar de incremento de amor.*

su aprobación a esta mujer si hubiesen visto la angustia en la cara de su esposo.

Con el paso de los años, nos hemos preocupado acerca de malentendidos similares sobre los límites dentro de la relación matrimonial. Nuestra preocupación generalmente proviene del mal uso que hace un cónyuge del papel de los límites en el matrimonio. El mal uso de los límites con frecuencia resulta en un incremento de alienación en lugar de incremento de amor. Aquí tienes algunos ejemplos:

- Una esposa cuyo primer y único límite es divorciarse de su esposo
- Un esposo que controla a su esposa pero llama a sus acciones «establecer límites»
- Una esposa que usa las consecuencias y el distanciamiento para vengarse de su esposo
- Un esposo que excusa sus ataques de ira diciendo que él simplemente está siendo sincero

Todos estos son malentendidos graves de lo que la Biblia enseña con respecto a ser justo, responsable, persona libre, una persona con buenos límites. Los límites no están diseñados para acabar las relaciones, sino para conservarlas y profundizarlas. Con parejas, los límites son finalmente para trabajar dentro del matrimonio, no fuera de él.

> *Los límites no están diseñados para acabar las relaciones, sino para conservarlas y profundizarlas.*

El propósito de este capítulo es aclarar algunos de estos malentendidos acerca de los límites en el matrimonio. Echaremos una mirada al propósito del sufrimiento, cómo encajan los límites en la resolución de problemas en el matrimonio, el asunto de la sumisión y la pregunta del divorcio.

EL PROPÓSITO DEL SUFRIMIENTO

Riley y Emily estaban en la mitad de sus cuarenta. Riley había sido el típico «buena persona» obediente y pasivo. Él siempre cedía a las inclinaciones de su más dominante esposa en muchos aspectos de la vida, desde cómo gastaban su dinero hasta cómo él pasaba su tiempo libre.

No obstante, a partir de la mitad de su recorrido juntos, Riley comenzó a oponerse cada vez más a los deseos y opiniones de Emily. Él demandaba cambios en el matrimonio, diciendo: «Tú has tenido las cosas a tu manera todos estos años. Ahora es mi turno. Haremos las cosas a mi manera».

Emily no estaba segura de lo que Riley quería decir con todo esto, se preguntaba si era una crisis de media vida. Sin embargo, ella le dijo: «Bueno, estoy abierta a tus ideas, Riley. Supongo que, algunas veces, he estado a cargo demasiado».

Sin embargo, Riley quería más que apertura, quería autorización. Gastó dinero sin consultar con Emily. Hizo largos viajes solo y no le dijo adónde iba. Cuando ella le cuestionó por su conducta, Riley dijo: «Estoy estableciendo un límite contigo. No tengo que contestarte».

La pareja pasó una temporada larga y dolorosa hasta que un pastor se sentó con Riley y le dijo: «Riley, estás confundiendo libertad con egoísmo». Riley tomó en serio las palabras del pastor, y comenzó a consultar más con Emily antes de actuar.

La lucha de Riley es un ejemplo del problema de pensar que establecer límites significa que no tenemos que sufrir. Es como pensar que cuando decimos no, podemos ahora hacer las cosas que queramos. En realidad, nada podría estar más lejos de la verdad. Los límites no son un escape del sufrimiento, ni un escape de la responsabilidad. De hecho, cuando establecemos límites en el matrimonio, algunas veces sufrimos más, no menos. Cuando una esposa toma la decisión de discrepar con los deseos de su obstinado esposo de planear el fin de semana de ambos a su manera, ella sufrirá por su postura. Sin embargo, pudiera ser lo mejor para ambos.

> *Los límites no son un escape del sufrimiento, ni un escape de la responsabilidad.*

El sufrimiento es una parte necesaria de la vida, del crecimiento y de cualquier relación importante. Ninguna persona o matrimonio realmente maduro ha escapado nunca del sufrimiento. De hecho, la Biblia enseña que el sufrimiento produce perseverancia, la cual produce carácter (Romanos 5:3-4). El sufrimiento, al menos el que Dios nos llama a experimentar, está planeado para ayudarnos a adaptar la realidad a la manera que realmente es. A través del sufrimiento aprendemos a satisfacer nuestras necesidades, dar a los demás, y aun a renunciar a las demandas de que todas las criaturas del universo se agachen ante nosotros. El sufrimiento nos ayuda a sobrevivir, incluso a prosperar, a medida que renuncias al deseo de ser Dios.

Aquí tienes algunos beneficios que el sufrimiento puede traer al matrimonio:

- Crecer en la fe de que nuestro Dios invisible nos ayuda y apoya
- Aprender a aferrarnos a nuestros valores en tiempos difíciles
- Convertirnos en una persona sincera cuando esto no es popular
- Demorar la gratificación para una meta futura y mejor
- Mantener la conexión con otros en lugar de apartarse ensimismado
- Aprender a vivir en clemencia con un cónyuge imperfecto
- Aprender a aceptar el perdón por ser un cónyuge imperfecto

De hecho, casi todos los procesos que fortalecen y profundizan a un matrimonio involucran algún dolor e inquietud. El sufrimiento nos presiona al aprendizaje de la curva de la edad adulta.

SUFRIR POR LAS RAZONES EQUIVOCADAS

La confusión acerca del sufrimiento, los límites y el matrimonio con frecuencia llega, no porque los cónyuges traten de evitar el crecimiento, sino porque ellos han estado sufriendo durante algún tiempo por las razones equivocadas. El sufrimiento divino, descrito previamente, es bueno para nosotros, no así el sufrimiento impío.

Muchas veces una esposa sufrida se dará cuenta de que lo que ella ha estado aguantando no está haciendo ningún bien. Entonces pensará: «Ya tuve suficiente. Cualquier tipo de molestia es dañina», y ella optará por pensar: «Es mi turno», parecido a lo que hizo Riley anteriormente. Examinemos de cerca un sufrimiento impío para entenderlo.

> *La confusión acerca del sufrimiento, los límites y el matrimonio con frecuencia llega porque los cónyuges han estado sufriendo durante algún tiempo por las razones equivocadas.*

El sufrimiento impío llega ya sea por hacer lo incorrecto o por no hacer lo correcto. Este tipo de dolor es una señal para nosotros de que algo malo sucede. Es una advertencia para cambiar una conducta, una actitud o un sentimiento. Por ejemplo, la Biblia enseña que si un cónyuge auxilia a una furiosa pareja de su cólera, experimentará desasosiego: «El iracundo tendrá que afrontar el castigo; el que intente disuadirlo aumentará su enojo» (Proverbios 19:19). Si ella facilita la inmadurez de su esposo en lugar de confrontarla, al día siguiente se encontrará a sí misma teniendo que hacerlo de nuevo. Ella lo estará respaldando. Esto es doloroso para ella.

No malinterpretes lo que está sucediendo aquí. El cónyuge rescatador del adicto a la cólera no está experimentando un sufrimiento divino, el que viene de hacer lo

> *El sufrimiento impío llega ya sea por hacer lo incorrecto o por no hacer lo correcto.*

correcto; en vez de eso, está experimentando un sufrimiento impío, el que surge al hacer lo incorrecto. Está cosechando lo que siembra. Es de esperarse que ella haga caso a la advertencia de su dolor y cambiará su proceder. El sufrimiento impío se resuelve por sí mismo cuando dejamos de hacer lo que lo esté causando.

El sufrimiento divino también cambia, pero de una forma diferente. Continuamos sufriendo mientras maduramos en las diferentes tareas. Por ejemplo, el cónyuge conformista dice lo que piensa y dice la verdad. Esto es difícil para él o ella; es un sufrimiento divino. A medida que crece en veracidad, se vuelve menos difícil ser sincero. Sin embargo, se da cuenta que tiene un espíritu crítico y condenatorio. El cónyuge comienza ahora a trabajar con el perdón y el dolor para resolver ese problema. Eso, también, es sufrimiento santo. El proceso continúa tal como continúa el crecimiento.

Dios no quiere que establezcas límites en tu matrimonio para acabar con el sufrimiento y el dolor. Él quiere que termines con el sufrimiento impío, el cual no produce crecimiento, y entres a su sufrimiento que siempre trae buenos resultados. La Biblia enseña que «el que ha sufrido en el cuerpo ha roto con el pecado» (1 Pedro 4:1). Cuando comenzamos a sufrir en nuestro cuerpo de forma justa, sincera y leal, esto con frecuencia cura el problema del

> *El sufrimiento impío debe se resuelto por sí mismo cuando dejamos de hacer lo que esté causándolo.*

sufrimiento de forma pecaminosa, rescatadora, temerosa o culpable.

La siguiente tabla contiene ejemplos de cómo los límites en el matrimonio pueden ayudarte a detener el sufrimiento equivocado y en su lugar, sufrir de la manera correcta:

SITUACIÓN	SUFRIMIENTO IMPÍO	SUFRIMIENTO DIVINO
Una esposa que gasta demasiado.	Ser gruñón o guardar silencio.	Tomar las tarjetas de crédito y soportar su cólera.
Un esposo crítico.	Acceder para ganar su aprobación.	Salir de la habitación cuando él o ella critiquen y dejarlo (a) que se enoje por eso.
Una esposa que controla mediante mensajes de culpabilidad.	Cumplir con resentimiento con lo que ella quiere.	Confrontarla con su control encubierto y dejar que ella lo llame persona carente de amor.
Un esposo que no ayuda con las tareas de la casa.	Pretender que él es un precioso niño pequeño y disculpárselo.	Dejar que él se prepare su propia comida hasta que te ayude, y dejarlo que haga pucheros.

Ninguna de estas posibilidades tiene una respuesta sencilla. Así que, si vas a aguantar molestia, puedes hacer que también esto produzca algo bueno. Recuerda que Jesús aguantó el dolor de la cruz por el gozo que fue puesto delante de él (Hebreos 12:2). No establezcas límites para vivir una vida anestesiada. Establécelos para fortalecer el amor, la sinceridad y la libertad en tu matrimonio.

ESTABLECER LÍMITES PARA EVITAR EL CRECIMIENTO

Vicki amaba a Colton, sin embargo, él tenía mal carácter. Cuando las cosas estaban bien, era cálido y amoroso con ella y con los niños. No obstante, cuando tenía un mal día en su trabajo, o las cosas estaban irritables entre ellos, Colton arremetía contra su familia, podía acabar hiriendo sentimientos y perturbando la paz del hogar.

> *Si vas a aguantar molestia, puedes hacer que también esto produzca algo bueno.*

A Vicki se le dificultaba confrontar a Colton por su comportamiento explosivo, y rara vez lo hizo. Él tenía muchas cosas buenas, y ella odiaba introducir conflicto a los buenos momentos. No quería comenzar una pelea cuando esto no era necesario; sin embargo, sabía que él no estaba mejorando con el paso del tiempo.

Finalmente, un amigo le dijo: «Vicki, establece algunos límites antes de que el asunto empeore». Vicki no estaba realmente segura que quería decir con eso, pero decidió establecer límites.

El resultado fue como el viejo refrán: «Un poquito de conocimiento es algo peligroso». Cuando Colton llegó a casa luego de su trabajo, Vicki lo recibió en la puerta con un ultimátum. Antes de que él tuviera tiempo de saludar, le dijo: «Ya he tenido suficiente con tu carácter. Esto me hiere a mí y a los niños. Si siempre vas a descargar tu cólera en nosotros, nos iremos a casa de mi mamá. Tú decides».

Colton estaba devastado. Por supuesto, tuvo un arranque de ira inmediato, debido al cual Vicki y los niños pasaron algunas noches en casa de su madre. Las siguientes semanas fueron complicadas. Colton estaba molesto por el repentino y reactivo límite de Vicki. Se sentía sorprendido y atacado inesperadamente. Los niños estaban desorientados y divididos en su lealtad hacia sus papás. Tomó mucho tiempo, más del debido, antes de que Vicki y Colton resolvieran sus asuntos y repararan las cosas entre ellos.

Vicki tuvo el propósito correcto, sin embargo, no entendió el lugar de los límites en el matrimonio. Sin advertencia, arbitrariamente estableció la regla con Colton. Él no tuvo oportunidad de sentir el amor o la preocupación de ella, solamente su enojo. Por lo que hizo lo que la mayoría de nosotros hacemos cuando sentimos el enojo y no el amor de alguien: le devolvió su enojo. Es entonces cuando todo se fue a pique.

Más importante aun, Vicki no entendió que los límites no son un simple ultimátum en el matrimonio. Ellos son parte de un proceso largo y difícil, que involucra más que solo el establecimiento de límites. El crecimiento espiritual y emocional requiere una serie compleja de situaciones. Se requiere mucho de nosotros para madurar. Dios mismo hace muchas cosas a lo largo del tiempo para ayudarnos a crecer. Él conoce nuestras debilidades y cuánto tiempo, paciencia y esfuerzo nos toma para cambiar. Qué fácil sería para él simplemente establecer las reglas y decirnos: «¡Organiza tu vida o si no!». En realidad, él va mucho más lejos, sobre una ruta con nosotros: «"Vengan, pongamos las cosas en claro", dice el Señor» (Isaías 1:18), mientras trabaja con nosotros a través de nuestra pecaminosidad e infantilismo.

Es lo mismo en el matrimonio. Comprende cuán difícil son el crecimiento y el cambio para tu cónyuge, especialmente cuando está en un estado de negación o fuera de control. Dale la misma gracia que tú necesitas para madurar. A continuación te presentamos algunos elementos que necesitarás aplicar en tu matrimonio junto con los límites. A medida que los incorporas a tu relación, te envolverán en el proceso de crecimiento en vez de atraparte en la exigencia de que alguien cambie inmediatamente. Los límites sirven al proceso de crecimiento. Ellos no son un medio para cambiar o manipular a alguien.

> *Los límites no son un simple ultimátum en el matrimonio. Ellos son parte de un proceso largo y difícil, que involucra más que solo el establecimiento de límites.*

AMOR

El amor es el elemento más importante de una relación. Es el plan básico de cómo tratar a tu cónyuge. Cuando amas a alguien, tú estás «para» él o ella, y cualquier cosa que haces o dices tiene que ser desde la perspectiva del amor, no de la venganza ni del castigo. Cuando aparecen los problemas en el matrimonio, lo primero que se debe de hacer es demostrar que tú deseas lo mejor para tu cónyuge, incluso si él mismo no ha sido una persona amorosa. Algunos cónyuges responderán al amor mismo a medida que este alcanza el alma. Otros puede que no respondan. En estos casos, el amor te ayuda a equilibrar con cuidado el dolor de los límites para tu cónyuge.

> *Cuando aparecen los problemas en el matrimonio, lo primero que se debe de hacer es demostrar que tú deseas lo mejor para tu cónyuge, incluso si él mismo no ha sido una persona amorosa.*

OTROS

Tú no solo necesitas hablar del amor, sino que también necesitas recibir cuidado, apoyo y estímulo de Dios y de otros fuera de tu matrimonio. Necesitamos relacionarnos con gente que nos llene internamente, especialmente cuando tenemos luchas matrimoniales. Estar conectados nos ayuda a llevar y a tolerar el problema, la distancia de nuestro cónyuge, y todo lo que nos tome lidiar con el problema. Muchas veces, un cónyuge que está separado de una relación compasiva responderá a su propio vacío interno y penurias ya sea no estableciendo límites del todo o estableciendo límites extremadamente reactivos.

Por ejemplo, un esposo que conozco tuvo mucha dificultad estableciendo relaciones fuera de su matrimonio. Él enfrentaba la vida como una persona solitaria. Cuando final-

mente confrontó a su despil-
farradora esposa acerca de su
problema, se halló a sí mismo
gritando y siendo áspero de
una manera que nunca hubiese querido que sucediera. Su
propia carencia de amor lo
llevó a establecer innecesa-

> *Casi no existe ningún problema matrimonial en el que un cónyuge contribuya en un cien por ciento y el otro, en un cero por ciento.*

riamente un límite severo. Y un límite severo y encolerizado
es casi siempre recibido con cólera. Pocas veces lograrás lo
que quieres cuando estableces este tipo de límites.

RECONOCIMIENTO

Casi no existe ningún problema matrimonial en el que
un cónyuge contribuya en un cien por ciento y el otro, en un
cero por ciento. La humildad requiere responsabilidad por lo
que has hecho, discúlpate, pide perdón y cambia. Tal vez le
contaste a otros acerca de tus problemas con tu cónyuge, sin
embargo, no lo has hecho directamente con él o ella. El reco-
nocimiento de tu parte en el problema ayuda a tu cónyuge a
no sentirse juzgado o menospreciado.

INVITACIÓN

Cualquiera que sea el problema entre tú y tu cónyuge,
invítalo a cambiar antes de que establezcas límites. Con empatía y amor, pídele que cambie. Por ejemplo, puedes decir:
«Tu tono crítico hiere mis sentimientos y me distancia de ti.
Quiero estar cerca. ¿Te ocuparás de cambiar tu tono?». Con
frecuencia un cónyuge se sentirá triste y con empatía por la
pena que causó. La invitación puede descartar tener que establecer alguna consecuencia.

ADVERTENCIA

Dar una advertencia es un elemento que Vicki descuidó,
fue directo a establecer límites. Colton se sintió emboscado y

herido. Una advertencia le hubiera ayudado a ambos a lograr lo que querían. Cuando advertimos, le decimos a nuestro cónyuge dos cosas: primero, le decimos que algo doloroso puede suceder en el futuro; segundo, le decimos que su comportamiento ayudará a determinar lo que suceda. Vicki pudo haber dicho: «Si continúas con tu furia, tendré que poner distancia entre nosotros para mi propia protección». Da a tu cónyuge el beneficio de una advertencia. Con frecuencia, saber que hay una advertencia en nuestro futuro nos ayuda a apropiarnos de nosotros mismos.

PACIENCIA

Muchas veces, un cónyuge parecerá impaciente e intolerante de la irresponsabilidad o control de su pareja. Una vez que se exponga el asunto, exigirá cambio instantáneo y será muy crítico cuando él o ella caiga, retroceda o se resista al proceso de crecimiento. Esto sucede a menudo porque ha estado sufriendo en silencio por tanto tiempo que siente que verdaderamente ha sido paciente.

> *Sufrir en silencio no es paciencia.*

Sin embargo, sufrir en silencio no es paciencia. Tal sufrimiento es con frecuencia motivado por el temor o por evitar el conflicto. La paciencia es diferente. Permite que ocurra el proceso mientras provees también los ingredientes del crecimiento. Asegúrate de ser amoroso y veraz a medida que das tiempo para crecer a tu cónyuge. Recuerda el tiempo que te tomó a ti cambiar, y recuerda la paciencia de Dios con nosotros: «él tiene paciencia con ustedes, porque no quiere que nadie perezca» (2 Pedro 3:9).

CONSECUENCIA

Cuando el amor, el apoyo, la invitación, la advertencia y la paciencia están en juego, puede que tengas que llevar a cabo tu consecuencia. Las consecuencias te protegen a ti y también ayuda a tu cónyuge a lidiar con la realidad de sus acciones. Sé constante pero cariñoso. No establezcas tu consecuencia por cólera, venganza o castigo.

RENEGOCIACIÓN

Muchos límites pueden cambiarse con el paso del tiempo según un cónyuge madure y cambie. Puede que no tengas que mantener un límite para siempre, cuando lo que haces externamente se interioriza en tu matrimonio, mientras se convierte en parte de lo que ustedes dos son. Esta es una señal de crecimiento: lo que estaba fuera se vuelve parte de nuestro ser interior.

La renegociación puede significar que cuando tu cónyuge cambia, estarás de nuevo cerca de él o ella. O que tendrás una necesidad menos para protegerte a ti mismo. O

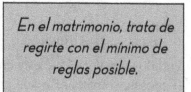

En el matrimonio, trata de regirte con el mínimo de reglas posible.

que no serás tan controlador con las finanzas. En el matrimonio, trata de regirte con el mínimo de reglas posible. Entre más crecen las personas, menos reglas necesitan.

PERDÓN

Finalmente, sé activo y constante en el proceso del perdón. Perdonar es cancelar una deuda. Necesitas ambas cosas: perdonar a tu cónyuge y pedirle perdón.

Lo que intentas llevar a cabo en el establecimiento de límites puede ser obstaculizado severamente si no vives en perdón. Correrás muchos riesgos que trastornarán el proceso de crecimiento matrimonial, tales como

- Culpar
- Juzgar
- Hacer zancadillas de culpabilidad a tu cónyuge
- Ser incapaz de liberarse de problemas pasados

- Tomar demasiada responsabilidad por los asuntos de tu cónyuge

Cuando Dios quiere ayudarnos a crecer, hace más que simplemente establecer un límite. Utiliza sus límites como uno de los muchos elementos para estimularnos a cambiar, madurar y convertirnos en lo que él planificó que fuéramos. El proceso de crecimiento es difícil, sin embargo, es peor la alternativa: el divorcio.

Sin embargo, antes de que hablemos acerca del divorcio, echemos una ojeada a cómo la idea de sumisión en el matrimonio ha sido mal empleada.

SUMISIÓN

Pocos pasajes bíblicos han sido objeto de tantos malentendidos y mal uso que esta enseñanza acerca de la sumisión: «Esposas, sométanse a sus propios esposos como al Señor. Porque el esposo es cabeza de su esposa, así como Cristo es cabeza y salvador de la iglesia, la cual es su cuerpo... Esposos, amen a sus esposas, así como Cristo amó a la iglesia y se entregó por ella para hacerla santa» (Efesios 5:22-23,25). Los esposos han usado la enseñanza de Pablo para justificar el control y el abuso de sus esposas. De hecho, muy pocas veces hemos visto a un cliente de terapia matrimonial planteando el tema de la sumisión a menos que la mayor parte del problema sea un esposo controlador. Generalmente un esposo quiere controlar y no servir a su esposa, y está en negación de su propia conducta controladora. Cuando su esposa finalmente lo enfrenta con decisión, él se juega la carta de la sumisión como una forma de obtener de nuevo el control y evitar cualquier problema que ella esté confrontando. Esto no es lo que el pasaje tiene en mente.

Básicamente este pasaje establece un sentido de orden en un matrimonio. Coloca la responsabilidad final de la familia en los hombros del esposo. Él es la «cabeza», o el líder de la

familia, como Cristo es el líder de la iglesia. El pasaje pide a
la esposa someterse al liderazgo de su esposo, así como todos
nos sometemos al liderazgo de Cristo.

¿Cómo luce este liderazgo? Es básicamente el liderazgo
que Cristo provee a la iglesia: Murió por ella y la hizo ínte-
gra. Él está pendiente de su crecimiento y mejor interés, la
limpia de la culpa, provee recursos para su crecimiento y la
protege del mundo, de la carne y del demonio. Él la ayuda a
invertir sus talentos, a sanar sus heridas, toma el sufrimiento
de ella sobre sí mismo, la apoya en los momentos de prueba
y está a su lado cuando cae.

El apóstol Pablo describe este papel del liderazgo en Filipenses 2 como el de un siervo: «La actitud de ustedes debe
ser como la de Cristo Jesús, quien siendo por naturaleza Dios,
no consideró el ser igual a Dios como algo a qué aferrarse.
Por el contrario, se rebajó voluntariamente, tomando la naturaleza de siervo y haciéndose semejante a los seres humanos.
Y al manifestarse como hombre, se humilló a sí mismo y se
hizo obediente hasta la muerte, ¡y muerte de cruz!» (vv. 5-8).
Un líder es un siervo dador que está comprometido con lo
mejor para quien(es) esté guiando. Si una esposa se resiste
a un esposo amoroso, veraz, protector y proveedor para su
bienestar, entonces algo anda mal. El mandato para ella de
ser sumisa, de responder a su esposo, asume que él la ama
de esta manera. Así que, ya sea que estemos hablando de la
iglesia o del matrimonio, el mandato provee una hermosa re-
presentación de un amor expiatorio y la respuesta a tal amor.

Lo que no significa la sumisión es que, un esposo simplemente le diga a su esposa lo que debe de hacer. Liderazgo no
significa dominación. Los matrimonios que funcionan mejor
tienen parejas iguales con papeles diferentes. Las decisiones
se hacen mejor mutuamente, mientras ambas partes con diferentes fortalezas traen diferentes perspectivas. Un hombre
amoroso nunca tomaría alguna decisión que hiriera a su esposa. Él necesita el aporte de ella, y ella necesita el de él. Ellos

son independientes, y son compañeros en el matrimonio. De hecho, en el versículo previo al versículo de la sumisión, Pablo dice: «Sométanse unos a otros, por reverencia a Cristo» (Efesios 5:21). El esposo debería siempre someterse a las necesidades de su esposa como Cristo lo hizo por las nuestras, incluso hasta la muerte en una cruz.

Otro problema que puede ocurrir es cuando una esposa se defiende por la razón correcta, y su esposo le dice que no está siendo sumisa. Ella puede confrontar las actitudes o adicción o mentira o alguna otra conducta malvada de su esposo, y entonces es llamada «no sumisa». Las esposas tienen que someterse siempre a Dios y a sus leyes por encima de aquellas de sus esposos. Si sus esposos están haciendo algo malo, las esposas tienen que defenderse de lo malo.

Existe también el problema de la mujer controladora que quiere estar a cargo de todo. El egoísmo no conoce de géneros. Si un hombre es tan pasivo y cobarde que una esposa controladora es capaz de hacerse cargo de él durante cincuenta años, algo anda mal. Y asimismo, si finalmente él se defiende y se convierte en una persona y ella no se sometiera a él a pesar de que él toma sus responsabilidades, ella tiene problemas. La clara enseñanza del pasaje de la Escritura es que una esposa debe someterse al liderazgo de su esposo en una forma global que cada pareja tiene que detallar de manera que funcione para ellos.

La idea de sumisión nunca ha significado permitir a alguien sobrepasar los límites de otro. La sumisión solo tiene significado en el contexto de los límites, aquellos que promueven el autocontrol y la libertad. Si una esposa no es libre y no está en control de sí misma, en resumidas cuentas, ella no está siendo sumisa. Es una persona sometida a la esclavitud por un tirano, y *está fuera de la voluntad de Dios*. Tal como Gálatas 5:1 lo dice: «Cristo nos liberó para que vivamos en libertad. Por lo tanto, manténganse firmes y no se sometan nuevamente al yugo de esclavitud». Si una esposa es puesta bajo alguna ley que dice que es «mala» si no se somete a la crueldad de su esposo, entonces, no es libre del todo. Asimismo, tampoco lo es si no es libre para decir no sin ser considerada «mala». Por consiguiente, el concepto de límites como la «libertad para hacer el bien» de ninguna manera contrasta con la idea de sumisión. Solamente una persona libre puede someterse.

Dejando a un lado la idea de sumisión, el egoísmo nunca es bueno para ninguna relación. Si ninguno de los dos está usando su libertad y límites para dar y servir el uno al otro, entonces ustedes no entienden el amor. Como nos dice Pablo en 1 Corintios 13:5, el amor «no es egoísta». Usa tu libertad para dar, para sacrificarte y para amar a tu cónyuge, ya seas esposo o esposa. Si haces eso, el resultado será el fin de la mayoría de tus discusiones. Para quien tiene la oportunidad de hacer el sacrificio, la sumisión jamás es un problema. Ustedes se someterán el uno al otro en amor cristiano. Y si fracasan, ambos son responsables por su propia conducta para someterse de nuevo al amor y al otro. Si uno de los dos descubre que está siendo egoísta y no está sirviendo al otro, puede reconocer tal conducta y hacer el cambio. Busquen lo mejor de la libertad de cada uno, y los problemas de sumisión desaparecerán.

LÍMITES Y DIVORCIO

En casi cada seminario *Límites* que hacemos, escuchamos una versión de la siguiente historia.

Kelly se casó con grandes expectativas. Scott era todo lo que ella quería: sociable, atractivo, exitoso y espiritual. Cada vez que estaba con él, sentía que la vida era maravillosa. Sus salidas juntos le parecían el cielo en la tierra. Él aspiraba a ella, la cortejaba y hacía cosas especiales para ella. Le enviaba flores, planeaba salidas especiales y le ponía atención casi de forma obsesiva. Ella se sentía muy especial.

Por consiguiente, era fácil para ella decir si a la propuesta de matrimonio de Scott. A ella le preocupaba el deseo de él de casarse de inmediato. Sentía que realmente ellos necesitaban más tiempo que los seis meses de noviazgo, sin embargo, ella sabía que lo amaba y decidió seguir adelante.

Unos meses después se casaron. Kelly ahora se sentía completa. La vida iba a ser todo lo que siempre quiso. No obstante, este sentimiento solo duró alrededor de seis meses. Scott comenzó a cambiar.

Al principio él no se veía tan cálido con ella. Luego comenzó a criticar pequeñas cosas que ella hacía. Nada lo complacía. Por las cosas que antes solía delirar ni siquiera lograban ahora su atención, y si lo hacían, las criticaba. Ella comenzó a sentirse desalentada.

A medida que transcurrió el tiempo, Scott pasaba más tiempo afuera con sus amigos, jugando golf. Llegaba a casa cada vez más tarde. O cuando estaba en casa, veía deportes en la televisión y hablaba muy poco con ella. Cuando Kelly le hacía preguntas o trataba de hablar, le contestaba con una sola palabra o simplemente la ignoraba. Esto estaba muy lejos de la pasión y persecución que había caracterizado su relación al principio.

Primero, Kelly trató de reñir con Scott, sin embargo, él se enojaba y la llamaba quejosa. Ella quería que él asistiera a consejería, sin embargo, él no creía en eso de contarles sus problemas a otras personas.

Por consiguiente, ella intentó el método de la «esposa amable». En alguna parte ella leyó que problemas como este existían porque la esposa no estaba elevando la autoestima del esposo ni satisfaciendo sus necesidades, se culpaba a sí misma por la insensibilidad de Scott. Siguió un programa muy completo para hacer cosas agradables para él, mejorar su apariencia, vestirse de manera sexy y satisfacer las necesidades de él como lo esperaría un rey.

Él despreció cada uno de esos esfuerzos, lo cual la hizo sentirse como si se estuviera rebajando como persona. Scott la respetaba muy poco y seguía aumentando su cólera. Ella estaba muy sola y necesitaba tanto el amor de él, que su depresión seguía creciendo cada vez más. Finalmente, confió en una amiga.

Su amiga le dijo que Dios nunca pretendió que ella viviera de esta manera y que merecía algo mucho mejor, necesitaba tener ciertos límites, dibujar algunas líneas en la arena y no aguantar más. Si él no cambia, entonces acaba con el matrimonio, le dijo su amiga. Este consejo contradecía el de su pastor, quien había dicho que ella debía de ser sumisa a Scott, y que todo estaría BIEN. Sin embargo, intentó hacerlo de ese modo pero no funcionó. A estas alturas, el consejo de su amiga le sonó mejor a ella. Se sentía miserable, y había muchos hombres amables en el mundo para que tuviera que vivir de este modo. Así que, tomó el consejo de su amiga. Le dijo a Scott que tenía que cambiar o si no.

Él simplemente la miró como si estuviera loca y continuó con su estilo indiferente. Ella, en su mente, estaba «estableciendo algunos límites». Siempre había sido el tipo de persona a quien la gente pisoteaba y la que siempre trataba de complacer a todo el mundo. Ahora era el momento de complacerse a sí misma.

Finalmente, se divorció y ahora vivía por su propia cuenta. Ella lo explicó en términos de «establecer ciertos límites».

De cierto modo, Kelly tenía razón: verdaderamente necesitaba algunos límites. Su amiga también tenía razón: Dios nunca pretendió que viviera de esa manera.

Sin embargo, ambas estaban muy equivocadas en la manera como resolvieron el problema.

Como lo dijimos previamente, el divorcio no es un límite en una relación. El divorcio es el final de una relación.

Con frecuencia en un matrimonio sin límites la pareja llegará al punto cuando ya no soportan más. Y tienen razón.

Dios nunca quiso que ninguna relación se viviera sin límites, en beneficio de límites que hagan cumplir sus justos principios. Sin embargo, Dios nunca quiso que el divorcio tampoco fuera un límite, y realmente no tuvo la intención de que fuera la verdadera postura que alguien tomara. Ese paso es básicamente una defensa en contra del crecimiento y el cambio.

La solución de Dios para «No puedo vivir más de esa manera» es básicamente, «¡Muy bien! No vivas más de esa manera. Establece límites firmes contra la conducta nociva que estén planificados para promover el cambio y la redención. Obtén el amor y el apoyo que necesitas de otros lugares para lograr el tipo de postura que me ayude a redimir la relación. Soporta durante un tiempo, pero hazlo de la manera correcta». Y cuando lo hagas a la manera de Dios, las oportunidades de redención serán mucho mejores.

> Dios nunca quiso que el divorcio fuera un límite, y realmente no tuvo la intención de que fuera la verdadera postura que alguien tomara.

Escribimos este libro para ayudarte a evitar el sufrimiento impío. Incluso si tu cónyuge no está creciendo ni madurando, si tomas la postura que te sugerimos aquí, tú puedes ser saludable. Hemos visto muchas situaciones dar un giro cuando la gente abandona comportamientos ineficaces, como ser gruñón, ser complacientes con los demás, dejar salir nuestro enojo, y tomar una postura firme sobre un proceso.

Hay muchos, muchos divorcios innecesarios. Dios siempre ha pretendido que hagamos todo lo que podamos para redimir las relaciones, y no para abandonarlas.

Jesús no juzga a nadie. Él trajo la luz a él o ella (Juan 3:19-21). Él actúa de manera justa. No participa en mentiras, crueldad, maldad, traición, adicciones o irresponsabilidad. Él traerá los límites de luz a cada situación y los vivirá. Entonces, si la gente responde, ellos han sido conquistados. Si no lo hacen, ellos se marchan.

En un sentido, la gente con límites reales podría evitar muchos divorcios. Sin embargo, ellos pudieran tener que tomar una postura firme; separarse, no participar en patrones de conducta contra quien están estableciendo límites; y exigir justicia antes de participar en la relación de nuevo. Si ellos se convierten en luz, entonces la otra persona cambia o se marcha. Es por esto, que en muchos casos, decimos que no tienes que ser necesariamente quien se divorcia. Si estás haciendo lo correcto, y la otra persona es realmente mala, probablemente te deje. No obstante, puedes descansar en la seguridad de que has hecho todo lo posible para redimir la relación.

El problema es que algunas veces una persona piensa que está estableciendo límites, pero en realidad todo lo que está haciendo es continuar culpando a su cónyuge y exigiendo cambio en él o ella sin cambiar tú mismo primero. Asegúrate de que has «sacado el tronco» de tu propio ojo antes de exigir que alguien más saque la basurita del suyo.

A continuación reiteramos los caminos que hemos sugerido en nuestro libro *Personas seguras* acerca de cómo reparar una relación. Es una forma diferente de decir lo mismo que dijimos en el capítulo sobre cónyuges resistentes a los límites:

1. Comienza desde una posición que cuente con respaldo de manera que tengas la fortaleza para lidiar con tu cónyuge.
2. Resuelve tus propios problemas y actúa justamente hacia tu cónyuge. No contribuyas al problema con tus propios asuntos.
3. Haz que otros intervengan (consejeros, pastores, amigos, familia, otras personas con influencia).
4. Acepta las expectativas de la realidad y la aflicción. Perdona lo que ocurrió.

5. Dale una oportunidad al cambio. Después que dejes de facilitarle las cosas a tu cónyuge y hayas establecido buenos límites en la relación, dale tiempo. Tu cónyuge puede que no te crea al principio.

- 6. El ser sufrido comienza en este punto, no antes cuando estabas contribuyendo al problema.
- 7. Luego de hacer lo correcto durante un periodo largo, la separación es a veces la única opción útil hasta que alguien en estado de negación decide cambiar. Durante la separación, no le des a tu cónyuge los beneficios de matrimonio si él o ella no están buscando el cambio. Si alguien es abusivo, adicto, peligroso o tiene otros problemas serios, una separación puede cambiar su vida.

Los límites en el matrimonio buscan cambiar y redimir la relación. El divorcio *nunca* debería ser el primer límite. Necesitas establecer límites en el contexto de la relación, no con el propósito de ponerle fin a ella. Toma la postura de que no participarás en la relación hasta que acabe la destrucción. Este es un límite que ayuda. Sin embargo, si tomas esa postura, asegúrate de que el problema es realmente de la otra persona y que tú has seguido todos los anteriores pasos de Dios.

Obviamente, al escribir este libro queremos que acabe el sufrimiento impío en una relación. Sin embargo, también queremos que haya redención. Terminar con tu sufrimiento y ver si los límites que estableces para acabar con él, pueden utilizarse también para provocar redención y reconciliación.

Lo hemos visto suceder muchas veces en muchas situaciones «sin esperanzas». Cuando un cónyuge finalmente establece límites reales, el otro da un giro. Dale una oportunidad.

Conclusión

Desde la publicación de *Límites: Cuándo decir sí, cuándo decir no, tome control de su vida,* en 1992, hemos visto a mucha gente abrazar la lucha de encontrar el verdadero amor en un mundo caído. Y, en el camino, nos hemos enterado de muchos héroes de límites. Ante ellos, nos quitamos el sombrero.

Está la gente en situaciones regulares, casadas y con deseos de crecer, que se encuentran a sí mismos, como Adán y Eva, señalando a su cónyuge y quedándose atascados. Sin embargo, al quitar el «tronco» de sus propios ojos, toman responsabilidad por sus acciones, y su autocontrol los lleva a un amor más profundo. Ellos descubren que el crecimiento es un viaje en curso, y que recorres el camino por tu propia voluntad.

Está la gente en situaciones difíciles que, debido a una enseñanza extraña o a sus propias debilidades, no han adoptado la postura que necesitan tomar contra las heridas o la maldad en el matrimonio. Ellos han estado demasiado temerosos o culpables para hacer frente al abuso, la irresponsabilidad, el control u otra conducta que destruya el amor. Como resultado, la conducta y su dolor han continuado. Entonces, leen *Límites* y descubren que Dios se declara a favor de lo que es bueno. Él está a favor del amor y contra la maldad. Está a favor de la responsabilidad y la libertad, y contra la dominación y el control. Se unen a Dios en la lucha por lo que es bueno. Establecen límites contra el mal y protegen las cosas buenas, como el amor y el respeto. Y, como resultado de tomar una postura valiente, sus matrimonios dan un giro y se salvan.

Una de nuestras historias favoritas de este tipo de personas es contada cuando, por ejemplo, un esposo se nos acerca en un seminario para agradecernos por escribir *Límites*. Cuando le preguntamos si él ha leído el libro, dice: «No, mi esposa lo leyó. Y cuando ella dejó de aguantar mi conducta inmadura, yo tuve que hacer el cambio y crecer. Tuve que aprender a dejar de ser tan malo [o controlador o borracho o cualquier otra cosa mala que esté destruyendo la relación]». En estos casos, las esposas valientes que toman esa postura para proteger lo que ellas valoran salva tanto al matrimonio como a la persona. Este es el pacífico fruto de la disciplina (Hebreos 12:11). Los límites hicieron su trabajo, y una persona se ha arrepentido y ha crecido.

Y, finalmente, está la gente que ha hecho lo correcto, que toman una posición para siempre, y que han sido rechazados. Han sufrido por su postura. Ante un cónyuge abusivo o adicto, han tenido que hacerle frente y decir: «Esto no está bien». Y el resultado fue parcialmente bueno: el abuso o la provocación de dolor se detuvo. Sin embargo, el cónyuge abusivo no hizo caso a la disciplina y se volvió contra ellos. Esta gente consiguió libertad del mal, pero el amor los evitó a ellos. Tienen que encontrar amor y apoyo de sus amigos y comunidades. Por estas personas, sentimos compasión. Tú lo has hecho bien, y has sufrido igual que lo hizo Jesús y como se nos ha ordenado hacerlo (1 Pedro 3:13,14). Que Dios te bendiga por tu valentía y perseverancia.

No obstante, no podríamos terminar este libro sin advertirte acerca de lo opuesto a estas agradables personas. Ellas son personas egoístas que usan los límites para continuar en negación y culpando a otros, no sacan el tronco de su propio ojo y buscan controlarse a sí mismos; por el contrario, culpan a otros y tratan de juzgarlos y controlarlos. Mírate a ti mismo primero, antes de culpar a otros, y asegúrate de que no caes en este grupo. Entonces, toma partido por lo que es justo y bueno, todo mientras te cuidas contra el uso de la libertad como una oportunidad para el egoísmo (Gálatas 5:13).

Nuestra oración es que, sea cualquiera de estas situaciones en la que te encuentres, abraza los límites de la manera que lo hace Dios. Él toma control de sí mismo, toma una postura por las cosas buenas de la vida, como el amor, el perdón, la libertad y la responsabilidad. Lleno de misericordia, Dios desea que otros salgan de la oscuridad y se unan a él en la luz, teniéndolo a él firmemente establecido allí. Y Dios siempre lucha por el amor, nunca a expensas de otra persona, sino por cuenta propia.

Con Dios como tu ejemplo, lleno de gracia y verdad, estamos confiados de que tener buenos límites en el matrimonio y es verdaderamente alcanzable.

Dios te bendiga.